플라톤의
그리스 문화 읽기

일러두기

이 책에서 고유명사의 희랍어 표기는 전체적으로 통일하지 않고
각 글에서 일관성을 유지하는 방향으로 편집했다.

플라톤의
그리스 문화
읽기

강대진 외 지음

플라톤을 읽는
8가지 시선

아카넷

철학은 고대 그리스에서 처음 발견될 때부터 정체가 의심스러웠다. 당시에 철학은 문학처럼 보였지만 시는 아니었고, 수학을 사랑했지만 수학도 아니었다. 철학의 정체가 애초부터 수상쩍었던 건 철학자들 스스로가 철학이 지혜를 사랑하나 지혜는 아니라고 하면서 철학의 완성을 거부했기 때문인지도 모른다.

현대로 접어들면서는 철학이 과학이냐 종교냐 하면서 정체성 논란을 빚었다. 철학이 객관성을 추구한다는 점에서는 종교보다 과학을 닮았지만, 당대 문화와 깊은 연관을 맺는다는 점에서 과학과도 달랐기 때문이다. 사실 어느 시대든 당대 문화와 얽히지 않고 성립되는 철학은 없을 것이다. 제 시대의 문화를 깊이 흡수하고 비판의 말들을 토해내지 않은 철학이 위대한 철학인 적은 단 한 번도 없었다. 그렇게 철학은 한 시대를 살면서 시대의 한계를 넘어서려 했고, 그럴수록 그 정체는 더욱더 수상해져갔다. 시대의 자식이면서 시대에 머물지 않았기 때문이다.

이러한 철학의 원형으로 우리는 플라톤의 철학을 꼽는다. 자신이 살던 시대를 깊이 호흡하면서 그 근본을 통찰하고 한계를 넘어서려고 분투한 철학자는 여럿이었지만, 플라톤은 철학의 초창기에 일찌감치 철학과 문화가 연계될 수 있는 최고의 형태를 보여주었다. 흔히 그리스 문화는 서양문화의 젖줄이며 인류문화의 보고라고들 말하므로,

플라톤 철학은 철학의 보고일 뿐만 아니라 문화의 보고이기도 한 셈이다. 게다가 문화란 것이 도자기 한 점, 신전 기둥 하나에서 오롯이 드러나는 것이 아니고 말을 통해 되새겨져서 전파되는 것이기에, 그리스 문화에 대한 플라톤의 사유는 그 자체로 그리스 문화의 일부이기도 했다. 말하자면 해석된 문화가 문화 자체가 되기도 했다는 뜻이다.

우리 사회의 철학적 교양은 이제 단순히 철학자의 사상과 개념을 숙지하는 수준을 넘어 사상이 배태된 문화를 통해 그 사상의 속내를 읽고자 하는 데까지 이르렀다고 생각한다. 앞서 언급했듯이 철학이 당대 문화와 깊은 연관을 맺는 과정에서 성장하고 발전해나가는 것이라면 문화에 대한 깊은 이해 없이 이 시대에 과거의 어떤 철학을 이식시킬 수 있겠는가? 특히 플라톤 철학처럼 당대 문화에 침윤된 철학은 이런 방식으로 이해하는 것이 지극히 당연한 일일 것이다. 아울러 이러한 이해과정에는 플라톤의 눈으로 그리스 문화의 깊이를 헤아릴 수 있는 장점도 있으므로 일석이조의 효과를 얻는다. 그리스 문화에서 플라톤 철학을 이해할 수 있는 단서를 제공받고, 플라톤 철학을 통해 그리스 문화를 더욱 깊이 헤아리게 되는 교양의 상승작용을 기대할 수 있다는 말이다.

이러한 기대를 실현시키기 위해 우리는 플라톤 철학을 대변할 수 있는 대표적인 분야들과 밀접히 연관된 문화 영역들을 여덟 가지로 분류하고 각 영역의 전문가들을 초빙하여 강의를 의뢰한 뒤, 청중과 함께 호흡한 강의안을 필자들의 수정을 거쳐 이 한 권의 책에 담았다. 여덟 가지 영역에는 그리스 비극, 영웅, 수치문화, 시인추방론, 용기의 덕목, 민주주의, 에로스, 종교, 과학, 자연철학, 법률과 처벌 등의 문화적 핵심개념들이 등장해 플라톤 철학과 어우러졌다.

우리가 흔히 간과하는 그리스 문화의 영향 중 하나가 종교다. 신화로 덮인 이 그리스 종교는 후대 종교사상에 지대한 영향을 미쳤다. 1장 「그리스 종교와 플라톤의 종교사상」은 플라톤의 『에우튀프론』을 기본 텍스트로 삼아서 신화 때문에 조명 받지 못한 그리스 종교의 면모들을 비롯하여, 그리스 종교의 문제점과 지향점을 숙고했던 플라톤의 종교적 정신을 돌아보는 시도다. 2장에서는 그리스인의 사랑을 다룬다. 그리스는 여러 면에서 현대와 달랐는데 사랑 문제도 그에 못지않았다. 기원전 5세기 그리스 아테네에서 동성애는 일종의 풍습이고 유행이었다. 이런 독특한 성애문화를 플라톤의 인간학 및 교육론과 결합하여 고찰하고 반성한 작품이 『향연』인데, 「『심포시온』을 통해 본 그리스인의 사랑」은 바로 이 문제를 다룬다. 3장 「그리스 비극과 플라톤의 시인추방론」에서는 철학보다 더 잘 알려진 그리스 비극을 간략하면서도 심도 있게 소개하고, 비극을 짓는 시인들을 자신의 국가에서 추방해야한다는 플라톤의 시인추방론을 그 주장이 제기되는 『국가』의 전반적인 맥락과 함께 살핀다.

한편 4장 「용기란 무엇인가」에서는 용기의 문제를 다루는 『라케스』의 등장인물인 라케스와 니키아스가 실제로 참전했던 전쟁에 대한 기록을 헤로도토스와 투퀴디데스 같은 그리스 역사의 고전들에서 찾아 살펴봄으로써 전쟁터의 영웅을 대변하는 덕목인 용기가 플라톤에 의해 어떻게 평화와 시민의 덕목이 되는지 살펴보고자 했다. 그리스 신화와 비극에 등장하는 영웅들의 비극의 근원은 무엇일까? 몇 개를 짚어볼 수 있겠지만, 그중 하나는 '수치심'일 것이다. 그러나 과연 수치심이 비극적이고 부정적이기만 할 것인가? 이런 문제의식을 갖고 그리스 영웅들과 소크라테스를 살펴봄으로써 그리스 문화의 내밀한 속내를 들여다보고자 한 시도가 5장 「그리스 영웅들의 수치심과 소크라테스의 향내적 수치」이다. 6장 「아테네 민주정 성립과 플라톤의 민주정 비판」은 아테네 민주주의가 성립하게 된 배경과 민주주의에 대한 플라톤의 비판을 다룬 글이다. 아테네는 민주주의를 최초로 시행한 나라이기도 하지만 민주주의 비판론을 최초로 제기한 나라이기 때문에 플라톤의 관점에서 아테네 민주정에 어떤 문제가 있었는지 살펴보는 데 적지 않은 의미가 있다. 7장 「죄, 갚게 할 것인가, 치유할 것인가」는 플라톤의 『법률』을 중심 텍스트로 삼아서 이 주제를 법과 처벌의 관점에서 살펴본다. 자연의 법칙을 탐구하는 것이 자연철학이라면 자연의 원리에 비추어 인간 세계를 규율하는 것이 자연법사상이다. 아테네의 법체계는 상당히 복잡하고 다면적이되 체계적이지 못했으나 플라톤의 자연법사상을 낳았는데, 과연 플라톤이 2500년 전에 『법률』에서 죄와 벌의 문제를 논하며 세우고자 했던 나라는 어떤 나라였는지를 검토한다.

마지막으로 8장 「현상의 구제: 플라톤의 자연철학과 우주론」은 철학을 장식했다 몰락한 그리스의 자연철학이 어떻게 그리스의 과학적 성과를 등에 업고 플라톤을 통해 새로운 자연철학으로 도약하는지를 탐구한 글이다. 플라톤의 헬레니즘 시기와 고대 후기를 거쳐, 중세와 르네상스 초기에 이르기까지 플라톤의 작품들 가운데 중요하게 언급되고 있는 대화편이자 고대와 중세 우주론의 모델이 되어온 『티마이오스』의 주요 철학적 문제들과 해석상의 쟁점들을 함께 검토해나가면서, 작품의 의미와 그 안에 담긴 철학자의 의도를 음미해볼 수 있는 기회를 제공한다.

이 책은 대우재단의 후원을 받아서 정암학당이 기획하고 운영하는,

〈크로스토크 고전인문학 강좌〉의 일부인 고전특강을 기반으로 했다. 고전인문학 프로그램은 일반인들을 중심으로 인문학 열풍이 확산되고는 있지만 대체로 단발성 강연 듣기에 그치는 경향이 있어 인문학 고전들을 체계적으로 읽어보자는 의도에서 기획되었다. 이 책이 그동안 이 프로그램에 쏟아졌던 많은 관심과 강사들의 노력과 스태프들의 노고에 작은 보답이 되기를 기대한다. 고전인문학 강좌의 진행에 적극적인 도움과 조언을 아끼지 않았고, 더욱이 이렇게 멋진 책으로 출판해준 아카넷 출판사의 직원들과 손태현 팀장, 김일수 부장 및 김정호 대표에게도 감사의 인사를 드린다.

2020년 가을
김주일

차례

그리스 종교관의 특징들을 한 마디로 요약하면, 서로 다른
기능을 가진 신들이 서로 다른 영역에서 작동한다는 것이다.
이런 상황에서는 상충의 문제를 피할 수 없다. 상충이
발생하면, 신의 뜻을 따른다고 해도 그것이 우리를 좋은
삶으로 인도하지 못한다. 대략적으로 말해 전통적인 그리스
종교관에 따르면 인간에게 구원은 없고 이 세계는 비극으로
가득 차 있다. 이런 것을 '근원적 패배주의'라고 할 수 있다. …
도덕원리들의 상충 문제는 오늘날 우리 삶에서도 가장 어려운
문제라고 할 수 있다. 그리고 어떤 의미에서는 플라톤의 철학
전체가 이 문제와의 씨름이라고도 할 수 있다.

1

그리스 종교와
플라톤의 종교사상

강성훈

**그리스 신화 vs
그리스 종교**

그리스 종교는 제의(祭儀) 중심이다. 세계 어느 종교에나 고유한 제의가 있기 마련이고, 오늘날에도 누가 어떤 제의에 참여하는지가 그가 어떤 종교를 가지고 있는지와 동일시되곤 한다. 그러나 오늘날에는 제의 못지않게, 아니 어쩌면 제의보다 더, 신념체계가 종교의 근간을 이룬다고 할 수 있다. 그 신념체계의 정수는 대개 종교 경전에 담겨 있다. 그런데 그리스 종교에는 경전이라고 할 만한 것이 따로 없다.

그리스 종교에서 경전에 비견될 만한 것은 그리스 신화일 것이다. 그리스 신화들은 당대 종교생활의 바탕이 되는 기본 이념들을 제공해 주었다. 하지만 그리스 신화들과 오늘날의 종교 경전들은 그 성격이 근본적으로 다르다. 비교적 우리에게 잘 알려진 그리스 신화들과 당대 실제 종교생활의 차이를 파악하는 것은 그리스 종교를 이해하는 첫걸음이 될 것이다.

그리스 신화는 당대에 창작이 가능했다. 오늘날 우리는 호메로스와 헤시오도스 같은 서사시인들, 아이스퀼로스와 소포클레스와 에우리피데스 같은 비극시인들, 아리스토파네스 같은 희극시인들의 작품을 통해 그리스 신화를 접하게 된다. 더불어 우리는 이들의 작품에 묘사되어 있는 신들의 이야기가 때때로 작품들 사이에서 서로 불일치한다는 것을 알고 있다.

당대 작가들은 전해 내려오는 이야기들을 바탕으로 작품을 썼지만, 자신의 목적에 따라 다양한 방식으로 이야기를 변형시켰다. 당시엔 누구도 이러한 자의적인 변형이 불경스러운 일이라고 생각하지 않은 것으로 보인다. 오늘날 우리가 단군신화를 변형한 소설이나 드라마를 만든다고 해서 그것을 불경스러운 일이라고 생각하지 않는 것과 마찬가지다.

하지만 신화에 대한 자의적 변형의 허용가능성이 당대 사회가 탈-종교적이었음을 함축한다고 생각하면 오해다. 사실 당시에 불경죄는 심하면 사형까지도 받을 수 있는 중죄였다. 다만, 오늘날에는 수많은 이단 논쟁으로 점철되어 있던 기독교 역사의 영향으로 자연스럽게 불경함을 교리의 문제로 생각하는 경향이 있는 데 비해, 그리스 종교에서는 불경함이 일차적으로 제의와 관련된 것이었다.

앞으로 더 자세히 이야기하겠지만, 그리스인들은 특정한 날짜에 특정한 신에게 특정한 방식으로 제사를 지냈다. 이것이 그들이 영위하던 종교생활의 핵심이다. 그래서 제사의 날짜를 어긴다거나 제사의 특정한 방식을 따르지 않는다거나 나라에서 승인하지 않은 신에게 제사를 지내는 것은 불경스러운 일로 여겨졌다.

제의의 정체성을 구성하는 요소　　창작 가능한 이야기로서의 신화는 기본적으로 범-그리스적이었다. 그리스는 크고 작은 도시국가들로 이루어져 있었는데, 어느 나라의 시민이든 상관없이 당대 그리스인이라면 모두 호메로스와 헤시오도스를 읽고 들으며 성장했다. 또한 아이스퀼로스나 소포클레스 등은 아테네 시인들이었고 이들의 비극은 아테네에서 공연되었지만, 이들의 작품을 읽고 그 작품의 공연을 관람한 이들은 아테네인으로만 국한되지 않았다.

이에 비해 제의는 기본적으로 지역 단위로 치러졌다. 제의는 특정 장소에서 거행되었고, 특정 집단의 사람들이 제의에 참석했다. 물론, 아주 오래전에는 각 제의마다 연관된 스토리가 있었을 가능성이 있으며, 그 흔적이 구전되던 지역의 신화 형태로 남아 있기도 했다. 제의 중에는 원칙적으로 모든 그리스인들이 참여할 수 있는 범-그리스적인 제의도 적잖이 있었던 것이 사실이다. 다만, 범-그리스적 제의에서 경배하는 신도 창작이 가능해진 신화에서 다루는 신과는 성격이 약간 달랐다.

이러한 사실을 가장 잘 보여주는 것이 신들에게 붙는 소위 '에피테트(epithet)'다. 그리스 신화를 읽어보면 신화에 등장하는 신들에게 다양한 에피테트가 붙는다는 것을 알게 된다. 예를 들어 제우스한테는 이방인에 대한 환대를 관장하는 자라는 의미의 '크세니오스(Xenios)'나 구원자라는 의미의 '소테르(Sōtēr)' 등의 에피테트가 붙곤 한다. '에피테트'는 '덧붙여진 것'이라는 의미의 그리스어 'epitheton'에서 유래한 단어인데, 신화의 맥락에서는 거의 별칭과 같은 것이라고 생각해도 무방하다. 그리스 신화에서는 각각의 신들이 여러 가지 기능을 담당하는데, 신화의 스토리가 전개되는 과정에서 특정 신의 적절한 기능과 관련된 에피테트가 언급되곤 하는 것이다.

반면, 제의의 맥락에서 신에게 붙는 에피테트는 단순한 별칭이 아니라 그 제의의 정체성을 구성하는 요소라고 할 수 있다. 우리는 보통 제우스에게 올리는 제의가 그리스 전역에 걸쳐 있었다고 생각하지만, 사정은 이보다 복잡하다. 예컨대 올림피아에는 제우스 올림피오스에 대한 제의가 있었고 크레타에는 제우스 벨카노스에 대한 제의가 있었다는 것이 더 정확한 이야기다. '벨카노스'라는 에피테트는 제우스가 태어난 동굴의 이름에서 따왔을 것이라고 추정하는데 확실치는 않다. 여하튼 제우스 올림피오스에 대한 올림피아 제의와 제우스 벨카노스에 대한 크레타 제의는 완전히 별개의 제의였다. 제의의 맥락에서 에피테트가 제의의 정체성 중 일부였다는 말의 의미는 그리스인들의 구체적인 종교생활을 살펴보면 더욱 분명해질 것이다.

그리스(아테네)인들의 종교생활　그리스의 여러 도시국가들 중에 가장 많은 기록이 남아 있는 곳은 단연 아테네다. 그리스인들의 종교생활과 관련해서도 아테네와 관련한 정보가 가장 많다. 그러므로 아테네를 중심으로 당시 종교생활의 모습을 살펴보자.

　　신의 존재를 승인하는 종교에서는 신과 인간의 관계를 어떻게 설정하느냐에 따라 종교생활의 기본이 규정될 것이다. 그리스 종교에서는 신과 인간이 카리스(kharis) 관계를 맺는 것으로 이해되었다. '카리스'라는 그리스어는 번역하기가 까다로운데, '기쁨을 주는 호의(와 그에 대한 감사)' 정도의 의미를 갖는다. 카리스 관계는 기본적으로 호혜적인 관계다.

　　호혜성에 바탕을 둔 카리스 관계는 지중해 지역에서 발생한 더 유명한 종교들인 아브라함계 종교들(유태교, 기독교, 이슬람교)에 나타나는 계약 관계와 비교될 수 있다. 계약이란 의무를 발생시키는 행위이기 때문에, 아브라함계 종교들에서 인간은 신에 대한 종교적 의무를 갖는다, 이러한 의무는 계명(誡命)의 형태로 나타나며, 이런 의미에서 아브라함계 종교들은 계명 종교라고 할 수 있다.

　　이에 비해 그리스 종교는 계명 종교가 아니다. 그리스 종교에서 신과 인간은 선물을 주고받는 관계다. 선물을 주고받는 관계에서는 엄밀한 의미의 의무가 발생하지 않는다. '그동안 해준 게 얼만데 어떻게 이럴 수 있냐'와 같은 감정에서 비롯된 유사 의무만이 존재할 따름이다.

아폴론의 예언을 전달하는 델포이 신전의 여사제 퓌티아

　물론, 그리스 종교에서 신과 인간의 관계가 호혜성에 기초하고 있다는 점이 양자가 대등한 존재로 여겨졌다는 것을 의미하는 것은 아니다. 오히려 그리스 종교생활의 가장 기본적인 지침들은 신과 인간이 대등한 존재가 아니라는 점을 자각해야 한다는 가르침에 기초하고 있다.

　계명 종교가 아닌 그리스 종교에서 계명과 가장 유사한 기능을 수행한 것은 델포이 신전에 새겨져 있던 짧은 경구들이다. "너 자신을 알라"라든지 "어떤 것도 지나치지 않게" 등과 같은 유명한 경구들은

'소프로쉬네(sōphrosunē)'라는 덕목에 기반을 둔 생활지침들이라고 할 수 있다. 그리스어 '소프로쉬네' 역시 번역하기가 까다로운데, 흔히 '절제'라고 옮기지만 필자는 '분별'이라는 번역어를 선호한다.

델포이 신전의 경구들 중에 가장 유명하고 가장 기본이 되는 경구는 "너 자신을 알라"이다. 그리스 종교의 맥락에서 이 경구는 '네가 신이 아니라 인간이라는 사실을 알라'는 뜻이다. 불사의 존재인 신과 달리 인간인 너는 죽을 수밖에 없는 존재라는 것이다. 이 자각으로부터 "어떤 것도 지나치지 않게"나 "맹세 옆에는 미망(迷妄)이"와 같은 지침이 따라 나온다. 예를 들어, 무슨 일이든 다해가며 재물을 모은다 한들 죽을 때 가지고 갈 것도 아니므로 뭐든지 적당히 해야 한다. 또한 사태가 이러저러하게 진행되도록 자신이 만들겠다는 굳은 믿음과 의지가 있다손 치더라도 당장 내일 죽어버리면 사태가 그렇게 진행된다는 보장이 없으므로 맹세는 어리석은 일이 되는 것이다.

**종교의 단위,
컬트**

대등하지 않은 존재들인 신과 인간의 카리스 관계는 다음과 같이 유지된다. 신에게 드리는 제사와 간구, 그에 대한 신의 보답, 다시 신에게 드리는 감사 봉헌과 제사, 다시 그에 대한 보답, 이런 식으로 호혜적 활동이 계속 순환하는 것이다.

그런데 제사는 아무 신에게나 드리는 것이 아니었다. 당대 그리스인들이 신들에게 기대하는 보답은 부와 건강, 풍년, 순산, 항해의 안전, 전쟁에서의 승리 등 삶의 모든 영역에 걸쳐 있었다. 그리스인들은 기대하는 보답에 따라 그에 걸맞은 신에게 제사를 드렸다. 여기에서 앞서

1. 그리스 종교와 플라톤의 종교사상

언급한 에피테트의 종교적 의미가 드러난다.

　예를 들어 포세이돈에게 제사를 올릴 경우, 항해의 안전을 기원할 때는 포세이돈 소테르(구원자 포세이돈)에게, 마차 경주에서의 승리를 기원할 때는 포세이돈 히피오스(말이나 마구와 관련한 영역을 관장하는 포세이돈)에게, 지진이 일어나지 않기를 기원할 때는 포세이돈 아스팔레이오스(안전하게 해주는 자 포세이돈)에게 제사를 지냈다. 서로 다른 종교의 단위를 편의상 '컬트'라고 부른다면, 포세이돈 소테르, 포세이돈 히피오스, 포세이돈 아스팔레이오스에 대한 제의는 모두 별개의 독립된 컬트였다.

　사실, 에피테트의 추가만으로 완전하게 컬트의 정체성이 규정되는 것도 아니다. 포세이돈 소테르를 예로 들어보면, 아테네의 수니온과 코린토스의 이스트미아에 각각 유명한 포세이돈 소테르의 신전이 있었다. 그런데 포세이돈 소테르에 대한 수니온의 제의와 이스트미아의 제의는 성격이 상당히 달랐다. 제사를 올리는 날짜가 달랐고, 참여할 수 있는 사람의 자격도 달랐으며, 제의의 절차와 방식도 달랐다. 결국, 에피테트만이 아니라 신전이 위치한 장소도 컬트의 정체성을 구성하는 중요한 요소였던 것이다.

　앞서 언급했듯이 범-그리스적인 컬트도 있었는데, 여기서 '범-그리스적'이란 모든 그리스인들이 참여할 수 있다는 의미이지, 그리스 전역에 걸쳐 그 컬트의 제의가 있었다는 뜻은 아니다. 모든 제의는 언제나 특정한 한 장소에서 치러졌으며, 범-그리스 컬트의 경우에는 다른 지역의 그리스인들이 그 특정 장소로 찾아와서 제의를 드렸다.

　컬트가 있는 장소에는 '테메노스(temenos)'라고 불리는 성역이 있었다. '테메노스'는 '잘린 구역' 정도를 의미하는 말인데, 부정 타지 않은 사람만 이 안에 들어갈 수 있었다. 이 테메노스 안에 제단을 두고 이곳에서 제사를 지냈다.

결국 신의 이름, 에피테트, 제단이 있는 지역, 이 세 가지가 컬트의 정체성을 구성하는 요소였다. 서로 다른 컬트의 신들이 왜 동일한 이름을 가졌는지에 대해서는 신화학자와 종교학자 들의 대략적인 추정을 따라 다음과 같이 짐작해볼 수 있다. 아주 오래전 그리스 사회가 통합되기 전에는 각 지역마다 서로 다른 신을 모셨는데, 지역 간 왕래가 잦아지면서 다른 지역에서도 비슷한 성격의 신을 모시고 있다는 것을 알게 되었다. 그후 몇 가지 기능을 수행하는 신들이 통합되어 범-그리스 신화들에 등장하는 각각의 신의 이름이 형성되었다.

여기서 우리 논의의 맥락과 관련해 중요한 것은 잘 알려진 그리스 신들 각각에 대한 서로 다른 컬트가 원리상 무한정 많을 수 있다는 점이다. 일단 각각의 신에게 붙여진 에피테트가 모두 몇 개였는지 우리는 정확히 알지 못한다. 현대에 와서 새롭게 발견된 유물을 보면 잘 알려진 신의 이름 옆에 의미를 알아내기도 어려운 에피테트가 붙어 있는 경우도 있다. 또한 신전을 세울 수 있는 지역에 대한 아무런 제한이 없었기 때문에, 어떤 지역에 어떤 신전이 있었는지도 정확히 알 수 없다.

신들에 대한 컬트도 엄청나게 많았지만, 영웅들에 대한 컬트도 이에 못지않았다. '영웅'은 그리스어 'hērōs'에 대한 번역어인데, 신화의 맥락에서는 신과 인간 사이에 태어난 자식을 의미한다. 그러나 실제 종교생활에서는 반드시 이런 존재들만을 가리키는 단어가 아니었다. 이를테면 1차 페르시아 전쟁 당시 유명했던 마라톤 전투의 전몰자들은 후에 영웅들로 간주되었고, 이들에 대한 영웅 컬트도 생겨나게 되었다. 특정 보답을 기대하고 신에게 제의를 올리는 것처럼, 인간이라도 특정 보답을 해줄 능력이 있는 존재로 간주되면 영웅으로 격상되어 그

1. 그리스 종교와 플라톤의 종교사상

에 대한 컬트가 생길 수 있었던 것이다.

당대 영웅 컬트들 중에는 오늘날 관련 정보가 전혀 남아 있지 않은 것들도 있다. 이름도 없이 그저 영웅들, 혹은 여성 영웅들에 대한 컬트였다고만 알려진 것들도 있다. 이런 것들을 제외하고, 우리가 영웅의 이름도 알고 컬트의 성격도 어느 정도 아는 영웅 컬트만 해도 아테네에만 160개 이상 있었다.

삶 속에 파고든 제의

신과 영웅 들에 대한 컬트가 이렇게 많았다는 사실에서도 짐작할 수 있듯이, 그리스인들의 삶은 각종 제의의 연속이었다. 제의의 규모가 큰 컬트에서는 대개 축제가 거행되었고, 그리스인들에게는 각종 축제들이 달력의 역할을 했다고도 할 수 있다.

그리스인들은 음력에 기반을 둔 달력을 사용하였다. 하지 이후 첫 번째 초하루부터가 그들의 첫째 달이었다. 각 도시국가는 자기 나라에서 달마다 열리는 큰 축제(나 관련 제의) 이름을 본떠서 그 달의 이름으로 삼았다. 참고로, 아테네의 열두 달의 이름은 첫 달부터 시작해서 헤카톰바이온(Hekatombaiōn), 메타게이트니온(Metageitniōn), 보에드로미온(Boēdromiōn), 퓌아네프시온(Puanepsiōn), 마이마크테리온(Maimaktēriōn), 포세이데온(Poseideōn), 가멜리온(Gameliōn), 안테스테리온(Anthestēriōn), 엘라페볼리온(Elaphēboliōn), 무니키온(Mounikhiōn), 타르겔리온(Thargēliōn), 스키로포리온(Skirophoriōn)이다.

달 이름의 유래가 된 축제들과 연관된 제의들은 국가 제의였다. 범-그리스 제의에 그리스인들이 모두 참여했던 것처럼 국가 제의에는 해당 국가 사람들이 모두 참여했다. 그러나 그리스인들의 실생활에 더 밀착되어 있던 제의들은 동네 단위의 제의들이었다.

기원전 508~507년 클레이스테네스의 개혁을 통해 아테네는 공식적으로 민주정(dēmokratia)이 된다. 클레이스테네스 개혁의 핵심은 행정구역의 재편이었다. 그는 아테네에 있는 139개 동네를 임의로 10개 부족으로 편성하고, 아테네 영웅들 100명 중에 제비뽑기로 10명을 선택해서 그들의 이름을 본떠 10개 부족의 이름을 정했다. 10개 부족을 이루는 139개의 동네는 '데모스(dēmos)'라고 불렸고, 이때부터 데모스가 아테네인들이 영위하는 정치생활의 기본 단위가 되었다. 우리 논의와 관련해서 중요한 점은 이 데모스들이 정치생활만이 아니라 종교생활에서도 기본이 되었다는 것이다.

당시에는 몇 월 며칠에 어떤 제단에 어떤 제물을 바쳐야 하는지를 알려주는 제의 달력이 동네마다 있었던 것으로 보인다. 몇몇 지역의 제의 달력들이 남아 있어 그리스인들의 실제 종교생활이 어떠했는지를 엿볼 수 있게 해준다. 아테네 139개 데모스 중 하나인 에르키아의 제의 달력은 거의 온전한 형태로 남아 있다.

에르키아의 제의 달력에는 59개의 제의가 기록되어 있다. 일부는 에르키아에서 치러진 제의이고, 일부는 인근 지역, 또 일부는 아크로폴리스에서 거행된 제의다. 어떤 제의들에서는 하나의 신이나 영웅이 아니라 몇몇 신이나 영웅 들을 묶어서 함께 제사 지내도록 되어 있었다. 에르키아 사람들은 다양한 신과 영웅 들에게 제사를 올렸는데, 동일한 신에 서로 다른 에피테트가 붙은 경우도 적지 않았다. 예를 들어 제우스와 아폴론의 경우에는 에르키아에서 제사를 지내는 것에만도 각기 6개의 서로 다른 에피테트가 붙어 있었다.

1. 그리스 종교와 플라톤의 종교사상

아테네의 제우스 신전

데모스 단위로 참여하는 제의와는 별도로 각 가정에서 드리는 제의들도 있었다. 각 가정에서는 자신의 선조와 관련된 제의를 드렸고, 이에 더해 매일 제우스 헤르케이오스(Herkeios), 제우스 크테시오스(Ktēsios), 아폴론 아귀에우스(Aguieus)에게 약식의 제의를 드렸던 것으로 보인다.

제우스 헤르케이오스는 '울타리를 관장하는 자 제우스'라는 의미다. 제우스 헤르케이오스의 제단은 뒤뜰에 있었고, 외부인들에게 이 가정을 상징하는 역할을 했다. 그래서 "당신의 제우스 헤르케이오스는 어디냐?"고 묻는 것은 주소지를 묻는 것과 같은 의미였다고 한다. 제우스 크테시오스는 '재산을 관장하는 자 제우스'라는 의미다. 제우스 크테시오스의 제단은 집 안 창고에 있었고, 제단 옆에는 제우스 크테시오스를 상징하는 단지가 있었다. 아폴론 아귀에우스는 '거리를 관장하는 자 아폴론'이라는 의미이며, 출입문 옆에 세워진 작은 아폴론 상이나 기둥이 아폴론 아귀에우스를 상징했다.

이 외에도 각 가정의 종교적인 삶 속에서 중요한 역할을 한 것이 헤스티아 여신이다. 제우스 헤르케이오스가 외부인들에게 가정을 상징하는 역할을 했다면, 화덕이라는 뜻의 헤스티아는 가정 구성원들이 갖는 정체성의 중심이었다.

아테네의 아테나 폴리아스

그리스 종교는 대략 생활종교와 비교(祕教)로 나눌 수 있다. 지금까지 우리의 논의는 생활종교를 중심으로 한 것이었다.

비교 제의에는 입교한 사람들만 참석할 수 있었고, 제의에서 구체적으로 어떤 일이 일어나는지에 대해 외부인에게 발설할 수 없었다. 그래서 오늘날 우리는 비교에 대해 많은 정보를 가지고 있지 못하다. 하지만 적어도 당대에 비교 역시 상당히 큰 영향력을 가지고 있었다는 사실은 분명히 알고 있다. 각각의 제의가 독립된 컬트라면, 그리스인들은 각자 수십 개의 컬트에 참여했다고 할 수 있다. 그들이 참여한 컬트들이 생활종교 컬트들로 국한되었을 것이라고 생각할 만한 이유는 전혀 없다.

여기서 우리는 생활종교 컬트 중 하나인 아테네의 아테나 폴리아스 컬트와, 비교이긴 하지만 상당히 많이 알려진 엘레우시스의 데메테르 엘레우시니아 컬트에 대해 살펴볼 것이다. 또한 우리가 그다지 많은 정보를 가지고 있지 못한 디오뉘소스-오르페우스 비교에 대해서도 간단히 언급할 것이다.

앞에서도 잠깐 언급했듯이 아주 오래전에는 각 컬트마다 그 컬트와 연관된 스토리가 있었던 것으로 보인다. 구전되던 스토리가 먼저 있었고 그에 따른 컬트가 생겨났을 수도 있고, 컬트가 먼저 있었고 나중에 그에 맞는 스토리가 구성되었을 수도 있다. 그리스 사회가 통합되면서 범-그리스적 신화들이 형성된 후에 이러한 스토리가 컬트와 연관된 지역의 신화로 남게 된 경우도 적지 않다. 이러한 지역신화는 대개 그 컬트가 어떻게 시작되었는지를 설명하곤 한다.

아테네의 아테나 폴리아스 컬트의 경우, 처음 이 컬트를 시작했다는 에레크테우스에 대한 신화가 있다. 헤파이스토스가 아테나를 범하려고 했다가 실패했는데, 그의 정액이 아테나의 다리에 묻었고 아테나는 그것을 닦아서 땅에 버렸다. 그 땅에서 에레크테우스가 탄생했고 아테나가 그를 양자로 삼았는데, 훗날 그가 아테네의 왕이 되었다. 플라톤 시대에도 아테네인들은 자신들이 땅에서 태어났다고 생각했는데, 에레크테우스 신화가 바로 그런 생각의 연원이라고 할 수 있다.

왕이 된 에레크테우스는 아크로폴리스의 신전 안에 아테나 목상을 세우고 범-아테네 축제를 거행하기 시작했다. 에레크테우스가 아테나 목상을 세운 아크로폴리스의 신전은 에레크테이온이다. 오늘날 우리에게 잘 알려진 아크로폴리스의 신전은 파르테논 신전이지만, 파르테논은 실제로 아테나 폴리아스 컬트의 봉헌물을 보관하는 역할만 했을 가능성이 있다. 그렇게 되면 파르테논 안에 있던 아테나 파르테노스(처녀 아테나) 황금상이나 아크로폴리스 입구에 있던 아테나 프로마코스(앞서 싸우는 자 아테나) 청동상은 아테나 폴리아스를 위한 봉헌물이며, '파르테노스'와 '프로마코스'는 독립된 컬트를 위한 에피테트가 아니라 단

아테나 파르테노스 황금상의 복원 상상도

1. 그리스 종교와 플라톤의 종교사상

순히 아테나 폴리아스의 별칭이 된다.

아테나 폴리아스 컬트에는 아테나 여신에 대한 제의만 있었던 것이 아니다. 영웅 에레크테우스와 포세이돈 에레크테우스에 대한 제의도 함께 있었다. 앞에서 잠깐 언급했듯이 그리스 종교에서는 몇몇 신이나 영웅 들을 묶어서 함께 제사를 지내기도 했는데, 아테나 폴리아스 컬트도 그런 경우였던 것이다. 이들을 함께 제사 지내는 이유와 관련한 스토리에는 흥미로운 점이 있다.

에레크테우스가 아테네의 왕이 된 후에 인근에 있는 엘레우시스와 전쟁을 벌이는데, 이 전쟁에서 그가 포세이돈의 아들 에우몰포스를 죽이자 포세이돈이 그에 대한 보복으로 에레크테우스를 죽였다. 이에 아테나 여신이 아테네와 엘레우시스 간의 전쟁을 중재하면서 에레크테우스와 포세이돈을 자신의 신전에서 제사 지내도록 했다는 것이다. 이 사례를 통해 신이 영웅에게 도움을 준 경우만이 아니라 영웅을 죽였을 때도 신과 영웅을 함께 제사 지낸 경우가 있었던 것을 알 수 있다.

아테나 프로마코스의 복원 상상도

아테나 폴리아스 컬트의 제의는 범-아테네 축제와 함께 아테나 여신의 생일인 헤카톰바이온(아테네의 첫 달) 28일에 거행되었다. 한 해 동안 '아레포로이'라고 불리는 7~11살의 여자아이들이 예복을 짜서 축제 당일에 행렬 맨 앞에서 예복을 운반하고, 사제가 이 예복을 아테나 폴리아스 목상에 입히는 것이 축제에서 가장 중요한 행사였다. 예복을 입히는 의식을 전후해서 희생제가 있었던 것으로 보이는데, 제물로 바쳐진 짐승은 경제 상황에 따라 100에서 300마리에 달했다. 아테나 폴리아스에 대한 제사와는 별도로 이 축제날에 아테나 니케(승리)와 아테나 휘기에이아(건강)에 대한 제사도 있었다. 이들에 대한 신전은 아크로폴리스 바깥쪽에 있었다.

범-아테네 축제에는 아테네 시민만이 아니라 해방 노예와 거주 외인(메토코이)도 참석할 수 있었으며, 축제 행렬 이외에도 다양한 제전 경기들이 치러졌다. 매년 열리는 범-아테네 축제의 제전 경기들은 일종의 모의전쟁 성격을 띠었던 것으로 보인다. 4년마다 '범-아테네 대축제'라는 이름으로 더 오랜 기간 축제를 벌였는데, 대축제의 제전 경기들은 국제 스포츠 행사의 성격을 가졌던 것으로 보인다.

**엘레우시스의
데메테르 엘레우시니아**
비교 중에 가장 널리 알려졌고 가장 많은 사람들이 참여한 것이 엘레우시스 비교다. 이 비교가 정확히 언제 생겼는지는 알 수 없으나, 기원전 2000년 전부터 있었을 가능성이 있으며 기독교 탄생 이후 서기 4세기까지도 지속되었다. 기원전 7세기 무렵 쓰인 것으로 추정되는 「데메테르 찬가」에서 우리는 이 비교의 탄생에 얽힌 신화를 찾아볼 수 있다.

1. 그리스 종교와 플라톤의 종교사상

페르세포네가 하데스에게 납치당한 후에, 데메테르는 노파의 모습으로 변신한 채 단식을 하며 딸을 찾아 이곳저곳을 돌아다닌다. 그러다가 엘레우시스에 와서 켈레우스 왕과 메타네이라 왕비의 아들인 데모포온의 유모 노릇을 하게 된다. 데메테르는 데모포온을 불사로 만들기 위해 매일 불 속에 집어넣는데, 어느 날 메타네이라가 그 장면을 목격하고 깜짝 놀란다. 이에 데메테르는 화를 내며 데모포온을 불사로 만들려던 시도를 중단한다. 그러고 나서 자신이 여신임을 드러내고 그곳에 신전을 지으라고 명령한 후 그곳에 머무르며 땅에 곡식이 자라지 않게 만든다. 기근이 와서 인간들이 모두 죽을 지경이 되고 신들 역시 더 이상 인간으로부터 제사를 받지 못할 상황에 이르자 제우스가 개입해 페르세포네를 지상으로 돌려보내도록 한다. 하지만 페르세포네는 타르타로스(하데스의 거처)에서 석류를 먹었기 때문에 일 년에 3분의 1은 타르타로스에서 지내야 했고 나머지 3분의 2만 지상에 머무를 수 있게 되었다. 지상에 올라온 페르세포네는 엘레우시스의 신전 앞에서 데메테르와 재회했고 데메테르는 이후 곡식이 다시 자라게 하였다. 아울러 데메테르는 엘레우시스의 주요인물들인 켈레우스 왕, 에우몰포스, 트리프톨레모스 등에게 비밀의식을 알려주었는데, 지상의 인간들 중에 이것을 본 자는 복되나 입교하지 않은 자는 죽어서 그와 다른 운명에 처한다는 것이다.

「데메테르 찬가」는 범-그리스적인 작품이다. 엘레우시스 지역신화에서는 납치되었던 데메테르의 딸이 코레(Korē)이고 저승세계의 주인은 플루톤(Ploutōn)인데, 「데메테르 찬가」에서는 일반 그리스인들에게 잘 알려진 '페르세포네'와 '하데스'라는 이름으로 등장한다.

「데메테르 찬가」가 그리스 전역에 알려졌던 것처럼, 엘레우시스의 '비밀의식' 역시 그리스 전역에 알려져 있었다. 이 의식에는 입교한 이들만이 참여할 수 있었는데, 살인자와 그리스어를 모르는 사람을 제외하고 여자와 노예를 포함해 누구나 입교할 수 있었다. 엘레우시스에서 먼 지역에 사는 사람이라면 몰라도 바로 인근의 아테네에 사는 사람들은 거의 모두 입교자였다고 할 수 있다. 그러니까 이 비밀은 실질적으로 모든 사람이 아는 비밀이었던 셈이다.

비교의식이 있던 날(보에드로미온 20~21일)을 전후해서 범-그리스 축제(보에드로미온 15~22일)와 아테네에서 엘레우시스까지 가는 행렬(보에드로미온 19일)이 있었고, 이 축제와 행렬은 아테네에서 관장했다. 더구나 입교하지 않은 이들도 축제에 참여할 수 있어서, 엘레우시스의 데메테르 엘레우시니아 신전 앞에서 벌어지는 행사까지는 참여 제한이 없었다. 신전 안에 있던 텔레스테리온이라는 건물 안에서 치러진 비밀의식에만 입교자로 국한하는 참여 제한이 있었다.

텔레스테리온 안에서 어떤 일이 벌어졌는지 오늘날 우리는 정확히 알지 못한다. 이 '비밀'이 당대 아테네 사람들은 모두 알고 있는 비밀이었다고 해도, 발설 금지 조항 때문에 그들은 이와 관련한 기록을 남기지 않았다. 우리가 알고 있는 내용은 한참 후대에, 예컨대 엘레우시스 비교의식에 참여했다가 기독교로 개종한 사람들의 보고에 따른 것이다. 이 중에는 비교의식 중에 외설적인 행위가 있었다는 보고도 있으나, 개종자가 개종 이전 종교에 대해 발설한 보고가 그다지 신뢰할 만한 것인지는 의문이다. 오늘날 많은 학자들은 실제로는 밀 이삭을 자르는 행위 정도가 있었을 것으로 추정한다. 만일 이런 추정이 맞는다면, 그것은 데메테르 엘레우시니아에 대한 컬트가 갖는 독특한 성격을 상징적으로 보여준다고 할 수 있다.

1. 그리스 종교와 플라톤의 종교사상

**이승과 저승을
연결하는 비교**

그리스인들은 신들에게 삶의 영역 전반에 걸친
안녕과 성공과 번영을 기원했다. 그런데 인간이
죽음 이후에 벌어질 일에 대해 관심을 갖는 것 또한 자연스러운 일이
다. 그리스의 생활종교들은 호메로스적인 이념에 바탕을 두고 있다. 호
메로스적 세계에서 영혼은 그림자와 같은 것이기 때문에 예외적인 경
우를 제외하면 지상에서 어떤 삶을 살았는지와 죽은 뒤에 영혼이 어
떤 일을 겪는지 사이에는 큰 연속성이 없다. 누군가 살아생전에 잘못
을 하면 죽어서 벌을 받는 것이 아니라 자손이 저주를 받는 식이다. 저
주는 대대손손 이어질 수 있지만 결국 삶 속에서 모든 일이 벌어지는
것이다. 그래서 그리스의 생활종교들이 죽은 후에 자신에게 어떤 일이
벌어질지에 대한 관심을 충족시켜주기는 어려웠다고 할 수 있다.

바로 이 지점에서, 뒤에서 좀 더 이야기하겠지만, 비교들이 그리
스인들이 갖는 종교적 관심의 공백을 메워주는 역할을 했던 것으로 보
인다. 「데메테르 찬가」에서도 지상에 있는 이들 중에 비밀의식을 본 이
는 복되다고 이야기하는데, 여기서 복은 저승에서의 복을 의미한다.

엘레우시스의 데메테르 엘레우시니아 컬트는 생활종교적인 관심
사와 비교적인 관심사를 모두 충족시켜주는 역할을 했던 것 같다. 「데
메테르 찬가」에서도 언급되는 트리프톨레모스는 데메테르로부터 농경
을 배워서 그리스 전역에 전파했다는 인물이다. 그래서 데메테르 엘레
우시니아를 위한 축제와 행렬에는 풍년에 대한 기원이 담겨 있었을 것
으로 보인다. 텔레스테리온에서 거행된 제의의 절정에 밀 이삭이 등장
했다면 이것이 풍년의 기원과 무관했으리라고 생각하기는 어렵다. 풍
년을 바라는 기원은 당연히 삶의 번영을 바라는 기원이며, 이것은 생
활종교의 전형적인 특성이라고 할 수 있다.

데메테르(왼쪽)와 페르세포네(또는 코레) 사이에 트리프톨레모스가 서 있는 모습이 새겨진 부조. 엘레우시스의 데메테르 성소에서 발견되었다. 아테네 국립고고학박물관

1. 그리스 종교와 플라톤의 종교사상

한편 밀 이삭을 자르는 행위가 어떤 방식으로든 죽음에 대한 상징과 연관되었으리라고 생각하는 것도 자연스러운 일이다. 특히 데메테르가 기근을 일으켰다가 다시 곡식을 자라게 하는 것이 페르세포네 혹은 코레가 저승으로 납치되었다가 돌아오는 스토리와 결부되었다는 점을 고려하면, 밀 이삭을 자르는 행위는 죽음과 새로운 생명을 상징하는 것이라고 생각할 수 있다.

데메테르는 농경을 관장하는 신이고, 페르세포네는 저승세계의 여왕이다. 엘레우시스 비교와 관련된 신들은 이승에서의 번영과 저승에서의 복을 모두 제공할 수 있는 존재들이었다. 따라서 엘레우시스 비교는 가장 널리 알려지고 가장 대표적인 비교이면서 생활종교와 비교의 성격을 모두 가지고 있었다고 할 수 있다.

디오뉘소스-오르페우스 비교

디오뉘소스와 관련한 컬트들은 그리스 전역에 있었다. 가장 대표적인 테베의 디오뉘소스 카드메이오스 컬트를 비롯해 많은 디오뉘소스 관련 컬트들은 비교가 아니라 국가에서 관할하는 생활종교였다.

진정한 의미에서 비교라고 할 만한 디오뉘소스-오르페우스 비교들은 기원전 6세기 무렵부터 생겨난 것으로 추정된다. 이때 생겨난 오르페우스 계열의 비교들은 나라의 승인을 받은 컬트가 아니었던 것으로 보이는데, 비밀이 잘 지켜진 탓인지 오늘날 우리가 이들에 대해 정확히 아는 바는 거의 없다. 다만 오르페우스가 썼다는 책에 대한 언급을 플라톤의 『국가』 2권 364e을 비롯한 곳곳에서 찾아볼 수가 있어, 오늘날 남아 있지는 않지만 이 컬트들의 경전 같은 역할을 한 문헌이 있었던 것으로 보인다.

잘 알려져 있듯이, 오르페우스는 에우리디케를 찾아서 저승에 갔다가 돌아왔다는 인물이다. 에우리디케를 저승에서 구해내는 데는 실패하지만, 그곳에서 비밀을 보았고 본 대로 기록했다는 것이 오르페우스의 책이다. 그 비밀을 입교자들과 공유한 것이 바로 오르페우스 계열의 컬트들이다. 책의 내용은 알 수 없으나, 아마도 그리스의 전통적인 신화들과는 상당히 결이 다른 신화들, 예를 들어 세계가 알에서 탄생했다는 등의 신화들이 여기서 제시된 것 같다. 지금 우리 논의와 관련해 중요한 것은 오르페우스 비교 계열에서 디오뉘소스에 대해 전해지는 대안신화다.

애초 전통적인 신화에서도 디오뉘소스는 독특한 존재다. 원래 신과 인간 사이의 자식은 신이 아니라 영웅인데, 디오뉘소스는 제우스와 테베의 왕 카드모스의 딸인 세멜레 사이의 자식이다. 임신한 세멜레가 헤라의 꾐에 빠져서 죽음을 맞이하는데 세멜레가 죽기 직전에 제우스가 태아인 디오뉘소스를 꺼내서 자신의 허벅지 안에 집어넣었고, 나중에 허벅지를 통해 디오뉘소스가 태어났다는 것이다. 앞에서 잠깐 언급한 테베의 디오뉘소스 카드메이오스 컬트는 바로 이 신화를 바탕으로 하고 있다.

이에 비해 디오뉘소스-오르페우스 비교 계열의 대안신화에서는 디오뉘소스가 제우스와 페르세포네의 자식이다. 제우스는 지상세계와 하늘의 왕이고 페르세포네는 하데스의 아내로서 저승세계의 여왕이다. 그러니까 대안신화에서 디오뉘소스는 하늘의 왕좌와 저승의 왕좌 사이에서 태어난 자식인 것이다. 제우스는 뱀으로 변신하여 페르세포네를 겁탈하고, 탄생한 아이 디오뉘소스에게 세계의 권좌를 물려주기로 한다. 디오뉘소스가 아기였을 때 헤라가 티탄족을 보내서 디오뉘소스를 유괴한다. 티탄족은 디오뉘소스를 찢어 죽인 후에 끓여서 잡아먹었다. 이에 분노한 제우스가 번개로 티탄족을 불태웠고, 그 재 속에서 디오뉘소스가 다시 태어났다. 대안신화에서 디오뉘소스는 수난과 죽음, 그리고 부활의 신인 것이다.

엘레우시스 비교에서도 페르세포네가 중요한 역할을 하긴 했으나 핵심은 농경의 여신 데메테르였다. 이에 비해 디오뉘소스-오르페우스 비교에서는 지상세계와 하늘의 왕 제우스와 저승세계의 여왕 페르세포네 사이의 자식이며 세계의 권좌를 물려받는 자이자 부활의 신인 디오뉘소스가 중심이기 때문에, 이 비교는 죽음 이후에 대한 그리스인들의 종교적 관심사를 더욱 직접적으로 충족시켜주고 있는 셈이다.

죽음 이후가 중요해진 만큼, 이제 영혼은 호메로스적 세계관에서처럼 단순한 그림자 같은 존재로 여겨지지 않았다. 어떤 의미에서는 육체보다 영혼이 더 중요해졌고, 살아 있는 동안에 정화의식 등을 통해 영혼을 깨끗하게 만드는 일이 중요해졌다. 영혼이 깨끗해져야 죽은 이후에 나쁜 일을 겪지 않고 좋은 운명에 처하게 될 것이기 때문이다. 어쩌면 영혼의 윤회에 대한 믿음 같은 것이 이 와중에 생겨났을지도 모른다.

**플라톤의
그리스 종교 계승**   흔히 플라톤은 그리스 종교를 비판만 했던 사람으로 생각하기 쉽다. 『국가』에 유명한 시인추방론이 등장하며, 여기서 타깃으로 삼는 시인이 바로 호메로스다. 그리스 신화와 그리스 종교를 특별히 구별하지 않고 생각하면, 호메로스를 비롯한 시인들에 대한 비판은 바로 그리스 종교에 대한 비판으로 여겨질 수 있다. 하지만 실제로는 플라톤이 그리스 종교를 계승한 측면도 생각보다 훨씬 크다고 할 수 있다.

우선, 생활종교와 비교를 구분해보면 플라톤이 적어도 그리스 비교를 상당 부분 계승하고 있다는 사실을 쉽사리 알 수 있다. 『파이돈』에서 소크라테스는 육체가 영혼의 감옥이라는 유명한 주장을 하는데 (62b), 이 주장은 오르페우스 비교의 영향을 강하게 받은 것으로 보인다. 나아가 그는 "입문하지 않고(amuetos) 입교하지 않은(atelestos) 상태로 하데스의 거처에 도달한 자는 진흙탕 속에 있게 될 것이고 정화되고(kekatharmenos) 입교한(tetelesmenos) 상태로 거기에 도달한 자는 신들과 함께 거주할 것"(69c)이라며 비교의 언어를 명시적으로 사용하기도 한다. 『파이드로스』에서도 소크라테스는 정화의식과 입교의식을 만나 제대로 광기가 든 사람은 현재와 미래의 나쁜 것들로부터 벗어나게 될 것(244e)이라고 이야기한다.

사실 플라톤이 오르페우스 계열의 비교로부터 많은 영향을 받았다는 것은 학자들 사이에서는 잘 알려진 일이다. 플라톤이 세운 아카데미는 이후 회의주의 학파가 되어 자신들이 공식적으로 플라톤의 사상을 이어받았다는 선언은 하지 않는다. 회의주의 학파였던 아카데미는 기원전 1세기 로마 장군 술라에 의해 붕괴하고, 그 이후에는 스스로 플라톤의 사상을 이어받았다고 선언하는 학자들(서기 1세기~2세기의 중기 플라톤주의자들이나 서기 3세기 이후의 신플라톤주의자들)이 생겨난다. 여기서 이들이 이어받았다는 플라톤의 사상은 비교의 영향을 상대적으로 많이 받은 것이었다.

신플라톤주의는 유럽의 사상사에 막대한 영향력을 행사하는데,

특히 이후 유럽 역사에서 신비주의 종교나 신비주의 사상 들은 모두 직간접적으로 신플라톤주의의 영향 아래에 있었다고 할 수 있다. 이렇게 본다면 애초 플라톤이 오르페우스 계열의 비교를 계승한 부분이 유럽 역사에 지대한 영향을 끼친 셈이다. 그런데 이러한 사정 때문에 플라톤이 그리스의 생활종교를 계승한 부분도 적지 않다는 점은 오히려 더 간과되기 쉽다.

플라톤의 초중기 대화편들에서 등장인물 소크라테스는 그리스의 전통적 종교관에 대해 비판적인 태도를 취한다. 이러한 비판의 취지가 정확히 어떤 것이었는지에 관해서는 앞으로 이야기하겠지만, 우리가 기억해야 하는 것은 특정 종교관에 대한 비판이 종교 자체에 대한 비판은 아니라는 점이다. 자신의 마지막 작품인 『법률』에서 플라톤은 이상국가의 현실화 프로그램 같은 것을 제시하는데, 여기에서 드러나는 종교적 입장에는 그리스의 생활종교를 단순히 계승하는 것을 넘어 더욱 강화하고 있다고 이야기할 만한 요소도 있다.

앞에서 살펴보았듯이 그리스의 생활종교들은 나라가 일정과 제의를 관리한다는 점에서 국가 종교의 성격을 띠는데, 『법률』의 주인공격인 무명(無名) 아테네인이 제시하는 종교는 철저하게 국가 종교라고 할 수 있다.

무명 아테네인은 우선 나라를 새로 세우는 입법가는 전통적인 신들의 이름과 신전들을 변경하지 말아야 하며 새로 구성되는 나라의 각 집단에 신과 영웅 들을 배정하여 그들에게 제의를 올리도록 해야 한다고 주장한다(745b-c).

앞에서도 이야기했듯이, 클레이스테네스의 개혁을 통해 아테네는 10개의 부족으로 재편성되었고, 추첨으로 선정된 아테네 영웅들의 이름을 각 부족의 이름으로 삼았다. 이와 유사하게, 무명 아테네인은 12신의 이름을 빌려와서 나라를 12개의 부족으로 편성하고(745b-e), 각 부족이 한 달에 한 번은 부족 단위의 축제를 열고 또 한 번은 부족의 구성단위(아테네의 데모스에 해당하는 단위)에서 축제를 열도록 한다. 나아가 개인 집 안에 신전을 두는 것을 법으로 금지하고 모든 제의를 나라에서 임명한 사제가 주재하는 공공제의로 만든다(909d-910d).

종교 문제와 관련한 법률 중에 특별히 주목할 만한 것은 신의 존재를 믿지 않지만 기질상 부정의한 행동을 멀리하고 정의로운 삶을 살아가는 사람에 대한 법률이다. 이 나라에는 세 종류의 감옥이 있다. 일반 감옥과 '소프로니스테리온(sōphronistērion)'이라고 불리는 감옥, 그리고 처벌의 장소가 그것이다. 정의로운 무신론자는 5년형에 처해져서 이 중 소프로니스테리온에 보내진다. '소프로니스테리온'은 보통 '교도소'나 '교화소'로 번역되는데, 어원을 따지면 앞서 언급한 소프로쉬네, 곧 분별을 갖도록 만들어주는 곳이라는 뜻이다. 한 마디로 말해, 플라톤은 신들의 존재를 승인하지 않고 공공의 종교 제의를 올리지 않는 것은 분별없는 행동이라고 주장하는 셈이다.

**플라톤의
그리스 종교 비판**
플라톤보다 앞서서 그리스 종교를 비판한 인물로 크세노파네스가 있다. 크세노파네스는 호메로스와 헤시오도스에 등장하는 신들이 도둑질, 간통, 속임수 등 인간이 해도 욕먹을 짓들을 하는 것으로 묘사된다고 이야기한다(단편 11, 12). 또 이디오피아 사람들은 신을 검은 피부로 묘사하고(단편 16), 소나 말에게 손이 있다면 신들을 소나 말의 모습으로 그렸을 것이라고도 이야기한다(단편 15). 그는 티탄족의 전쟁, 거인족의 전쟁, 켄타우로스족의 전쟁 등의 허구는 전혀 쓸모없는 것이어서 제대로 된 사람은 이런 소리를 하지 않는다고도 이야기한다(단편 1).

이러한 비판들의 핵심이 정확하게 무엇인지가 아주 분명한 것은 아니다. 그러나 신과 인간들 사이에서 가장 위대한 하나의 신은 형체와 생각이 인간들과 전혀 다르다는 이야기(단편 23)도 있다는 점에 비추어볼 때, 아마도 신을 인간과 비슷한 존재로 묘사한 것에 대한 비판이었으리라고 짐작해볼 수 있다.

플라톤의 종교 비판도 일단 이와 유사해 보인다. 『국가』 2권과 3권에서 소크라테스는 전통적인 신화의 많은 부분을 삭제해야 한다고 이야기한다. 신이 좋은 것들의 원인일 뿐만 아니라 나쁜 것들의 원인이 되기도 한다는 이야기나, 신이 말로나 행동으로 인간을 속이는 것으로 묘사되는 이야기는 모두 삭제해야 한다는 것이다(378e-383c). 또 신들 사이의 전쟁이나 부모신과 자식신 사이의 갈등에 대한 이야기도 모두 삭제해야 한다고 이야기한다(377e-378e). 『에우튀프론』에서도 소크라테스는 부모신과 자식신의 갈등이나 신들 사이의 전쟁 이야기를 자신은 믿지 못하겠다고 이야기한다(5e-6c). 『국가』 2권에서 아데이만토스는 입교의식을 치르면 부정의한 행동을 하고도 저승에서 대가를 치르지 않을 수 있다는 이야기들을 비판하기도 한다(364e, 366a).

이러한 비판들의 핵심은 전통적인 종교관에서 볼 때 신들이 신답지 않게 묘사되었다는 것이며, 이것은 크세노파네스가 내놓은 비판의 핵심과 크게 다르지 않아 보인다. 다만 크세노파네스의 비판에서는 신을 인간과 유사하게 묘사했다는 점에 방점이 찍힌다면, 플라톤의 비판에서는 신을 나쁜 것의 원인이 되는 자, 또 악행을 범한 인간을 뇌물을

라파엘로, 〈신들의 회의〉, 1518

받고 구제해주는 자로 묘사했다는 점에 방점이 찍힌다고 하겠다.

이렇다면 크세노파네스나 플라톤의 종교 비판은 오늘날의 시각에서 볼 때 지극히 상식적인 수준의 비판이라고 할 수 있다. 물론 오늘날의 시각에서 그렇다는 점이 2500년 전의 비판이 가졌던 의의를 과소평가할 이유는 되지 않는다. 그런데 크세노파네스는 플라톤보다 약 100년 이상 앞서는 인물이다. 양자의 비판에 단순히 강조점의 차이 정도만 있다면 플라톤의 종교 비판이 갖는 의의에 상대적으로 더 큰 가치를 부여하기는 어려울 것 같다.

그러나 플라톤은 오늘날의 시각에서 상식적인 수준의 비판에 그치는 것이 아니라, 어쩌면 더 깊은 차원의 비판을 하고 있는 것일 수도 있다. 이와 관련해서 가장 중요한 점은 플라톤이 신들의 전쟁 이야기를 비판하는 이유가 무엇일까 하는 것이다. 크세노파네스는 신들의 전쟁 이야기가 전혀 쓸모없는 것이어서 제정신을 가진 사람이라면 술자리에서도 하지 않을 이야기라고 주장했다. 전쟁을 벌이는 신들이 인간들의 모습으로 그려진 신들이기 때문에 이런 이야기는 쓸모없는 것이라고 크세노파네스가 생각했다면, 이 비판은 그의 다른 비판들과 특별하게 성격이 다른 것은 아니다.

『국가』 2권에서 소크라테스는 신들의 전쟁 이야기를 삭제해야 한다고 이야기하면서, 국가의 지도자가 이런 점을 본받으면 안 될뿐더러 이것은 참이 아니라는 정도만 언급할 뿐, 왜 이것이 참이 아닌지 등에 대해서는 별다른 이유를 제시하지 않는다. 플라톤이 신들의 전쟁 이야기를 비판하는 더 큰 이유가 있다면 그 힌트는 『에우튀프론』에서 찾을 수 있다.

신들이 보이는 상충의 문제 『에우튀프론』에서 소크라테스는 우선 아름다운 것(kalon), 좋은 것(agathon), 정의로운 것(dikaion)에 대한 의견 대립이 언제나 싸움의 원인이라고 지적한다(7c-d). 그렇다면 신들이 서로 싸운다는 것은 그들이 이런 문제들을 두고 의견 대립을 보인다는 것을 의미할 것이다(7d-e). 이어서 소크라테스는 아름답고 좋고 정의롭다고 생각되는 것은 누구나 사랑하고 그 반대의 것은 누구나 미워한다고 지적한다(7e). 이렇게 보면 신들이 서로 싸운다는 것은 동일한 것을 어떤 신은 사랑하고 어떤 신은 미워한다는 얘기가 된다(8a). 그렇다면 동일한 것을 어떤 신은 사랑하고 어떤 신은 미워하는 것이 왜 문제가 될까?

트로이 전쟁에서 그리스 연합군의 총대장 아가멤논이 원정을 떠나려고 했던 것은 제우스의 명령을 따르는 일이었다. 그리스에서 이방인에 대한 환대(크세니아)는 문명과 야만을 가르는 기준이었고, 제우스는 크세니아를 보호하는 신이었다. 그런데 메넬라오스의 집을 찾아와서 환대를 받고서는 그의 아내 헬레네를 데리고 떠나버린 트로이 왕자 파리스는 바로 이 크세니아를 어긴 셈이다. 이에 제우스는 트로이 원정을 명령했다.

그런데 그리스 연합군이 전쟁을 일으켜서 트로이를 몰락시키면 군인들만 죽는 것이 아니라 여자와 어린이 들도 죽을 것이다. 어린 생명체를 보호하는 신으로서 아르테미스는 그리스 연합군에 분노한다. 그리하여 그리스 연합군의 출정은 제우스가 사랑하는 일인 동시에 아르테미스가 미워하는 일이 되었다. 결국 아르테미스의 분노를 달래기 위해 아가멤논은 친딸인 이피게네이아를 제물로 바친다.

동일한 것을 어떤 신은 사랑하고 어떤 신은 미워하게 되면 인간은 피할 수 없는 비극을 맞이할 수밖에 없다. 어차피 분별을 갖추지 못한 불경한 인간이라면 신들이 미워하는 일을 하고 그에 따른 벌을 받을 것이다. 문제는 분별을 갖춘 경건한 사람이 어떻게 할 것인가에 있다. 그런 사람은 신들이 사랑하는 일을 하려고 할 것이다. 하지만 그렇게 하면 그는 바로 그 동일한 일을 미워하는 다른 신에게 벌을 받게 된다. 분별과 경건이 인간에게 아무런 도움이 되지 못하는 상황이 발생하는 것이다.

크세노파네스와 플라톤이 공유하는 상식적인 종교 비판을 수용한다면 나쁜 짓을 하는 신, 그리고 뇌물을 받고 나쁜 짓을 한 인간을 용인하는 신은 인정하지 않을 수 있다. 그래서 분별없고 부정의한 행동을 하는 인간이 신의 가호를 받을 수 있다는 끔찍한 생각은 피할 수 있다. 그러나 신들이 서로 다툴 수 있다는 점을 인정하면 여전히 인간에게 구원은 없다.

한 가지 기억해야 할 점은 신들이 서로 다툴 수 있다는 것을 인정한다고 해서 반드시 부도덕한 신의 존재를 승인하는 것은 아니라는 것이다. 이방인에 대한 환대를 보호하는 신이나 여자와 어린이의 생명을 보호하는 신이나 모두 부도덕한 신은 아니다. 문제는 그 자체로 훌륭한 기능을 담당하고 있는 두 신이 트로이 전쟁이라는 특정 상황에서 의견 대립을 보인다는 것이다. 이것을 일반화해서 이야기하면 '상충의 문제'가 된다.

앞에서 설명한 그리스 종교관의 특징들을 한 마디로 요약하면, 서로 다른 기능을 가진 신들이 서로 다른 영역에서 작동한다는 것이다. 이런 상황에서는 상충의 문제를 피할 수 없다. 상충이 발생하면, 신의 뜻을 따른다고 해도 그것이 우리를 좋은 삶으로 인도하지 못한다. 대략적으로 말해 전통적인 그리스 종교관에 따르면 인간에게 구원은 없고 이 세계는 비극으로 가득 차 있다. 이런 것을 '근원적 패배주의'라고 할 수 있다.

**플라톤과
좋음의 단일성**　　신들의 견해가 서로 상충하는 문제를 피하는 손쉬운 방법은 유일신을 도입하는 것일 터이다. 실제로 플라톤이 유일신 사상을 도입한 인물이라는 견해가 있다.

플라톤에 앞서 크세노파네스가 유일신 사상을 도입한 인물이라는 견해도 있다. 그런데 플라톤이 유일신 사상을 가졌다면 『법률』에서 12신에 따라 부족을 편성하고 그 신들에 대한 제사를 지내는 내용은 이해하기 어렵다.

또한 유일신의 도입 자체가 진정으로 문제를 해결해주는 것도 아니다. 만약 신은 하나인데 그 신이 인간을 괴롭히는 일을 낙으로 삼는 신이라면 상충의 문제야 발생하지 않겠지만 당연히 인간에게 구원이란 없을 것이다. 아울러 하나의 신이 이런 때는 이런 것을 사랑하고 저런 때는 저런 것을 사랑하는 등 일관성을 가지지 않으면 신이 하나인 게 별로 도움이 되지 않는다.

결국 신이 하나인 것 자체보다는 신의 일관성과 선의가 중요하다. 일관성과 선의만 확보된다면 굳이 신이 하나여야 하는 것도 아니다. 12신이 12지역을 관장하지만 그 신들이 모든 상황에서 좋고 아름답고 정의로운 것에 대해 동일한 의견을 가지고 있다면 상충의 문제는 발생하지 않을 것이다.

부도덕한 신의 존재를 배제하면 신들이 모두 선의를 가졌다고 생각하기에 어려운 점은 없다. 하지만 이 경우에도 어떻게 모든 신들이 모든 문제에서 의견 일치를 볼 수 있는가는 여전히 문제로 남는다. 부도덕하지 않은 신들 사이에 의견 대립이 있을 수 있다는 것은 그 자체로 승인할 만한 도덕적 원리들이 서로 상충할 수 있다는 것을 함축한다.

도덕원리들의 상충 문제는 오늘날 우리 삶에서도 가장 어려운 문제라고 할 수 있다. 그리고 어떤 의미에서는 플라톤의 철학 전체가 이 문제와의 씨름이라고도 할 수 있다. 이 자리에서 플라톤이 이 문제에 대해 제시하는 해결책을 충분히 논의할 수는 없으나, 한 마디로 이야기하면 그의 대답은 좋음의 단일성이라고 할 수 있다.

플라톤의 초기에는 좋음의 단일성이 덕의 단일성이라는 형태로 드러난다. 덕의 단일성 논제에 따르면, 승인할 만한 원리들 혹은 덕목들이 상충하는 것처럼 보이는 이유는 우리가 각각의 덕목들을 너무 피상적으로 파악했기 때문이다. 피상적인 정의, 피상적인 용기 등은 상충할 수 있으나 진정한 정의, 진정한 용기 등은 상충하지 않는다는 것이다. 삶의 문제는 아무리 어려운 문제라도 궁극적으로는 어떤 일을 하느냐 마느냐의 양자택일 문제로 환원될 수밖에 없다. 그러므로 결국 모든 점을 고려했을 때 그 상황에서 그 일을 하는 것이 하지 않는 것보다 더 좋다면 그 일을 하고, 그렇지 않으면 그 일을 하지 않으면 된다. 따라서 용기나 정의나 분별 등은 모두 궁극적으로 좋음과 나쁨의 앎으로 환원된다는 것이다.

플라톤이 덕의 단일성을 주장하는 것은 그리스의 생활종교를 비판적으로 계승한 것이라고도 할 수 있다. 『법률』에서처럼 12신이 있다고 해도, 예컨대 정의를 수호하는 신과 용기를 수호하는 신이 모든 문제에서 의견 일치를 본다면 인간에게 구원의 가능성은 열려 있는 것이다. 그런데 덕의 단일성만을 통해 확보되는 구원의 가능성은 사실 제로에 가깝다. 모든 상황에서 좋음과 나쁨을 알아야 하는데 그런 것을 아는 사람이 도대체 한 명도 없는 것이다. 여기에 가장 근접했다는 소크라테스가 하는 일이라고는 돌아다니면서 안다고 주장하는 인간들이 사실은 아는 것이 아니라는 점을 밝히는 것뿐이다. 아는 사람이 구원을 받는데 아는 사람이 한 명도 없다면 실질적으로 구원은 없는 것이다.

**플라톤과
좋음의 이데아**　　　비교를 비판적으로 계승해서 영혼의 정화와 입
　　　　　　　　　문으로서의 철학을 이야기하는 중기 이후의
플라톤은 이보다는 쉬운 길을 제시하는 것으로 보인다. 여기서는 일단
좋음의 단일성이 좋음의 이데아를 통해 확보된다. 플라톤 초기에 덕의
단일성 논제는 결국 좋음과 나쁨을 알면 구원에 이를 수 있다는 주장
이다. 그런데 이 주장은 암묵적으로 이 세계가 전체로 봐서 그렇게 나
쁜 곳이 아니라는 생각을 전제하는 것으로 보인다.

　앞에서 이야기했듯이, 덕의 단일성 논제를 지지하는 핵심 근거는
모든 삶의 문제가 결국 하느냐 마느냐의 양자택일로 환원된다는 것이
었다. 그런데 만약 대부분의 문제에서 양자택일이 둘 다 나쁜 것 중에
덜 나쁜 것을 고르는 식이라면, 선택을 잘 한다는 것이 우리에게 좋은
삶을 가져다줄 수는 없다. 또한 만약 이 세계가 완전히 무질서해서 세
상사가 언제나 전혀 예측할 수 없는 방식으로 흘러간다면, 이 세계에
대한 앎 자체가 불가능해진다.

　플라톤은 좋음의 이데아가 모든 존재와 앎의 근원이라고 주장하
는데, 이 주장을 다른 말로 풀어서 이야기하면 이 세계는 아름다운 조
화와 질서를 가지고 있다가 된다. 이 세상의 좋은 모든 것들이 좋음의
이데아에 참여하기 때문에 좋은 것이라면, 좋음의 이데아를 파악하는
사람은 모든 상황에서 각각 좋은 것이 무엇인지를 파악할 수 있다. 그
러므로 좋음의 이데아를 파악한 철인통치자가 지배하는 이상국가는
바로 구원의 터전이 된다.

　물론 철인통치자가 되는 것 역시 불가능에 가까운 일이다. 따라
서 구원이 철인통치자에게만 있다면 중기 이후의 플라톤이 더 쉬운 길
을 제시한다고 할 수 없다. 하지만 구원은 철인통치자만이 아니라 이

상국가의 생산자에게도 있다. 이상국가는 철인통치자를 교육하는 프로그램만이 아니라 '정화된' 신화, 즉 부적절한 신화들을 모두 삭제하고 남은 신화를 통해 대중을 교육하는 프로그램도 가지고 있다. 이 대중교육을 잘 받고 철인통치자의 인도에 따라 살면 좋음의 이데아를 직접 파악하지 못한 사람도 좋은 삶을 살 수 있다.

이때 좋은 삶이란 많은 돈을 버는 일과 같은 것이 아니다. 돈과 같은 재화는 '배타적 좋음'이다. 내 옆 사람이 많은 돈을 버는 것이 나에게 특별히 좋은 일일 이유는 없다. 그가 가진 돈을 내가 가질 수 없으므로 그가 돈을 버는 것이 오히려 나에게는 나쁜 일일 수도 있다. 플라톤이 생각하는 좋음은 그런 것이 아니라 영혼이 조화를 이루어서 내가 좋은 사람이 되는 것을 말한다. 이 경우 내 옆 사람이 좋은 사람이 되는 것은 나에게도 좋은 일이다. 역으로 내가 좋은 사람이 되는 것은 주위 사람들에게도 좋은 일이다.

과연 이렇게 완벽한 조화를 이룬 세계가 현실세계에서 구현될 수 있을까? 플라톤은 그렇게 생각하지 않은 것으로 보인다. 철인통치자가 생겨날 수 없다면 이상국가도 있을 수 없는데, 철인통치자란 결국 모든 상황에서 좋음과 나쁨을 다 아는 사람이다. 이 세상에 그런 사람은 없다. 하지만 철인통치자와 이상국가가 실제로 존재할 수 없다고 해도 그것을 본으로 삼아 마치 우리가 이상국가의 시민인 것처럼 살려고 노력하는 것(『국가』)은 할 수 있는 일일 것이다. 그리고 인간은 그런 것을 몰라도 신은 알 터이므로, 그런 것을 알기에 모든 문제에서 의견 대립을 보이지 않는 신들에게 도움을 구하고 경건한 삶을 사는 것(『법률』) 또한 할 수 있는 일일 것이다.

플라톤은 이러한 삶이 전통적 종교관에서 드러나는 근원적 패배주의보다는 훨씬 낫다고 생각한 것 같다.

아름다움의 이데아를 파악하기까지의 과정은 아름다움의 큰

바다를 항해하는 일에 비유할 수 있다. 우선 우리는 어떤 이가

지닌 몸의 아름다움, 곧 한 육체의 아름다움에 주목한다. 그런

다음에는 어느 한 사람의 몸이 아닌 모든 육체의 아름다움에

눈을 뜬다. 이어서 행실의 아름다움, 법의 아름다움, 혼의

아름다움을 향해 나아간다.

이런 과정은 아름다움의 큰 바다를 항해하는 것이며,

아름다움의 사다리를 한 계단 한 계단 오르는 것과 같다.

플라톤은 그러다 어느 날 불현듯 '본성상 아름다운 어떤

놀라운 것'을 직관하게 된다고 한다. 이 '본성상 아름다운 어떤

놀라운 것'이란 플라톤이 다른 곳에서 '아름다움', '아름다움

자체', '하나의 아름다움', '신적인 아름다움', '아름다움의

이데아'라고 불렀던 바로 그것이다.

2

『심포시온』을 통해 본 그리스인의 사랑

이강서

고전 중의 고전　　매번 무엇을 먹을까 고민하는 만큼 무엇을 읽

을까도 생각해야 한다. 우리 몸이 무엇을 먹느

냐에 따라 조직되듯이 우리 혼은 무엇을 읽느냐에 따라 형성되기 때

문이다. 세상에는 수많은 책이 있다. 한순간 반짝하고 이내 잊히고 마

는 책이 있는가 하면, 아무리 세월이 흘러도 마르지 않는 샘처럼 줄기

차게 풍부한 지혜를 길어 올리는 책이 있다. 우리는 이런 책을 가리켜

'고전(古典)'이라고 한다.

　　고전을 뜻하는 영단어 클래식(classic)은 명사로 쓰이기도 하지만,

classic music이나 classic literature처럼 형용사로 사용되기도 한다. 형용

사 클래식에는 "첫 손가락에 꼽히는 부류에 속하고(of the first class)", "최

고의 가치 서열에 해당한다(of the highest rank)"는 의미가 담겨 있다. 이 고

전이야말로 인류 공동의 자산으로서, 하나의 종(種)인 인간이 후세에

물려줄 수 있는 정보 가운데 고도로 집약된 지혜의 고갱이라고 할 수

있다.

　　사람들은 고전을 즐겨 인용하고 존중하면서도 정작 읽으려고 들

지는 않는다. 사실 고전이 막힘없이 술술 읽히고 바로 이해되는 책은

아니다. 그래서 사람들은 고전이 고전(苦戰)하게 만든다고 우스갯소리

를 한다. 또한 고전은 평생에 걸쳐 되풀이해서 읽게 되고, 읽을 때마다

다르게 다가오기도 한다. 한 번 읽고 마는 책은 시간을 보내기에는 좋

을지 몰라도 읽는 사람의 삶을 풍요롭게 만든다든지, 더 나아가 송두

리째 바꾸어놓지는 못한다. 이런 고전의 특성을 잘 드러내는 책들이

있다. 플라톤의 『국가』 『심포시온』 『파이돈』 등은 오랜 세월에 걸쳐 많

은 사람들이 읽어온 서양고전 중의 고전으로 꼽는다.

　　언젠가 미국 시사주간지 《타임》이 엉뚱하고도 재기발랄한 여론

조사를 한 적이 있다. 세상에 도서관이 단 하나밖에 없다고 가정하자. 그 도서관에 불이 났다. 당신은 오직 단 한 권의 책만을 품에 안고 탈출할 수 있다. 당신이 지금 구하지 못한 책들은 더는 인류에게 전승될 수 없다. 당신은 어떤 책을 구하겠는가? 여론조사에 참여한 미국 시민들이 첫 번째로 꼽은 책은 『성서』였다고 한다. 물론 미국인을 대상으로 한 조사였기 때문에 이런 결과가 나왔을 것이다. 만일 한국인이나 중국인을 대상으로 했다면 다른 결과가 나왔을 수도 있다. 이 여론조사에서 2위에 오른 책은 무엇이었을까? 바로 플라톤의 『국가』였다. 흔히 이 『국가』와 대등한 위치에 놓이는 책이 바로 『심포시온』이다.

플라톤은 평생에 걸쳐 글을 썼고, 그 결과 많은 저술을 남겼다. 로마시대의 연설가 키케로가 플라톤을 두고 "쓰면서 죽었다(mortuuns scribens)"고 했을 정도다. '쓰면서 죽었다'는 표현을 조금 바꾸면 '죽으면서까지 썼다'가 된다. 그가 남긴 저술들은 형식이 매우 독특하다. 마치 연극 대본처럼 등장인물들이 나누는 대화로 되어 있다. 그래서 우리는 그의 작품들을 대화편(dialogos)이라고 부른다. 그리스어 '디알로고스(dialogos)'는 '로고스를 주고받는 것'이라는 의미다.

학자들은 플라톤이 남긴 대화편들을 성립 시기에 따라 초기 대화편, 중기 대화편, 후기 대화편으로 분류한다. 초기 대화편에 해당하는 『소크라테스의 변론』『크리톤』『라케스』 등은 스승 소크라테스를 세상에 알리겠다는 플라톤의 의도가 강하게 드러난다고 하여 '소크라테스적 대화편'이라고도 한다. 이 초기 대화편들은 훗날 플라톤 철학의 핵심으로 받아들여지는 이데아론의 싹이 담겨 있다는 평가를 받고 있다. 『국가』『심포시온』『파이돈』은 중기 대화편으로 분류되는데, 그 가운데서도 삼총사라 할 만하다. 바로 이 세 대화편에서 고전적 형태의 이데아론이 가장 잘 드러난다.『파르메니데스』『필레보스』『노모이』
등 후기 대화편은 플라톤 말년의 철학이 담긴 것으로서, 중기에 확립
된 '이데아론'이 많이 적용되어 있다.

이제《타임》의 여론조사에서 2위를 차지한『국가』와 어깨를 겨루
는 고전 중의 고전『심포시온』을 자세히 살펴보자.

소문자 '심포시온'과　　고대 그리스의 독특한 문화 가운데 하나로 심
대문자 '심포시온'　　　포시온이 있다. 그리스인들이 즐긴 심포시온에
관하여 우리는 여러 문헌과 모자이크, 꽃병에 그려진 그림 등을 통해
어느 정도 파악하고 있다. '심포시온(symposion)'은 '함께'라는 뜻의 'sym'
과 '마시다'라는 뜻의 'posion'이 결합하여 만들어진 단어다. 그러니까
'함께 마시기' 정도를 의미하는 말이다. 사람들은 클리네라 부르는 침
대 혹은 침상형 의자에 비스듬히 기대 누워서 노예들의 시중을 받으
며 포도주를 마시고 담론을 나누었다. 이때 좌장(symposiarchos)이 물과
포도주를 섞는 비율, 포도주의 양과 먹는 속도 등을 정했다고 전해진다.

그런데 심포시온은 단어에서 드러나듯이 그저 포도주를 즐기는
자리로만 그치지 않았다. 사람들은 포도주, 정확하게 말하면 그날 좌
장이 정한 비율로 물이 섞인 포도주를 마시면서 주제에 따라 담론을
펼쳤다. 단순한 술자리, 술판은 아니었던 것이다. 고대 그리스인들은 이
런 심포시온을 매우 즐겼다고 한다. 이런 보통명사로서의 심포시온이
'소문자 심포시온'이다. 학술 행사의 한 형태를 가리키는 영단어 심포지
엄(symposium)이 바로 이 심포시온에서 온 것이다.

플라톤의 중기 대화편에 속하는『심포시온』은 하고많은 심포

고대 그리스 문화의 독특한 형태인 심포시온의 한 장면

시온 중에서 비극시인 아가톤이 경연대회에서 우승한 것을 축하하기 위해 열린 어느 날의 심포시온을 우리에게 보여주는 형태의 작품이다. 따라서 플라톤의 이 책 제목이 고유명사로서의 '대문자 심포시온(Symposion)'이다. 우리는 플라톤의 『심포시온』을 통해 고대 그리스 문화의 독특한 한 형태인 심포시온을 잘 이해할 수 있는 기회를 얻게 된다.

참가자들이 모이면 먼저 식사(deipnon)를 한다. 식사와 심포시온은 엄격히 구분된다. 플라톤의 『심포시온』 176a는 식사가 끝나고 심포시온이 시작되는 장면을 잘 보여준다. 식사가 끝나면 일정한 종교적 의례와 정화의식을 치른다. 자리가 깨끗이 정리되고 음식이 치워지면 손을 씻고 헌주를 하며 헌주가를 부르기도 한다. 심포시온이 시작되면 비로소 포도주가 등장하고 음식은 간단한 안주로 제한된다.

향연에서 잔치까지　　　'포도주를 마시면서 담론을 벌이는' 심포시온
이 고대 그리스만의 독특한 문화이다 보니 플
라톤의 대화편『심포시온』의 제목을 어떻게 번역해야 할지가 문제가
된다. 이 번역의 어려움은 어떤 언어나 마찬가지다. 예컨대 독일어로는
'가스트말(Gastmahl)'과 '트링크겔라게(Trinkgelage)'라는 두 가지 번역어가
있다. 우선 가스트말은 '손님을 초대해서 식사를 대접하다'라는 의미
다. 심포시온을 담아내기에는 역부족이다. 한편 '트링크겔라게'는 '술자
리' '술판'을 뜻한다. 앞의 가스트말보다는 낫다. 그러나 여기에는 '술'은
있으나 '담론'이 없다. 이처럼 고대 그리스에만 있던 문화이기 때문에
다른 언어로 번역해내기가 어렵다.

　　우리말 번역도 마찬가지다. 플라톤의 '심포시온'에 대한 번역어로
가장 널리 알려진 것이 '향연'이다. 지금도 '음악의 향연'이라든지 '철
학의 향연'처럼 비유적으로 많이 쓰인다. 그러나 향연(饗宴)의 한자 '향
(饗)'에는 '먹을 식(食)'이 들어 있다. 따라서 향연은 식사와 뚜렷이 구별
되는 심포시온을 오롯이 담아내지 못한다. 과거에 향연이 곳곳에서 널
리 쓰일 때 홀로 '잔치'라고 번역한 이가 있었다. 아마도 여기에는 향연
이 번역어로서 자주 쓰이지만, 심포시온과는 거리가 있다는 문제의식
이 작용했을 것이다. 잔치가 순우리말이고 한국인들에게는 기분 좋은
단어지만, 심포시온의 번역어가 되지 못하기는 마찬가지다. 잔치에는
술도 있고 음식도 있지만 담론이 있다고는 보기 어렵기 때문이다.

　　그래서 내 생각은 이렇다. 고대 그리스의 독특한 문화인 심포시
온을 번역하려 애쓰지 않는 것이 좋을 듯하다. 심포시온을 번역해내기
도 어렵지만, 어떻게든 번역하고 보면 '심포시온'과 거리가 생기기 때문
이다. 그러므로 플라톤의 이 대화편을 그리스어 그대로 '심포시온'으로

표기하자는 것이 내 생각이다.

심판관 디오니소스　　　비극시인 아가톤이 경연대회에서 우승한 것을 축하하기 위해 사람들이 아가톤의 집에 모여서 심포시온을 연다. 이 자리에서 일곱 명이 각자 담론을 펼친다. 그런데 『심포시온』 곳곳에서 참가자들 사이의 팽팽한 신경전이 엿보인다. 사람들이 자리를 잡고 난 뒤에야 느지막이 소크라테스가 당도하는데, 소크라테스가 어디에 앉아야 하는지가 문제가 된다. 알키비아데스는 심포시온이 한창 진행되는 도중에 출현하는데, 이때도 알키비아데스의 자리가 문제가 된다. 왜 그럴까?

　자리 배정은 연설 순서와 직결된다. 심포시온 참가자들은 어떤 순서로 연설하는 것이 자신에게 유리한지를 따진다. 그래서 어느 자리에 앉느냐가 중요하다. 누구라도 '이미자 바로 뒤에 노래 부르기'를 꺼리는 것과 같다. 정해진 순서를 바꾸는 계기가 되는 '아리스토파네스의 딸꾹질'이 그래서 재미있다.

　본격적인 심포시온이 시작되기 직전인 『심포시온』 175e에는 "디오니소스를 심판관으로 삼아"라는 표현이 있다. 술의 신이자 도취의 신이며 광기의 신이기도 한 디오니소스는 『심포시온』에서 이중적 의미의 심판관 노릇을 한다. 그 첫 번째로, 술의 신답게 이 심포시온에서 누가 가장 술이 센지를 판정하는 심판관이다. 초저녁에 시작한 심포시온이 계속되면서 한 명씩 나가떨어지고 맨 마지막에 세 명이 남았다. 바로 집 주인인 비극시인 아가톤, 희극시인 아리스토파네스, 그리고 소크라테스다. 이 셋 중에 아리스토파네스가 가장 먼저 잠들고, 뒤를 이

술잔을 건네는 디오니소스

어 아가톤이 날이 밝을 즈음 잠든다. 홀로 남은 소크라테스는 리케이
온(Lykeion)으로 가서 씻은 다음 여느 때처럼 지내다가 저녁이 되어서야
집으로 돌아갔다고 한다. 첫 번째 판정의 승자는 단연 소크라테스인
것이다.

　두 번째로, 한창 심포시온이 진행되어 이미 여섯 명의 연설이 끝

난 뒤에야 알키비아데스가 술에 취해서 요란스럽게 출현한다. 그런데 이 알키비아데스의 출현이 신화 속 디오니소스의 등장과 매우 흡사하다. 술에 취해 있고, 솔방울과 리본으로 장식된 화관을 쓰고 있기 때문이다. 이 알키비아데스가 리본 하나를 다름 아닌 소크라테스 머리에 꽂아줌으로써 심판관 역할을 한다. 그러니까 이 자리에서 가장 지혜로운 이는 소크라테스라는 판정을 내리는 셈이다.

삶에 작동하는 아곤의 원리 『심포시온』에 담긴 일곱 개의 연설은 "디오니소스를 심판관으로 삼아" 일종의 경합 형태로 전개된다. 여기서 중요한 역할을 하는 개념이 그리스어 '아곤(agon)'이다. 연구자들은 이 아곤이야말로 고대 그리스인들을 이해하는 열쇠 가운데 하나라고 본다. 이 아곤을 영어로는 '콘테스트(contest)'나 '컴피티션(competion)'으로, 독일어로는 '베트캄프(Wettkampf)'나 '베트스트라이트(Wettstreit)'로 번역한다. 영어보다 독일어 표현이 훨씬 낫다. 다툼이나 싸움을 뜻하는 '캄프(Kampf)'와 '스트라이트(Streit)'에 '베트(wett)'가 붙어 있는 형태다. 베트는 누가 더 나은지, 누가 더 잘 하는지, 누가 더 빠른지 등과 같이 '겨루다' 혹은 '내기하다'라는 뜻을 가지고 있다. 그래서 한국어로는 '경쟁적 시합', 줄여서 '경합(競合)'이라고 번역하는 것이 좋을 듯하다.

고대 그리스 세계에서는 많은 것들이 경합의 형태로 치러졌다. 고대 그리스인들이 현대 인류에게 선물한 것 중에 하나가 올림픽 경기다. 올림픽 경기는 누가 더 빨리 달리고 누가 더 멀리 던지는지와 같은 몸의 경합이라고 할 수 있다. 비극 경연대회는 혼의 경합이다. 심지어 경합은 인간뿐만 아니라 신들 사이에서도 벌어진다. 불화의 여신이 던져 놓은 황금 사과 때문에 트로이의 왕자 파리스는 헤라, 아테나, 아프로디테 사이에 벌어진 경합의 심판관이 된다. 그는 권력을 약속한 헤라, 전쟁에서의 승리와 명예를 약속한 아테나를 제치고 세상에서 가장 아름다운 여인을 약속한 아프로디테를 선택한다. 그 결과, 트로이 전쟁이 발발하고 트로이는 멸망한다.

그리스인들의 삶의 영역 전방위에 걸쳐 작동하는 것이 이 아곤의 원리다. '고뇌'라는 뜻의 영단어 '애고니(agony)'가 아곤에서 왔다고 한다. 아닌 게 아니라 사사건건이 경쟁이요 경합이라면 매우 힘들고 피곤할 것이다. 노래 잘하는 가수들이 경합을 해서 매번 관중의 호응에 따라 아래 순서부터 한 명씩 탈락하는 〈나는 가수다〉라는 텔레비전 프로그램이 있었는데, 이것이야말로 아곤의 극치이며 가수들의 고뇌는 대단했을 것이다.

연구자들은 아곤을 크게 세 부류로 구별한다. 첫 번째로 '아곤 김니코스(agon gymnikos)'가 있다. 인간의 몸과 관련된 경합이다. 올림픽 경기가 여기에 해당한다. 두 번째로 '아곤 무시코스(agon mousikos)'가 있다. 문화와 예술을 관장하는 무사(Mousa) 여신들과 관련된 경합으로, 비극 경연대회가 대표적이다. 이른바 혼의 영역에서의 경합이라고 할 수 있다. 마지막 세 번째 아곤이 독특하다. 고대세계에서는 여러모로 말[馬]이 중요했다. 누가 더 좋은 혈통의 말을 비싼 값을 주고 구해서 말안장, 말발굽, 말 꼬랑지 등으로 호사스럽게 장식하느냐 하는 것이 중요한 경쟁거리였다. 이렇게 말을 두고 벌이는 경합을 '아곤 히피코스(agon hippikos)'라고 한다. 여기서 히포스(hippos)는 말이다.

**소문자 에로스와
대문자 에로스**
플라톤의 대화편들에는 제목과 함께 부제가 붙어 있다. 이 부제들은 정확히 언제 누가 붙였는지 알려지지 않은 채로 오늘날까지 이어져왔다. 『심포시온』의 부제는 '사랑', 그리스어로 에로스(eros)다. 그리스어에는 사랑을 뜻하는 단어가 여럿 있다. 그중에서 아가페(agape), 에로스, 필리아(philia), 이 세 가지가 중요하다. 아가페는 인간에 대한 신의 사랑과 신에 대한 인간의 사랑을 의미한다. 반면에 에로스는 인간 사이의 사랑을 가리킨다. 이 에로스는 보통명사로서 첫 글자를 소문자로 표기한다. 흔히 에로스와 아가페는 짝을 이루는 것으로 이해된다. 필리아에는 두 가지 쓰임새가 있다. 어떤 때는 아가페나 에로스 등 모든 종류의 사랑을 총괄하기도 하고, 어떤 때는 우리가 '우정'이라고 부르는 친구 사이의 사랑을 가리키기도 한다.

그런데 첫 글자를 대문자로 시작하는 에로스(Eros)가 있다. 이 에로스는 고유명사로서 그리스 신화의 에로스 신이다. 에로스는 아프로디테의 아들로서 '사랑의 신'이다. 에로스와 프시케 사이의 사랑에서 비롯된 화살 박힌 하트 문양은 세계 공통의 언어가 되었다. 형용사 '에로틱(erotic)', 명사 '에로티즘(erotism)'과 '에로티시즘(eroticism)' 등이 모두 이 에로스에서 왔다. '에로 영화' '에로 배우'에 쓰이는 '에로' 역시 놀랍게도 에로스 신과 관련이 있다.

서양의 화가나 조각가 들은 보통 에로스를 금발의 곱슬머리에 오동통한 아기로 묘사한다. 이 아기 에로스는 화살통을 매고 있다가 마구 활시위를 당긴다. 화살통에는 두 종류의 화살이 들어 있다고 한다. 황금 촉으로 된 화살을 맞은 사람은 사랑에 빠져서 사랑을 하지 않을 수 없게 된다. 반면에 납이나 구리로 된 화살을 맞은 사람은 사랑을 할 수 없다고 한다. 이 글을 읽는 독자도 자신의 필요에 따라 적절한 화살을 쫓아다녀야 할 것이다.

바로크 화가 카라바조는 부잡스런 삶을 살다가 젊은 나이에 생을 마감한 독특한 인물이다. 〈메두사의 머리〉〈홀로페르네스의 목을 치는 유디트〉〈세례자 요한의 참수〉〈골리앗의 머리를 든 다윗〉 등 피가 뚝뚝 떨어지는 참수 장면을 어두운 바탕 화면에 참 많이도 그렸다. 그런 그가 그린 대문자 에로스도 특이하다. 통상적인 귀여운 아기 에로스가 아니라 막 사춘기에 접어든 청소년 에로스가 나체로 서 있다. 그림 제목은 〈승리자 아모르〉. 그리스 신화의 에로스는 로마 신화에서 아모르(Amor)가 된다. '승리자 아모르'는 라틴어 문장인 '아모르 빈치트 옴니아(Amor vincit omnia)'에서 유래했다. 이를 영어로 번역하면 "Love conquers all"이고, 한국어로 옮기면 "사랑은 모든 것을 이긴다"가 된다.

플라토닉 러브에 관한 오해　　흔히 사랑을 다루는 책 중에서는『성서』다음으로『심포시온』이 널리 읽혔다고 한다. 사랑을 가리키는 표현 중에 '플라토닉 러브(Platonic love)'가 있다. 이 표현을 사람들은 '육체가 개입되지 않은 정신적인 사랑' 혹은 '순수하고 고상한 사랑'으로 이해한다. 과연 이런 이해가 옳은 것일까?

철학자 플라톤은 평생 결혼하지 않고 독신으로 살았다. 아내 크산티페와 관련된 많은 일화를 남긴 소크라테스나 결혼해서 아들 니코마코스를 둔 아리스토텔레스와는 다른 점이다. 그런데 정작 사랑을 주제로 한『심포시온』을 읽어보면 사람들이 통상적으로 알고 있는 플라토닉 러브와는 전혀 어울리지 않는 내용들을 만난다. 결국 우리는 플라토닉 러브에 대해 잘못 알고 있다는 것을 인정해야 한다.

'플라토닉 러브'는 '플라톤이 생각하는 사랑' 내지는 '플라톤이 말하는 사랑'이고, 여러 대화편들 중에서 집중적으로 '사랑'을 거론하는 대화편은 『심포시온』『파이드로스』『리시스』인데 그 가운데서도 단연 『심포시온』이 첫손에 꼽힌다. 그러므로 '플라토닉 러브'에 대한 정확하고 의미 있는 이해는 '플라톤이 『심포시온』에서 보여주는 사랑'을 통해서 가능할 터이다. 문제는 이 사랑이 '육체가 개입되지 않은 고상한 사랑'은 커녕 읽는 사람을 깜짝 놀라게 하는 남성 사이의 사랑이라는 점이다.

고대 지중해 세계에 널리 퍼져 있던 동성애에 대해서는 케네스 도버가 자신의 저서 『그리스의 호모섹슈얼리티 Greek Homosexuality』를 통해 훌륭한 정보를 제공해준다. 우리는 여성 동성애자를 일컬어 '레즈비언(lesbian)'이라고 한다. 그런데 이 단어는 '레스보스 사람'을 가리킨다. 에게해의 섬 레스보스에서 대체 무슨 일이 있었던 것일까?

이를 설명하기 위해서는 고대세계 최고의 여성 시인인 사포를 소환해야 한다. 사포는 너무나도 탁월해서 훗날 플라톤이 사포를 가리켜 "열 번째 무사"라고 했다고 전해진다. 이 표현은 인간에게 바칠 수 있는 최상의 찬사다. 문화와 예술을 관장하는 무사 여신들은 모두 아홉 명으로, 마치 분업체계처럼 문예의 여러 영역을 분담한다. 무사는 여신이고 사포는 인간이다. 따라서 "열 번째 무사"라는 표현은 인간으로서는 으뜸이라는 극찬인 셈이다.

이 사포의 남편은 비교적 젊은 나이에 세상을 떠나는데 많은 재산을 남겼다. 이 재산을 활용해 사포는 레스보스섬에 여성 공동체를 만들고 주로 문예를 가르쳤다고 한다. 당시 사람들에게 여성들만의 공

키타라 연주를 감상하고 있는 사포. 로런스 알마타데마, 1881

동체는 도저히 납득되지 않았을 터이니 온갖 험악하고 지저분한 추측이 난무했을 것이다. 여자들끼리 모여서 무엇을 할까? 이런 배경에서 생겨난 단어가 '레즈비언'이다.

파이데라스티아의 본성

고대세계에서 남성 사이의 사랑을 가리키는 단어가 '파이데라스티아(paiderastia)'다. 오늘날 많은 책들이 동성애의 기원을 고대 그리스 세계에 두고서 소크라테스도 동성애자였고 플라톤도 동성애자였다는 식으로 기술하고 있는 것을 볼 수 있다. 소크라테스나 플라톤과 같은 대철학자를 동성애자 목록에 넣는다고 해서 동성애의 정당성이 확보되는 것은 아닐 것이다. 논리학에서는 이런 사고방식을 '권위에 호소하는 오류'라고 하여 일종의 오류를 범한 것으로 본다.

고대 그리스의 파이데라스티아를 현대 동성애와 동일시하는 것은 큰 문제다. 파이데라스티아는 '파이데스(소년)'와 '에라스티아(사랑)'가 결합하여 만들어진 단어다. 그러니까 한국어로 옮기면 '소년에 대한 사랑' 또는 '소년애' 정도가 된다.

파이데라스티아가 현대 동성애와 확연히 다른 점을 들자면 첫째, 결코 동년배 사이에서는 성립하지 않는다는 것이다. 파이데라스티아는 중장년의 연장자와 청소년인 연소자 사이의 사랑을 말한다. 사랑하는 자(the lover)인 연장자를 '에라스테스(erastes)'라고 하고, 사랑받는 자(the loved)인 연소자를 '파이디카(paidika)'라고 한다. 그래서 파이데라스티아는 세대와 세대를 이어주는 역할을 한다. 세간의 큰 관심사였던 소크라테스와 알키비아데스, 플라톤과 디온 사이의 관계가 바로 이 파이데라스티아에 해당한다.

둘째로는 교육의 계기를 들 수 있다. 연장자는 연소자가 훌륭한 시민으로 자라도록 돌보는 후견인 역할을 한다. 요즘 흔히 볼 수 있는 멘토와 멘티의 관계와 다르지 않다.

액자식 구성과 점층법　　로마시대의 연설가 키케로는 "만일 제우스가 그리스어를 알았다면 플라톤보다 더 풍부한 언어를 구사하는 자가 누구냐고 물었을 것"이라고 했다. 플라톤은 대철학자이면서 동시에 위대한 작가이기도 한 보기 드문 경우에 속한다. 특히 『심포시온』은 플라톤 철학의 핵심이라고 하는 이데아론을 개진하고 있기도 하지만, 그 자체로 한 편의 아름다운 문학작품이기도 하다. 서구사회에서 『심포시온』이 사상전집이나 철학전집이 아닌 문학전집에 들어 있는 것은 이런 이유에서다.

『심포시온』은 형식 측면에서 볼 때 '틀 이야기'와 '본 이야기'라는 두 부분으로 이루어져 있다. 비극 경연대회 우승을 축하하기 위해 아가톤의 집에서 열린 심포시온 이틀째 날에 일곱 명의 참가자가 '사랑'이라는 주제를 가지고 순서에 맞춰 연설하는 것이 '본 이야기'다. 그런데 처음부터 '본 이야기'가 펼쳐지는 것은 아니다. 아폴로도로스가 길을 걷는데 몇몇 사람이 그를 불러 세운다. 시간을 따져보면 저 아가톤네 집의 심포시온이 있고 나서 몇 해가 지난 뒤였다. 아폴로도로스를 불러 세운 사람들은 바로 이 몇 해 전 심포시온에서 어떤 이야기가 오고갔는지를 묻는다. 아폴로도로스는 그때 현장에 있었던 아리스토데모스로부터 들은 이야기라면서 일곱 명의 연설을 소개한다. 이것이 '틀 이야기'다.

이렇게 '틀 이야기'와 '본 이야기'라는 구조를 독자에게 선보인다는 점에서 플라톤은 탁월한 작가다. 그런데 '틀 이야기'를 독일어로는 '라멘에어쨀룽(Rahmenerzählung)'이라고 한다. 여기서 '라멘(Rhamen)'은 무언가를 둘러싼 '틀', 특히 사진이나 그림이 안에 들어 있는 틀, 곧 액자를 말한다. 그래서 연구자들은 '틀 이야기'와 '본 이야기'로 이루어진 『심포시온』의 구조적 특징을 가리켜 '액자식 구성'이라고 부른다.

서양 사람들의 주택 거실이나 응접실에 가보면 대개 여러 개의 사진 액자들로 장식되어 있는 것을 볼 수 있다. 그런데 여기에는 한 가지 특징이 있다. 디자인과 색상은 동일하되 크기가 다양한 액자를 선호한다는 점이다. 지금도 액자가게에 가보면 디자인과 색상이 동일한 액자를 크기별로 묶어서 한꺼번에 비닐 포장해 판매하는 것을 쉽게 볼 수 있다. 그러니까 액자식 구성은 마치 액자 속의 액자 속의 액자처럼 이야기 속의 이야기 속의 이야기라는 구조를 띤다.

그런데 '틀 이야기'와 '본 이야기'라는 이중의 액자로 그치는 것이 아니다. 내용상 가장 중요하다고 할 수 있는 소크라테스의 연설에서 소크라테스는 자신의 이야기가 디오티마로부터 들은 이야기라고 한다. 전체적으로 액자 속의 액자라는 구조를 띠고 있는데 거기에다 또 하나의 액자를 설치한 셈이다. 더군다나 디오티마로부터 들었다는 이야기가 『심포시온』을 통틀어 가장 중요한 부분이다. 그렇다면 디오티마의 이야기는 '액자 속의 액자 속의 액자'가 되는 셈이다.

아가톤의 심포시온에 참가한 일곱 명은 앉은 자리에 따라 사랑을 주제로 하여 연설을 펼친다. 파이드로스, 파우사니아스, 에릭시마코스, 아리스토파네스, 아가톤 그리고 소크라테스에 이르는 과정은 점층법의 구조를 보인다. 매 단계를 거치면서 뒤의 연설은 앞의 연설을 뛰어넘으며 고도화한다. 이 점층법 구조의 정상에 있는 것이 소크라테스의 연설, 그중에서도 특히 디오티마로부터 들었다는 이야기이며, 이 부분에 이데아론이 담겨 있다. 그리고 이미 바깥에서 술을 많이 마셔 거나하게 취한 알키비아데스가 이 날의 심포시온에 벼락 치듯 쳐들어와서 마지막 순서의 연설을 하는 것으로 되어 있다. 이런 액자식 구성과 점층법 구조는 플라톤이 철학자일 뿐만 아니라 탁월한 작가이기도 하다는 사실을 유감없이 드러낸다.

아리스토파네스의 딸꾹질　문학작품으로서 『심포시온』의 구성상 백미는 단연 '아리스토파네스의 딸꾹질'이다. 일행은 치열한 신경전 끝에 각자 자리를 잡았고, 그 자리의 순서가 곧 연설 순서가 되었다. 심포시온이 아곤의 형태로 진행되는 만큼 긴장감이 팽팽하다. 애초 순서대로라면 파우사니아스 다음에 아리스토파네스가 연설을 해야 한다.

그런데 파우사니아스가 연설을 마치자 다음 순서인 아리스토파네스가 딸꾹질을 핑계로 의사인 에릭시마코스에게 딸꾹질을 멈추게 해주든지 아니면 연설 순서를 바꾸어 달라고 떼를 쓴다. 부드러운 사나이 에릭시마코스는 두 가지 요청을 모두 들어주겠다면서 연설 순서를 바꿔주는 것은 물론이고, 의사로서 딸꾹질을 멎게 하는 방법도 가르쳐준다. 그런데 그 방법이라는 것이 오늘날 우리가 쓰고 있는 방법과 똑같아서 놀랍다. 우선 오랫동안 숨을 멈추어보고, 그래도 딸꾹질이 멎지 않으면 물을 입에 물고 몇 번 울컥거려보고, 그래도 안 되면 코를 간질여 재채기를 유발해보라고 한다. 사랑을 이야기하고 이데아론을 개진하는 대화편에서 우스꽝스러운 아리스토파네스의 딸꾹질은 왜 등장하는 것일까?

비단 『심포시온』뿐만 아니라 플라톤의 대화편들 전체에 걸쳐 '진지함(spoude)'과 '유희(paidia)'는 구성의 기본 골격을 이룬다. 플라톤의 대화편들을 관통하는 기본 특징 중에 하나가 바로 이 진지함과 유희의 교차다. 생각해보면 인간의 삶이 결국 진지함과 유희의 교차가 아니겠는가? 동네 공중목욕탕에는 열탕과 냉탕이 함께 있다. 사람들은 열탕과 냉탕을 번갈아 옮겨다니면서 "어, 시원해!"를 연발한다. 세상사를 줄곧 진지하게만 대할 수도 없고 그렇다고 낄낄댈 수만도 없다. 플라톤의 대화편이 가지는 구성의 특징인 진지함과 유희의 교차를 잘 드러내는 장치가 바로 『심포시온』의 '아리스토파네스의 딸꾹질'인 것이다. 앞서 인용한 키케로의 말을 실감하게 된다.

아리스토파네스의 연설과 뮤지컬 헤드윅

일곱 개의 연설 가운데 가장 널리 알려진 것은 희극작가 아리토파네스의 연설이다. 이 연설을 각색한 뮤지컬 〈헤드윅〉은 오늘날에도 세계 곳곳에서 상연되고 있다. 이 뮤지컬의 본래 제목은 〈헤드윅과 성난 1인치(Hedwig and the angry inch)〉이고, '사랑의 기원'이라는 부제가 달려 있다. '성난 1인치'라는 표현이 상상력을 자극한다.

아리스토파네스의 이야기는 대강 이렇다. 예전의 인간에게는 지금과는 달리 세 개의 성, 그러니까 남성, 여성과 더불어 세 번째 성이 있었다고 한다. 이 세 번째 성은 한 몸에 남성과 여성을 모두 지니고 있었다. 이것이 바로 신화에서 남신 헤르메스(Hermes)와 여신 아프로디테(Aphrodite)가 결합한 '헤르마프로디토스(Hermaphroditos)'이고, '안드로스(andros, 남성)'와 '귀네(gyne, 여성)'가 결합한 '안드로귀논(androgynon)'이다. 우리말로 옮기면 '자웅동체', '암수한몸', '남녀추니', '어지자지'가 된다. 정리해서 말하자면 예전에는 '남남성', '여여성', '남녀성'이라는 세 종류의 인간이 있었다는 것이다.

그런데 이 인간은 앞뒤로 얼굴이 둘, 팔이 넷, 다리가 넷인 것과 같이 뭐든지 지금 인간의 두 배였고, 전체적으로 마치 공처럼 둥근 데다 팔다리 여덟을 움직이기 때문에 매우 빠르게 이동하는 등 못 하는 일이 없었다. 이 막강한 인간은 세월이 흐르면서 기고만장해졌고,

램프와 잔을 들고 서 있는 헤르마프로디토스. 로마 시대의 프레스코화

신들을 공격하는 등 오만이 하늘을 찔렀다. 그런데 그리스 신화나 비극에는 도를 지나친 '오만(hybris)'에는 신의 '응징(nemesis)'이 따른다는 'hybris-nemesis' 도식이 있다. 지켜보던 신들이 마침내 조치를 취했다. 아예 멸종시키면 신들에게 제사를 지내는 일이 없어질 터이니 마치 삶은 달걀을 가지런히 자르는 주방기구를 쓰듯 인간을 둘로 나누어 능력을 반감시킨 것이다. 이런 연유로 반쪽이 된 인간은 끊임없이 자신의 잃어버린 반쪽을 찾아 나서게 되었다. 그래서 사랑은 곧 '잃어버린 반쪽 찾기'다. 현대 영어에서 배우자를 가리켜 '다른 반쪽(an another half)'이라고 하는 것과도 일맥상통하는 이야기다.

사랑은 잃어버린 반쪽을 찾아 융합 내지는 용접됨으로써 온전함을 회복하려는 노력이다. 문제는 처음 세 종류의 인간 중에서 어떤 상태의 인간이 둘로 나뉘었느냐 하는 것이다. 그러니까 자웅동체 남녀성에서 나뉜 경우에는 남성은 여성을, 여성은 남성을 찾아 나선다. 그런데 남남성의 경우에는 갈린 남성이 잃어버린 또 다른 남성을 추구하게 되고, 여여성의 경우에는 여성이 자신의 반쪽인 또 다른 여성을 찾아 나서게 된다. 이렇게 아리스토파네스의 이 우화적인 이야기는 '사랑의 기원'과 함께 '동성애의 기원'을 담고 있다. 여기서 이미 서양의 고대세계에 있었던 성적 지향의 다양성, 오늘날 표현으로 하면 LGBTQIA(lesbian, gay, bisexual, transgender, queer, intersex, asexual)의 유래를 설명하려는 시도를 읽어낼 수 있다.

디오티마가 들려주는 사랑의 양가성

세상 사람들이 즐겨 부르는 노래 대부분의 주제는 사랑이라고 해도 과언이 아닐 것이다. 우리나라 최초의 시이자 노래라고 전해지는 「공무도하가」도, 고구려 유리왕이 지었다는 「황조가」도 사랑을 노래한다. 양희은은 〈사랑 그 쓸쓸함에 대하여〉에서 "도무지 알 수 없는 한 가지, 사람을 사랑하게 되는 일, 참 쓸쓸한 일"이라고 노래한다. 김광석은 "너무 아픈 사랑은 사랑이 아니라"고 한다. "내 눈에 눈물, 니 눈에 피눈물, 사랑 갖고 장난치지 마"라는 요즘 젊은이들의 노래도 노랫말의 서정성은 현저히 줄어들었지만, 사랑을 이야기하기는 매한가지다. 다들 사랑을 노래하고 사랑을 말하지만 이승철의 노래처럼 "사랑은 참 어렵다". 사랑은 가장 부드럽고 온화하고 평화로운 것일 텐데 최근 불거지는 '데이트 폭력'처럼 어둡고 더럽고 사나운 것이 되기 일쑤다. 아마도 그래서 그토록 오랫동안 텔레비전에서는 〈사랑과 전쟁〉이라는 제목의 프로그램이 방영되었는지도 모르겠다.

디오티마는 이런 사랑의 양가성(兩價性)을 이렇게 설명한다. 아프로디테가 태어났을 때 신들이 잔치를 열었다. 이 자리에는 포로스(Poros, 꾀)도 있었다. 잔치가 벌어지면 으레 그렇듯 구걸하러 오는 이가 있는데, 바로 페니아(Penia, 결핍)다. 포로스가 넥타르에 취해 제우스의 정원으로 들어가 잠들었다. 페니아가 동침하여 아이를 낳았는데 이 아이가 에로스다. 아름다움의 여신 아프로디테의 생일날 태어난 에로스는 아프로디테의 추종자이자 심복으로서 아름다운 것을 사랑하는 자가 되었다.

이런 에로스 탄생신화, 에로스의 기원은 오직 이 『심포시온』에서만 발견된다. 아프로디테의 아들이라는 일반적 견해와는 달리 포로스와 페니아의 아들로 등장한다. 에로스는 포로스를 닮아서 아름다운 것과 좋은 것 들을 얻을 계책을 꾸미고, 용감하며 능수능란하고 지혜를 사랑한다. 또, 에로스는 페니아를 닮아서 늘 가난하고 거칠며 집도 절도 없이 맨바닥에서 자고 결핍 속에 산다. 사랑의 양가성에 대한 절묘한 신화적 표현이 아닐 수 없다. 사랑은 그 자체로 좋기만 하고 우아하고 아름다운 것이 아니다. 포로스적인 것과 페니아적인 것이라는 두 얼굴을 지니고 있다.

아름다움의 큰 바다와 아름다움의 사다리

소크라테스는 가상인물인 여사제 디오티마로부터 들은 이야기를 소개하는데, 이 부분에서 이데아론이 개진된다. 우리는 수많은 '아름다운 것'들을 우리의 눈, 곧 육안(肉眼)으로 본다. 이 아름다운 것들은 감각의 대상으로서 끊임없이 생성되고 소멸한다.

그런데 아름다운 것을 아름답게 만드는 것은 무엇일까? 아름다운 것은 어떻게 해서 아름다울까? 아름다운 것을 아름다운 것이 되게 하는 것, 곧 '아름다움 자체'는 '아름다운 것'과 달리 우리의 육안으로는 포착되지 않는다. 그것을 포착하는 것은 말하자면 우리의 심안(心眼)이다. 아름다움 자체는 감각(aisthesis)의 대상이 아니라 지적 직관(noesis)의 대상이다. 이 지적 직관의 대상을 플라톤은 '이데아'라고 부른다.

끊임없이 변화를 겪는 사물과 달리 이데아는 언제나 한결같다. 이데아는 불멸의 본성, 즉 실재성(實在性)을 가진다. '아름다운 것'은 여럿이지만 '아름다움 자체', 곧 '아름다움의 이데아'는 하나다. 미인은 수없이 많지만 그 미인들을 '아름다운 사람들'로 만드는 '아름다움의 이데아'는 오직 하나다. 플라톤이 우리에게 요구하는 것은 육안으로만 보려고 하지 말고 심안으로도 볼 줄 알아야 한다는 것이다. 곧 심안이라는 눈을 뜨라는 것이다. '참'으로 있는 것은 이데아뿐이기 때문이다.

아름다움의 이데아를 파악하기까지의 과정은 아름다움의 큰 바다를 항해하는 일에 비유할 수 있다. 우선 우리는 어떤 이가 지닌 몸의 아름다움, 곧 한 육체의 아름다움에 주목한다. 그런 다음에는 어느 한 사람의 몸이 아닌 모든 육체의 아름다움에 눈을 뜬다. 이어서 행실의 아름다움, 법의 아름다움, 혼의 아름다움을 향해 나아간다. 이런 과정은 아름다움의 큰 바다를 항해하는 것이며, 아름다움의 사다리를 한 계단 한 계단 오르는 것과 같다. 플라톤은 그러다 어느 날 불현듯 '본성상 아름다운 어떤 놀라운 것'을 직관하게 된다고 한다. 이 '본성상 아름다운 어떤 놀라운 것'이란 플라톤이 다른 곳에서 '아름다움', '아름다움 자체', '하나의 아름다움', '신적인 아름다움', '아름다움의 이데아'라고 불렀던 바로 그것이다.

2.『심포시온』을 통해 본 그리스인의 사랑

시인추방론 밑바닥에는 이와 같은 형이상학적이고 교육적인 이유에 더하여 다른 이유도 있었던 듯하다. 요컨대 정치적 이유 말이다. 플라톤은 굉장한 엘리트주의자이고 반(反) 민주주의자였다. 민주정은 소크라테스가 설정하는 정치적 퇴화의 다섯 단계 중에서 끝에서 두 번째에 놓여 있다. 그보다 나쁜 것은 참주정뿐이다. 물론 당시 아테나이에서 민주정이 운영되던 실상이나, 플라톤의 스승 소크라테스가 독배를 받게 된 경위를 살펴보면 이해는 된다. 사실 우리 대부분도 입으로는 민주주의를 외치지만, 훌륭한 지도자(말하자면 '철학자 왕')에 대한 열망을 저 마음 밑바닥에 품고 있지 않은가. 그래서 민주정과 긴밀하게 연결되어 있는 비극에 대해서도 안 좋은 평가를 내렸을 성싶다. 플라톤의 서사시 비판이 거의 그대로 적용된 듯한 내용과 표현들이 비극 도처에서 발견되기도 한다.

3

그리스 비극과
플라톤의 시인추방론

강대진

**플라톤의
4부작 9묶음**

서양문화는 유럽 대륙의 제일 동쪽에서 시작되어 차차 서쪽으로 퍼져나갔다. 그리스가 동쪽 끝에 있기 때문에 바로 여기가 서양문화의 발상지다. 어떤 사람들은 "서양의 것들은 역사가 짧다"고 주장하는데, 이것은 아마도 미국을 위주로 한 생각에서 나온 발언인 것 같다. 그리스는 물론이고 이보다 살짝 늦은 로마도 사실 중국과 비슷한 시기에 비슷한 수준의 문화를 전개했다. 시간상 어떤 분야는 중국이 앞서지만, 그리스가 앞섰던 분야들도 분명히 있다.

보통 인문학의 핵심인 세 분과를 '문사철(文史哲)'이라고 한다. 이 문사철의 순서는 그리스 문화가 번성한 대체적인 순서이기도 하다. 처음에는 문학에서 좋은 작품들이 많이 나오다가(기원전 8세기~5세기), 그 다음에는 역사서(기원전 5세기 후반)가, 마지막에는 철학(기원전 4세기)이 번성했기 때문이다. 마지막에 꼽은 철학을 대표하는 두 인물이 플라톤과 아리스토텔레스다. 물론 그 이전에 소크라테스가 있었고, 더 전에는 '소크라테스 이전 철학자들'이 있었지만, 작품이 온전히 전해지는 경우만 꼽자면 그렇다는 말이다.

플라톤은 기원전 5세기와 4세기에 걸쳐 활동한 철학자다. 플라톤의 대화편들은 거의 언제나 소크라테스가 주인공이고, 그와 대화를 나눈 상대의 이름이 작품 제목인 경우가 대부분이다. 예를 들어 소크라테스가 메논과 대화하면 작품 제목이 '메논'이 되고, 파이돈이라는 청년이 등장하면 '파이돈'이 되는 식이다. 이런 작품들이 전통적으로 36편 전해지기 때문에 '4부작 9묶음'이라고 기억하면 편할 것이다. 여기서 '4부작'은 그리스 비극이 발표되던 관행과 연관이 있다. 고대에는 비극작품들을 한 번에 4편씩 묶어서 공연했다. 전하는 바에 따르면 원래 플라톤은 비극작가가 되려다가 일이 잘 풀리지 않아서 철학으로 전공을 바꾸었다고 한다. 아마도 그래서 후대 사람들이 그의 작품을 네 편씩 묶어서 계산한 모양이다. 하지만 이렇게 전해지는 작품들이 모두 플라톤의 것은 아니고, 그중 약 30편 정도만 그가 직접 쓴 것으로 여겨지고 있다. 이와 관련하여 몇 작품은 그 진위 여부가 학자들 간에 완전히 합의되지 않은 상태다.

플라톤의 대화편들은 각각의 저술 연대가 정확히 알려져 있지 않다. 작품들 사이의 대체적인 순서만 정해져 있다. 사실, 이 상대적 순서 역시 학자들 간에 완전한 합의가 이루어지지 않은 상태다. 대개 초기 작품일수록 늙은 소크라테스가 나오고, 후기 작품으로 갈수록 점점 젊은 소크라테스가 등장하다가 맨 마지막에는 아예 나타나지 않는다. 그래서 일반 독자가 읽으면 어디까지가 소크라테스의 생각이고 어디서부터가 플라톤의 생각인지 애매한데, 대체로 초기 작품일수록 실제 인물인 소크라테스의 생각이 많이 반영되어 있고, 후기로 갈수록 플라톤 자신의 사상이 많이 포함된 것으로 여겨진다. 하지만 주인공인 소크라테스가 하는 말도 어디까지가 진담이고 어디까지가 반어법인지 구별하기가 좀 어렵다.

『국가』에서 '정의'란 무엇인가 진짜 플라톤의 작품으로 평가받는 약 30편의 대화편들 중에서 가장 유명한 작품이 『국가』다. 어떤 이는 『국가』를 '공화국'이라고 번역하기도 하는데, 이는 좀 엉뚱하다. 『국가』를 읽어보면 플라톤이 가장 이상적으로 꼽는 정치체제는 철학자(지혜를 사랑하는 사람)가 다스리는 왕국이기 때문이다. 공화국은 일반적으로 왕정과는 대비되는 민주정을 가리킨다.

여기서 잠시 '공화국'이라는 번역어가 생겨난 경위를 짚어보자. 예전 서양고전학에서는 작품 제목을 라틴어로 적는 관행이 있었다. 『국가』의 그리스어 원제는 'Politeia'인데, 이것을 라틴어로 옮기면 'Res Publica(공동의 재산)'가 된다. 그런데 영어권에서 이 라틴어 번역을 거의 그대로 옮겨서 'Republic'으로 적었다. 그러자 한국어 번역자들이 이 단어의 가장 널리 쓰이는 의미로 옮긴 것이 '공화국'이다.

또 어떤 이는 『국가』를 '국가론'이라고 부르기도 하는데, 이것은 대개 키케로의 작품(De Re Publica)을 지칭하는 데 쓰이는 번역어다. 기원전 1세기 로마시대에 활동한 키케로는 플라톤을 모방해서 비슷한 제목의 작품들을 쓰곤 했다. 키케로의 『법률론De Legibus』도 플라톤의 『법률』을 흉내 낸 것이다.

『국가』는 플라톤의 중기 대화편에 속하는데, 초중기 대화편들의 특징은 '~란 무엇인가'와 같이 주제를 설정하고 있다는 점이다. 대개는 어떤 윤리적 개념을 정확하게 규정해나가면 어떻게 되는지를 다루고 있다. 예를 들어 『라케스』라는 작품에서는 '용기란 무엇인가', 『뤼시스』에서는 '우정이란 무엇인가'를 규정하려고 시도한다. 『국가』가 다루는 주제는 '정의란 무엇인가'이다. '한국에서 가장 많이 판매되고 가장 덜 읽힌 책'으로 꼽히는 마이클 샌델의 『정의란 무엇인가』와 사실상 같은 주제를 다룬 셈이다.

초기 대화편들은 각 개념을 여러 가지로 규정해보다가 확실한 결론에 도달하지 못하고 그대로 작품이 끝나버리는 경우가 많다. 중기 작품에 속하는 『국가』는 그래도 제법 분명한 규정에 도달한다. 한마디로 말하자면 '정의'란 개인적으로 보면 '영혼이 가지런한 상태', 즉 '영혼의 각 부분이 자기 일을 잘하는 상태'이고, 국가적으로 보면 '각 계급이 자기 일을 잘하는 상태'라고 한다.

'시인추방론'의 등장 정의에 대한 규정을 찾아가는 과정에서 플라톤은 이상적인 국가체제를 만들기로 한다. 평계는 이렇다. '정의로움'은 영혼의 상태인데, 이 영혼이란 것이 눈에 보이지 않으니 우리 눈에 확실히 보이는 국가를 살펴보자. 그래서 국가적 규모의 '정의'를 먼저 규정한 다음에 이것을 영혼에 적용하자는 것이다. 비유하자면, 영혼은 눈에 잘 들어오지 않는 '작은 글씨'이고 국가는 눈에 뚜렷이 잘 보이는 '큰 글씨'인 것이다. 물론 여기에는 영혼과 국가의 구조가 비슷하다는 전제가 깔려 있다.

작품 속에서 소크라테스는 이 전제를 조심스럽게 가정법으로 도입한 다음에, 여러 가지로 비교해본 결과 이 전제가 맞는 걸로 확인되었다고 선언한다. 이렇게 구성한 이상적인 국가에서 작품의 주인공인 소크라테스는 시인을 추방하자고 제안한다. 이것이 바로 『국가』 제10권에 나오는 '시인추방론'이다.

이제 이 시인추방론과 그리스 비극이 서로 어떤 연관이 있는지, 혹은 이 둘이 정말 연관이 있기는 한 것인지 알아볼 차례다. 질문을 좀 더 구체적으로 설정해보면, 플라톤이 시인을 추방하자고 했을 때 비극시인이 거기에 포함되는지, 그렇다면 그 이유는 무엇인지가 된다. 사실 『국가』에서는 비극에 대해 따로 언급하지 않고 주로 서사시, 특히 『일리아스』의 내용을 많이 인용해서 비판하고 있기 때문에, 이 문제에 대한 접근은 다소 간접적인 것일 수밖에 없다. 즉 당시 비극작품들의 특성을 살펴보고, 여기에 플라톤의 서사시 비판이 적용되는지 살펴보자는 것이다.

'형식'에 주목하자　　　그리스에서 좋은 문학작품들이 나온 시기는 대체로 기원전 8세기부터 기원전 5세기 사이다. 문학에도 앞서 언급한 문사철의 순서처럼, 장르별로 발전한 순서가 있다. 바로 서사시(기원전 8세기~7세기)—서정시(기원전 7세기~6세기)—극시(기원전 5세기)의 순서다. 마지막의 '극시'는 비극과 희극을 아우르는 명칭이다. 현재 온전하게 전해지는 비극작품은 모두 기원전 5세기의 것이고, 전체 33편이다. 그중 두 작품은 가짜라는 의혹을 받고 있다. 아이스퀼로스의 작품이라고 전해지는『결박된 프로메테우스』와, 에우리피데스의 이름으로 전해지는『레소스』가 그것이다.

　　나는 비극뿐만 아니라 다른 작품을 소개할 때도 형식을 강조하는 편인데, 사실 한국에서는 작품의 형식이라는 측면이 제대로 주목받지 못하는 경향이 있다. 우리가 어떤 작품이 좋다고 할 때는 대개 세 가지 측면을 지적해야 한다. 바로 내용, 형식, 그리고 의미다. 그런데 한국에서는 적어도 대중 강연과 교양서적에서 어떤 작품이든 막론하고 작품을 소개할 때 내용을 살짝 건드리고 의미만 살펴보는 정도에서 그치는 것이 보통이다. 그러니까 꼭 언급해야 할 세 가지 중에서 첫 번째와 세 번째에만 머물러 있는 셈이다. 여기서 형식은 빠져 있다.

　　사실 사태가 이렇게 된 것도 이해는 된다. 형식을 언급하려면 내용을 상당히 자세히 다루어야 한다. 왜냐하면 어떤 요소 때문에 앞뒤가 호응한다든지, 어떤 요소가 어떤 식으로 발전하고 있다든지 등을

고대 그리스의 극장

지적해야 하기 때문이다. 하지만 누가 복잡한 이름을 따라다니며 세부를 시시콜콜히 들여다보려고 하겠는가. 형식을 따지다 보면 복잡한 이론들도 많이 등장하기 마련이다. 이런 난관을 뚫고 형식을 설명하는 데는 아무래도 많은 어려움이 따른다.

그렇다면 그리스 비극과 관련하여 사람들이 잘 모르는 그 형식이란 무엇일까? 일단 그리스 비극이 '뮤지컬 형식'을 취하고 있다는 점을 들 수 있다. 비극은 보통 배우들 간의 대화 장면이 한 번 나오면 그 뒤에 합창단이 춤추고 노래하는 장면이 이어진다. 합창 뒤에는 다시 대화 장면이 나오고, 그 뒤에는 다시 합창이 따라온다. 대화-합창-대화-합창이 번갈아 나오는데, 요즘의 뮤지컬과 거의 같은 형식이다.

그리스 비극의 형식은 어떤 효과를 낳는가 사실 뮤지컬과 같은 이런 형식은 얼핏 보기에 이상하다는 인상을 준다. 도대체 왜 대화를 나누다 말고 갑자기 춤을 추는 것이며, 왜 또 춤추다 말고 이야기를 나누는 것일까? 이 형식의 효능을 말하자면 이렇다. 우선 모든 시간 예술작품에는 완급을 조절하는 장치가 들어간다(음악, 무용, 영화 등도 마찬가지다). 너무 빨리 사건이 진행되면 관객이 따라가기 어렵기 때문이다. 이렇게 사건의 진행을 늦추는 순간은 방금 전에 벌어진 사건의 의미가 무엇인지 생각해보는 기회가 된다. 또한 앞으로 어떤 일이 일어날 것인지에 대해 추정하고 마음을 가다듬는 기회이기도 하다. 비극의 대화 장면 다음에 이어지는 합창 장면은 바로 이런 역할을 한다.

사실 나는 이런 합창 장면이 서사시에서 비롯된 것이라고 주장하고 싶다. 『일리아스』 같은 서사시에는 인간들 간에 사건이 벌어지다가 갑자기 신들 세계로 '카메라가 옮겨가는' 경우가 많다. 현대의 독자들은 점점 참을성을 잃어가고 있기 때문에 사건 진행을 멈춰 세우는 이런 장면들을 거추장스럽게 느낄 수도 있겠지만, 이런 신들의 장면이 없으면 인간들 사이에 일어나는 일의 의미를 완전히 이해하기가 어렵다.

이런 장치는 인간들의 장면에 얹혀서 어떤 우주적 완결성을 제공하기도 한다. 신과 인간을 합쳐야만 우주 전체가 된다. 비극의 합창 장면도 마찬가지 기능을 하는 것으로 보인다. 그러니까 대화 장면은 사건을 진행시키고, 합창 장면은 그 사건의 의미가 무엇인지 전달하는 셈이다. 여기서 한 걸음 더 나아가자면 합창 장면은 극적 환상의 틀이 깨지고 관객/독자가 그 틀을 의식하는 순간이라고 할 수 있다. 그러니까 아리스토텔레스의 시학보다는 브레히트의 시학 같은 것이 적용되는 순간인 것이다.

간단히 설명하면 '아리스토텔레스의 시학'은 이야기가 기승전결로 이어져서, 한번 이야기가 시작되면 끝날 때까지 거기에 몰입하여 극적 환상이 끊기지 않는 것을 말한다. 반면에 '브레히트의 시학'은 이런 연결이 중간에 끊기고, 이야기의 내용보다는 이야기의 틀에 주목하게 되는 것을 일컫는다.

비극의 경우에는 합창 장면에서 실제로 환상의 틀이 깨지는 일은 거의 없지만, 그와 유사하게 '거리 두기' 효과를 유발하는 것이 바로 이 합창 장면이 아닌가 한다. 극 도중에 환상이 깨지는 사례는 소포클레스의 『오이디푸스 왕』 막바지에 한 번 등장한다. 반면에 기원전 5세기 말에 주로 활동한 희극작가 아리스토파네스의 경우에는 이런 일이 허다하다. 그가 '옆으로 가기(parabasis)'라는 장치를 사용하기 때문이다. 이를테면 배우들이 다 퇴장한 뒤에 합창단이 갑자기 '가면을 벗어던지고' 정치 현안에 대해 발언한다든지, 자신들이 이렇게 노래를 잘하니 상을 받아야 한다고 주장하는 식이다.

그리스 비극에서는 대화 장면과 합창 장면의 운율이 서로 다르고 사용하는 방언도 다르다. 대화 장면에서는 아테나이 방언을 쓰는데, 춤추고 노래하는 장면에서는 놀랍게도 자신들의 적대국인 스파르타의 방언을 쓴다. 물론 완전한 스파르타 방언은 아니고, 대개 어미만 그렇게 바꾼 것이다. 말하자면 서울말을 약간 지방말같이 바꾼 형태라고 하겠다. 이렇게 아예 방언을 달리한 것은 이 부분이 대화 장면과는 다른 차원에 있다는 것을 드러내기 위해서가 아닐까 한다.

비슷한 사례로 팀 버튼 감독의 〈가위손〉이라는 영화를 꼽을 수 있다. 이 영화는 할머니가 손녀딸에게 어쩌다가 세상에 눈이 내리게 되었는지 설명해주는 형식으로 되어 있는데, 감독은 할머니와 손녀의 장면을 매우 사실적인 색조와 일상적인 어투로 찍고 있다. 반면에 할머니의 이야기 속에 등장하는 장면들은 톡톡 튀는 색조에 다소 거슬리는 기이한 말투로 진행된다.

배우 수를 제한하는 이유

비극의 형식 중 주목받지 못하는 것으로 비극에 출연하는 배우가 단 세 명(어떤 작품에는 두 명)인 점도 들 수 있다. 그리스 비극은 모두 국가가 비용을 대는 공적 행사에서 발표되었는데, 아마도 인적 자원이 부족하고 비용 절감의 문제도 있어서 이렇게 배우 수를 제한한 듯하다. 물론 등장인물 수는 셋 이상이기 때문에 한 배우가 여러 가면을 번갈아 쓰고서 여러 역할을 하게 된다.

그래서 어떤 경우에는 아주 이상한 일도 벌어진다. 예를 들면 살인사건에서 죽이는 사람과 죽는 사람을 연기하는 배우가 한 명이라든지(아이스퀼로스의 『제주를 바치는 여인들』), 구해주는 사람과 구원되는 사람을 같은 배우가 연기하는 경우(에우리피데스의 『알케스티스』)가 있다. 마치 보르헤스의 소설 같은데, 물론 당시의 관객들은 극에 몰입한 나머지 이런 점을 잘 눈치 채지 못했을 것이다. 내 생각에는 약간 과잉 해석의 위험이 있기는 하지만, 작가들이 이런 장치를 이용해서 우리 인생의 어떤 복잡한 면모, 즉 때로는 피해자가 가해자가 되기도 하고 더러는 나중에 서로 역할이 뒤바뀌기도 한다는 사실을 전한 것이 아닐까 한다.

한국에서 형식이 존중받지 못하다 보니, 작품 내용까지도 잘못 기억하거나 잘못 전해지는 경우가 있다. 이런 일은 비극작품을 실제로 읽지 않고, 그리스 신화의 내용을 비극작품의 내용과 동일한 것으로 간주한 데서 비롯된 듯하다. 하지만 실제로 작품을 읽어보면 이야기를 풀어내는 순서가 흔히 신화라고 전해지는 것과 다른 경우가 많다. 그렇게 되면 의미도 달라진다. 이것이 바로 '플롯' 개념이다. 플롯이 무엇인지에 대해서는 여러 규정이 있는데, 그중에 '작품에 나오는 대로의 이야기 순서'라는 규정이 있다. 내용이 동일하더라도 전달 순서가 달라지면 의미도 달라진다. 전달 순서는 내가 강조하고 싶은 '형식' 중 하나다.

아테나이 민주정과 비극

그리스 비극에 대해 사람들이 잘 알지 못하는 사실 중에 하나는 지금 남아 있는 작품들이 모두 아테나이에서 만들어졌다는 점이다. (고대 그리스의 중심 역할을 하는 도시국가의 이름은 이렇게 '아테나이'라고 해야 한다. 이것이 옥스퍼드 그리스어 사전에 올라 있는 형태다. 흔히 통용되는 '아테네'는 일본어를 맹목적으로 따른 것이다.) 따라서 정확하게 하자면 '그리스 비극'이라기보다 '아테나이 비극'이라고 해야 할지도 모르겠다.

그리스 비극이 처음 만들어진 때가 언제인지는 정확히 알려져 있지 않다. 그저 기원전 6세기 말이 아닐까 하고 추정할 뿐이다. 소크라테스가 사망하기(기원전 399년) 직전에 에우리피데스가 사망하는데(기원전 406년), 그때가 사실상 그리스 비극이 누리던 전성기의 끝이라고 할 수 있다. 그후 플라톤과 아리스토텔레스의 시대에도 비극이 여전히 상연되기는 했으나 좋은 작품이 새로 나오지는 않은 것 같다. 그 시대에는 작가보다 배우가 중심에 있었고, 어떤 배우가 몇 개의 레퍼토리를 소화할 수 있는지에 따라 배우의 가치가 결정되었다고 한다.

당시 지중해 연안의 작은 도시국가마다 극장이 설치되어 있었지

(왼쪽부터) 아이스퀼로스, 소포클레스, 에우리피데스

만, 작품을 자체 생산하기보다 아테나이에서 만들어진 것을 재상연한 듯하다. 물론 더러 자체 생산된 작품도 있었고, 그 제목들이 전해지기도 한다. 그러나 이른바 '빅 3'로 꼽히는 아이스퀼로스, 소포클레스, 에우리피데스의 명성이 어찌나 높았던지, 이들의 작품만 거듭 상연되어 다른 작품들은 다 잊힐 지경이 되고 말았다. 이들은 모두 기원전 5세기 사람들이다.

따라서 우리가 비극작품의 특성으로 꼽는 것은 사실 기원전 5세기의 아테나이적 특성이다. 그런데 이 시기 아테나이를 규정하는 개념이 있다. 바로 민주정이다. 비극이라는 장르는 바로 이 민주정과 성쇠를 같이했다. 민주정이 한창 번창할 때 비극에서도 좋은 작품들이 쏟아져 나왔고, 민주정이 무너질 때 그리스 비극도 주저앉게 되었다.

**비극 공연은
시민교육의 장**

시대를 막론하고 잘 만들어진 문학작품들은 대체로 둘 중 한 가지 특성을 가지고 있다. 바로 당대성과 보편성이다. 당대성은 작품이 만들어진 시대와 상황에 얼마나 잘 어울리는가 하는 것이고, 보편성은 그 시대와 사회를 넘어 어느 시대에나 어느 사회에서나 이해되고 수용될 수 있는 가능성을 말한다. 그리스 비극과 관련해서 얘기하자면, 이 중에서 우리는 보편성에만 주목하는 경향이 있다. 아마도 좀 더 쉽기 때문일 것이다. 일반적으로 이런 보편적 측면은 작품이 만들어진 특정 시대의 특별한 상황을 사전에 미리 알지 못해도 다가갈 수 있다. 말하자면 관객에게 약간의 감수성만 있으면 된다. 하지만 거기서 한 걸음 더 나아가 작품을 깊이 있게 이해하려면 당대의 특성도 알아야 한다.

그러면 '모든 비극' 말고 '기원전 5세기의 아테나이 비극'만의 특성, 곧 그 당대성은 무엇일까? 이 작품들이 사실은 상당한 정치성을 띠고 있고, 그 정치성은 민주정과 관련이 있다는 점이다. 이 점을 살펴보기 전에, 사람들이 잘 의식하지 못하는 또 다른 특성 하나를 보자. 바로 비극작품들이 모두 신화에서 내용을 가져다 썼다는 점이다. 현존하는 작품 중에 신화를 소재로 하지 않은 것은 아이스퀼로스의 『페르시아인들』하나뿐이다. 그러면 작가들은 왜 신화를 이용했을까? 학자들은 보통 그 이유를 '시민교육'에서 찾고 있다. 이전까지는 참주의 지배를 받던 아테나이가 기원전 6세기 말에 갑자기 민주정으로 체제를 변혁한다. 그러고 나서 아테나이는 강대국으로 변모했다. 이것이 헤로도토스도 인정한 민주정의 위력이다.

그런데 참주정이 민주정으로 바뀌었다는 것은 무엇을 의미할까? 위에서 지시하는 사람이 없는 채로, 제대로 교육을 받지 못한 보통 사람들이 모여서 중요한 결정을 내려야 한다는 뜻이다. 그 결정에서 실수하면 시민 다수가 떼죽음을 당할 수도 있고, 국가 자체가 멸망할 수도 있다. 그래서 결정 하나하나가 굉장히 중요해졌다. 이제 빨리 시민들을 교육해야 한다. 그 교육의 장이 바로 비극 무대였던 셈이다.

그런 까닭에 당시의 비극은 아무나 쓰고 공연할 수 있는 것이 아니었다. 비극 공연은 국가 행사였기 때문에, 국가 기금으로 돈을 대서 세 명의 작가를 선정하고, 작가마다 네 작품만 무대에 올리도록 했다. 시기와 행사마다 사정이 조금씩 달랐지만 가장 대표적인 경우를 기준으로 하면 그렇다. 또 아무 때나 공연하는 것도 아니었다. 1년에 두 번 디오뉘소스 축제(도시 디오뉘시아와 레나이아) 때만 공연할 수 있었다. 얼추 계산해보면, 축제 한 번에 12편씩, 2회에 걸쳐 총 24편의 새로운 비극이 매년 만들어진 셈이다. 사실 두 축제는 상연 작품 수가 달랐다. 그러므로 어디까지나 어림잡은 계산이다. 백 년만 계속했다고 쳐도 2천 편 이상의 작품이 생산되었을 터인데, 지금 남아 있는 것은 33편뿐이다. 따라서 어찌 보면 우리가 그리스 비극의 특성을 논하는 것은 그저 일부를 가지고 거대한 전모를 추정하자는 것과도 같아서 무모한 점이 없지 않다.

비극의 정치적 성격　　　그리스인들은 일상에서 늘 신화 이야기를 주고 받으며 살았다. 누군가에게 무엇인가를 가르치자면 일단 피교육자가 알고 있는 지점에서 출발해야 한다. 아마도 그래서 아테나이 시민들을 얼른 교육하자면 사람들이 친숙하게 여기는 신화를 이용하는 것이 가장 좋은 방도였을 것이다. 그러면 비극 공연을 통해 시민들에게 전달된 것, 즉 교육 효과는 무엇이었을까? 비극작품의 내용은 물론이고 형식도 이 교육에 기여했다.

먼저 '민주정'에 대한 오해를 하나 짚고 넘어가자. 비극이 민주정과 함께 번성했다고 하면, 곧장 '체제 비판'을 떠올리는 사람도 있을 것이다. 민주정의 일반적 특징은 자유로운 발상과 발언이므로, 비극에서도 체제 전복적인 특성이 드러나지 않을까 하는 예상일 터이다. 그러나 그렇지 않았다. 왜냐하면 민주정에서 최고 권력자는 바로 시민들 자신이었기 때문이다.

실제로 에우리피데스의 『탄원하는 여인들』 352-3에는 테세우스가 "시민을 통치자로" 만들었다는 구절이 나온다. "짐이 곧 국가다"라는 루이 14세의 말과는 완전히 반대되는 내용이 고대 그리스에서 이미 나온 것이다. 『맹자』에 등장하는 '民爲貴 社稷次之 君爲輕(민위기 사직차지 군위경, 「진심」 하14)'도 같은 의미다. 나라가 유지되려면 국토와 국민과 왕이 필요한데, 그중에 가장 중요한 것이 백성이고, 그 다음이 국토고, 왕은 그다지 중요하지 않다는 뜻이기 때문이다.

아테나이 비극에서 드러나는 정치적 성격으로는 세 가지를 꼽을 수 있다. 아테나이를 찬양한다는 점, 남성의 지배를 정당화한다는 점, 토론 장면이 큰 비중을 차지한다는 점 등이 그것이다.

아테나이를 찬양하는 '오레스테이아 3부작' 우선 자기네 도시를 스스로 찬양한다는 점을 살펴보자. 나중에 또 언급하겠지만, 아테나이 민주정은 현대 민주주의와 다른 부분이 많다. 우선 아테나이 시민만이 주체라는 점을 들 수 있다. 그런데 이 '시민'은 자유인 남성만을 의미한다. 여성, 거류 외국인, 노예는 모두 배제한다. 이렇게 편협하게 규정된 시민만의 자유와 결속, 우애를 강조하는 것이 바로 비극작품이다.

윌리엄 아돌프 부그로, 〈오레스테스의 후회〉, 1862

그리스 비극들이 아테나이를 찬양하는 대표적 사례가 '오레스테이아 3부작'이다.

트로이 전쟁에서 그리스군 전체를 지휘한 아가멤논은 집으로 돌아오자마자 아내에게 죽음을 당한다. 아가멤논이 트로이로 떠나기 위해 좋은 바람[風]을 얻고자 친딸을 제물로 바친 일을 두고 아내 클뤼타임네스트라가 앙심을 품고 있었던 것이다. 그런데 그 시절에는 가족이 피살되면 반드시 복수해야 한다는 원칙이 있었다. 아가멤논의 아들 오레스테스는 아버지의 죽음을 복수해야 하는데, 이는 곧 자기 어머니를 죽여야 한다는 의미였다. 젊은이는 이러지도 저러지도 못하다가, 결국 신탁에 따라 어머니를 죽이게 된다. 그러자 이번에는 복수의 여신들이 그를 추격한다.

그림에서 보면 귀를 막고 있는 건장한 청년이 바로 오레스테스다. 그보다 뒤따르는 여성들의 키가 더 크게 그려져 있는데, 이는 젊은이의 환각을 표현한 것이다. 죽은 어머니 머리 주위에는 연기 비슷한 것도 서려 있고, 가슴에는 칼이 꽂혀 있다. 그 곁에는 '무서운 여신들'이 그려져 있다. 보통 신화를 소재로 한 그림에서 여성이 가슴을 드러내고 있으면 여신이라고 생각하면 된다. 머리카락이 뱀으로 되어 있고 팔에도 뱀을 두르고 있으며 손에는 횃불을 들고 있다. 이 여신들이 죽은 어머니를 가리키며 젊은이를 꾸짖고 있다.

그는 환청 때문에 귀를 막고 광기가 들어서인지 눈이 뒤집혀서 도망친다. 이런 상태로 델포이를 찾아갔는데, 아폴론 신이 젊은이에게 아테나이에 가서 재판을 받으라고 한다. 이렇게 해서 마침내 아테나이의 시민 배심원들이 오레스테스가 유죄인지 무죄인지를 두고 표결하는데, 결과가 동수로 나온다. 이때 아테나 여신이 개입해서 이럴 경우에는 풀어주는 것이 옳다고 주장하여, 오레스테스는 풀려나게 된다. 이를 보고 이번에는 복수의 여신들이 펄펄 뛴다. 자신들을 모욕한 값을 치르도록 아테나이에 재앙을 보내겠노라고 외친다. 그러자 아테나 여신이 그녀들을 끈질기게 설득한다. 우리가 당신들에게 특별한 지위를 부여하고 특권을 주어 숭배할 터이니 여기서 시민이 되어 같이 살자고 제안한다. 결국 복수의 여신들은 설득되어 그 제안을 수락한다. 이 여신들을 모시고 시민들이 행진을 시작하는 장면이 작품의 마지막이다.

이 마지막 대목에서 아테나이라는 장소가 부각된다. 일부 여성학자들은 이 재판 결과에 대해 아버지의 권리만 중요하고 어머니의 권리는 그렇지 않다는 뜻이냐고 문제를 제기하기도 한다. 물론 그런 편파성이 완전히 없다고는 할 수 없으나, 그보다는 살인사건에 대한 전통적인 해결책, 즉 '피의 복수'라는 악순환이 여기서 끊기고 새로운 재판제도가 성립되었다는 점이 중요하다.

고대에는 어느 한 집단의 구성원이 상대 집단의 사람을 한 명 죽이면, 반대쪽에서도 상대편 사람을 한 명 죽여서 복수하고, 다시 복수에 복수가 이어져서 끝없는 악순환이 계속되었다. 이제 이런 해결책 없는 무한 반복의 고리가 끊어진 것이다. 근대 형법의 기본 발상도 사적 구제를 허용하지 않고 복수의 권리를 공적인 기구에 위임하자는 데 있다. 이 비극작품의 핵심도 바로 그것이다. 따라서 여기서 그려낸 장면들은 공적인 재판제도가 처음으로 생겨난, 인류 역사에서 굉장히 중요한 순간인 것이다. 이를 두고 단순한 문명사 정도가 아니라 우주 역사의 일대 전환이라고 말하는 사람도 있다.

그런데 이런 엄청난 일이 애초에 살인사건이 벌어진 아르고스나 뮈케나이도 아니고 종교 성지인 델포이도 아니고, 바로 이 비극작품이 만들어진 아테나이를 배경으로 일어난다는 점, 바로 여기에 정치성이 담겨 있다. 그 바탕은 '아테나이에 영광을!'이다. 심지어 이 3부작의 마지막 작품 제목에까지 이런 의도가 반영되어 있다. 3부작의 결론이 담긴 작품은 『자비로운 여신들』인데, 이전에는 '무서운 여신들'이었던 복수의 여신들이 이제는 아테나이를 지켜주는 '자비로운 여신들'로 이름을 바꾸었기 때문이다.

**아테나이와
테세우스에게 영광을**

『콜로노스의 오이디푸스』라는 작품도 한번 살펴보자. 소포클레스의 『오이디푸스 왕』에서 오이디푸스는 아버지를 죽이고 어머니와 결혼한 사람이다. 극의 맨 마지막에 그는 스스로 모든 진실을 밝혀낸 후, 스스로 자기 눈을 찌르고 떠난다. 그는 운명에 굴복하지 않고 인간의 자율성이 어떤 것인지 보여주는 인물이다.

이 유명한 작품의 내용을 잇는 것이 『콜로노스의 오이디푸스』다. 오이디푸스는 온 세상을 떠돌아다니다가 맨 마지막에 아테나이 근처에 와서 죽는다. 온갖 고통을 견뎌낸 영웅이 마침내 신들의 부름을 받고 그들에게 합류하기 위해 떠나가는 장엄한 작품인데, 작품 배경이 아테나이 근교의 콜로노스로 설정되어 있다. 여기서 콜로노스는 무척 아름답게 그려져 있고, 아테나이 역시 대단한 찬양을 받는다. 아테나이 왕 테세우스는 이해심 많고 너그러우며, 위험을 무릅쓰고서라도 오이디푸스와 그의 딸들을 보호하려는 고상한 인물로 그려진다. 오이디푸스는 자신이 죽어서도 이 도시를 보호해주겠노라고 약속한다. 결국 다시 '아테나이에 영광을!'이라는 원칙이 드러나는 것이다.

아테나이를 한껏 드높이기는 에우리피데스의 『탄원하는 여인들』도 마찬가지다. 테바이로 쳐들어갔다가 전사한 영웅들의 가족들이 테세우스를 찾아와서, 자기 가족의 시신을 되찾아 장례를 치를 수 있도록 도와 달라고 청한다. 물론 테세우스는 그 청을 들어준다. 에우리피데스의 작품에는 이런 사례가 특히 많이 나온다. 불행을 당한 사람들이 찾아와서 도움을 청하면 테세우스가 그들을 돕는 것이 하나의 유형이다.

『헤라클레스』라는 작품에서는 헤라클레스가 광기에 사로잡혀 가족을 죽였으나 나중에 정신이 들어 비탄에 빠져 있는데, 아테나이 왕 테세우스가 그를 자기 도시로 모셔 간다. 자신도 일전에 헤라클레스의 도움을 받았으니, 설사 살인자에게 따라붙는 저주를 당하더라도 감내하겠노라는 것이다. 이 작품에도 역시 아테나이를 찬양하는 노래들이 나온다.

앞에서 잠깐 언급한 아이스퀼로스의 『페르시아인들』은 그리스 도시국가들의 연합군이 페르시아의 침입을 막아낸 사건을 그리고 있는데, 페르시아 왕의 어머니가 "아테나이가 대체 어떤 나라냐"고 묻고 신하들이 거기 답하는 내용이 나온다. 물론 아테나이는 매우 부강하고 질서가 잡혀 있으며 훌륭한 시민들의 도시라고 소개한다. 또한 『트로이아 여인들』 207행 이하에는 트로이아가 멸망했을 때 트로이아 여인들이 "되도록이면 아테나이에 가서 사는 것이 좋을 텐데, 이왕에 포로가 된 바에는 거기가 그나마 나을 텐데"라고 노래하는 장면이 나오기도 한다. 이 모두가 아테나이를 찬양하는 내용들이다.

비극은 남성 지배를 정당화한다　비극이 보여주는 정치성, 즉 민주정과의 연관성 중에 두 번째로 남성 편향을 꼽을 수 있다. 오늘날 기준으로 보면, 여성을 대하는 태도에서 그리스 비극이 플라톤보다 못하다. 플라톤은 『국가』에서 몇 가지 놀라운 제안을 하는데, 그 중 하나가 '여성도 통치자가 될 수 있다'이다. 반면에 그리스 비극은 여성에 대한 부정적인 편견을 많이 담고 있으며, 오히려 그것을 증폭시키고 있다. 다시 말하지만 비극은 아테나이 출신, 남성, 자유인만을 위한 평등과 자유를 강조한다. 그래서 여성, 노예, 외국인들은 비극적 상황을 조장하는 역할로 주로 등장한다.

예를 들어 가장이 집을 비웠을 때, 여성이 외국 출신 노예의 충고를 받아서 어떤 일을 결정하거나 실행하면 안 좋은 결과가 나오도록 설정되어 있다. 새어머니가 의붓아들을 사랑한 대가로 둘 다 죽게 되는 이야기(『힙폴뤼토스』), 어떤 여인이 남편이 숨겨둔 아들인 줄 알고 친아들을 독살하려는 이야기(『이온』), 헤라클레스의 아내가 남편을 잃어버릴까 두려워 사랑의 미약인 줄 알고 독을 묻혀서 남편에게 보냈다가 남편이 죽는 이야기(『트라키스 여인들』) 등이 대체로 이런 유형을 따라가고 있다.

비극작품들은 이렇게 여성을 비하하는 반면, 인간 남성끼리의 연대는 강화하는 면모를 보인다. 방금 언급한 『힙폴뤼토스』의 마지막 부분도 그런 예로 꼽힌다. 파이드라는 의붓아들 힙폴뤼토스를 사랑해서 노예 유모의 충고를 따랐다가, 결국 일을 그르치고 자결한다. 그 전에 그녀는 젊은이를 모함하는 편지를 남긴다. 늙어서 총기가 흐려진 테세우스는 그 편지를 믿고 아들을 저주한다. 그러고는 포세이돈의 선물을 이용하여 자기 아들을 죽게 만든다. 하지만 마지막 순간에 진실을 알게 된 아버지는 아들에게 용서를 구하고, 아들도 아버지를 용서하고서 숨을 거둔다. 여기에 무슨 정치적 의도가 숨어 있을까 싶겠지만, 많은 학자들은 여기서 신보다는 인간끼리의 상호이해와 연대를 찾아낸다.

사실 이 사건은 아프로디테가 자신을 무시하고 아르테미스만 섬기는 젊은이 힙폴뤼토스를 벌하기 위해 조작한 일이다. 젊은이는 한 여신의 미움 때문에 불행한 일을 당했고, 또 자신이 섬겨온 다른 여신의 도움도 받지 못한다. 더구나 테세우스의 아버지라는 포세이돈도 진실을 밝히기보다 오해에 의한 살인을 방조한 셈이다. 옛날 영웅들에게

3. 그리스 비극과 플라톤의 시인추방론

는 보통 아버지가 둘씩 있었는데, 테세우스의 인간 아버지는 아이게우스이고 신 아버지는 포세이돈이다. 그런데 이 작품의 마지막에 테세우스는 아버지가 신이라는 것을 부정하고 인간 아버지의 혈통을 선택한다. 그러니까 인간들은 공연히 신적 혈통을 찾을 것이 아니라 서로를 이해하고 의지하며 살아야 한다는 메시지가 은연중에 전달되고 있는 것이다. 이런 면모는 남성 시민 간의 연대를 강조하는 민주정 교육의 일환이라고 할 수 있다.

비극은 토론 기술을 가르친다

비극이 정치와 관련되는 세 번째 대목은 비극 작품에 토론하는 장면이 굉장히 많이 나온다는 점이다. 사람들은 이런 장면들을 보면서 토론 기술을 익혔을 것이다. 이처럼 비극작품이 가진 교육 기능을 확인해주는 작품이 아리스토파네스의 『개구리』다. 이른바 '문화계 블랙리스트' 사건이 바로 이 작품과 관련되었다고 해서, 더러 사람들 입에 오르내리기도 한 바로 그 작품이다. 하지만 국내에서 상연된 연극작품은 그저 '죽은 사람을 데리러 저승에 갔던 사람들이 처음 의도와는 다른 사람을 데리고 돌아온다'는 것 이외에는 원작과 아무런 연관이 없다. 그냥 제목과 큰 틀만 빌려다 쓴 것일 뿐이다.

아리스토파네스의 원작 『개구리』의 내용은 이렇다. 비극작가 에우리피데스가 죽었다. 그러자 디오뉘소스 신이 너무 섭섭해서 이 좋은 시인을 도로 데려오겠다며 저승을 방문한다. 디오뉘소스가 가서 봤더니, 저승에서는 문학의 왕 자리를 놓고 아이스퀼로스와 에우리피데스가 서로 싸우고 있었다. 디오뉘소스는 둘을 시험한 끝에 처음 의도와는 달리 아이스퀼로스를 데리고 돌아온다. 그런데 그 시험의 와중에 두 시인 중 누가 아테나이 시민들을 더 잘 교육했는지를 따져보는 대목이 있다. 물론 에우리피데스는 자신이 아테나이 시민의 토론 기술을 크게 진보시켰노라고 주장한다. 이 주장의 진위야 어떻든 간에, 벌써 기원전 5세기부터 비극이 가지는 정치적인 교육 기능에 사람들이 굉장히 주목하고 있었다는 점을 이 대목에서 확인할 수 있다.

에우리피데스의 작품 중에는 정말로 희극에 그려진 이 시인의 주장을 지지하는 듯한 장면이 상당히 들어 있다. 예를 들면 『메데이아』라는 유명한 작품이 그렇다. 이 작품에서 메데이아는 고국과 아버지를 배신하고 남자를 따라왔지만, 결국 남편에게 배신당하고 그 아이들을 죽여서 복수한다. 그런데 그녀가 남편과 다투는 대목에 '우리 둘이 서로에게 잘해준 것을 따져서 비교해보자, 첫째, 둘째, 셋째…'하는 내용이 나온다. 이렇게 토론하고 따져보는 장면들, 이런 것이 결국 아테나이의 시민교육으로 이어졌다는 것이다.

다시 본론으로 돌아가자. 아테나이 민주정에서는 농사를 짓던 평범한 사람들이 모여서 중대한 결정을 내려야만 했다. 그들이 내린 결정에 따라서 모두가 죽을 수도 있고 살 수도 있었다. 그래서 신중하고 철저한 토론과 따져보기가 필요해졌다. 비극이 이런 것을 은연중에 가르쳤다는 얘기다. 예를 하나만 더 들면, 소포클레스의 『엘렉트라』도 그렇다. 앞에서 조금 자세히 언급한 바로 그 집안이다. 여기서도 아가멤논의 아내 클뤼타임네스트라와 딸 엘렉트라가 과거의 잘잘못을 함께 따져본다. 말하자면 토론 수업이다.

3. 그리스 비극과 플라톤의 시인추방론

아테나이 민주정에 대한 반박

지금까지 그리스 비극이 당시의 민주정을 떠받치던 굉장히 정치적인 장치라는 것을 사례를 통해 살펴보았다. 당시의 민주정은 오늘날의 민주주의와는 달리 상당히 편협했다는 점도 거듭 설명했다. 그러나 비극작품들에는 좀 더 넓은 의미의 민주주의, 오늘날 우리가 생각하는 민주주의에 가까운 내용도 담겨 있다.

이를테면 아테나이 중심주의와 남성 중심주의에 대한 반박이 담긴 작품으로 『메데이아』를 들 수 있다. "애를 한 번 낳느니 전쟁에 세 번 나가겠다"는 대사가 바로 여기에 나온다. 남성들은 걸핏하면 자신들이 국가를 위해 위험을 짊어진다고 주장하는데, 여성들도 그에 못지않게 위험을 부담하고 있다는 것이다. 아이를 낳는 일은 지금도 힘들고 괴로운 일인데, 의학의 도움을 거의 받을 수 없었던 그 옛날에는 훨씬 더 했을 것이다.

한편 남편에게 복수하느라 자기 아이를 죽인 이 여인은 아테나이로 도망치겠다는 계획을 밝히는데, 합창단 여성들이 그렇게 평화롭고 아름다운 도시가 그런 범죄를 용납하겠느냐고 만류한다. 여기까지는 '아테나이 찬양'의 유형을 따르는 듯하다. 하지만 작품 맨 마지막에 메데이아는 정말로 아무런 벌도 받지 않은 채 그 '평화롭고 아름다운 도시'로 도주한다. 결국 아테나이가 사람들이 기대하는 것만큼 그렇게 도덕적인 도시는 아니라는 결론이 나온다.

에우리피데스의 『엘렉트라』에서는 노예와 자유인의 문제를 거론하기도 한다. 오레스테스가 "사람은 겉만 보곤 알 수 없어. 혈통도, 옷차림도 판단의 근거가 되진 못하지. 부유한 귀족보다도 오히려 가난한 농부가 더 고귀하구나"라는 내용의 독백을 읊조리는 것이다. 한편 『헬레

존 윌리엄 워터하우스, 〈이아손과 메데이아〉, 1907

네』라는 작품도 자유인이 아닌데도 고귀하게 행동하는 사람들, 즉 주
인을 위해 자신을 희생하는 노예들을 그려내며 찬양한다. 그러니까 오
로지 아테나이 시민, 남성, 자유인들만의 민주정을 오히려 비판하는
듯한 사례들이 이처럼 다양하게 등장하는 것이다. 이것은 시인의 자유

로운 정신이, 그리고 비극이라는 고도한 예술 형식이 공연을 기획한 사람들의 처음 의도를 뛰어넘어 성취한 보편성의 높이를 보여주는 것이라 하겠다.

비극의 민주성과 비극시인의 추방

애초에 우리는 플라톤이 이상적인 국가에서 시인을 추방하자고 했을 때 비극시인도 거기에 포함되는 것인지, 그렇다면 그 이유는 무엇인지 하는 문제를 가지고 출발했다. 플라톤이 주인공 소크라테스의 입을 통해 서사시인, 특히 호메로스를 비판했을 때 그가 드는 예들은 신과 영웅 들을 비열하게 또는 비겁하게 그리며 죽음과 저승을 무서운 것으로 묘사하는 경우라든지, 육체적 고통을 감당할 수 없는 짐에 비유하며 영웅들이 신음하는 모습을 묘사하는 경우 등이었다. 어떤 학자는 당시 젊은이들이 이런 장면들을 암송했기 때문에 이런 장면들이 정상인 줄 알고 자신도 모르게 따라하게 되었다고 주장한다.

그런데 이처럼 교육적인 측면을 강조하는 건 『국가』제2권과 제3권이고, 제10권에서는 다른 논변이 나온다. 플라톤이 보기에 이 세상의 사물들은 이데아 세계를 본뜬 것인데, 예술작품은 이것을 한 번 더 본뜬 것, 즉 참된 실재로부터 세 번째 단계만큼 떨어져 있는 것이다. (현대인이라면 두 단계 떨어졌다고 하겠지만, 고대에는 이런 걸 세 단계 떨어졌다고 표현했다.) 따라서 이 '짝퉁 세계'를 또 한 번 모방하여 만든 '짝퉁의 짝퉁'이 예술작품이기 때문에, 이런 것을 만드는 사람들은 이상적인 국가에서 몰아내는 게 옳다는 것이다.

그런데 시인추방론 밑바닥에는 이와 같은 형이상학적이고 교육적인 이유에 더하여 다른 이유도 있었던 듯하다. 요컨대 정치적 이유 말이다. 플라톤은 굉장한 엘리트주의자이고 반(反) 민주주의자였다. 민주정은 소크라테스가 설정하는 정치적 퇴화의 다섯 단계 중에서 끝에서 두 번째에 놓여 있다. 그보다 나쁜 것은 참주정뿐이다. 물론 당시 아테나이에서 민주정이 운영되던 실상이나, 플라톤의 스승 소크라테스가 독배를 받게 된 경위를 살펴보면 이해는 된다. 사실 우리 대부분도 입으로는 민주주의를 외치지만, 훌륭한 지도자(말하자면 '철학자 왕')에 대한 열망을 저 마음 밑바닥에 품고 있지 않은가. 그래서 민주정과 긴밀하게 연결되어 있는 비극에 대해서도 안 좋은 평가를 내렸을 성싶다. 플라톤의 서사시 비판이 거의 그대로 적용된 듯한 내용과 표현들이 비극 도처에서 발견되기도 한다. 민주정을 노골적으로 지지하는 에우리피데스의 작품에서 특히 그렇다. 아마도 그래서 비극에 대한 직접적인 언급은 거의 없지만, 플라톤은 비극시인도 자신의 이상국가에서 쫓아내려 했을 것이다.

지금까지의 논의를 한마디로 요약하자. 아테나이 비극은 의외로 정치적이고 민주정과 연관이 깊어서 플라톤이 싫어했을 것이고, 그 때문에 그의 시인추방론에 비극시인이 어쩌면 서사시인보다 더 당연히 포함되었을 것이다. 플라톤은 비극의 토론교육 효과는 거의 인정하지 않은 듯하다. 그는 이제까지 문학이 맡아왔던 시민교육을 이제는 철학이 넘겨받아야 한다고 선언한 듯하다. 시인추방론이 바로 그 선언이다.

용기가 무엇인지에 대해 라케스와 니키아스, 소크라테스가 나누는 문답 대화는 라케스의 정의에서 시작된다. 소크라테스가 묻는다. "용기란 무엇입니까?" 천상 군인인 라케스가 자신만만하게 대답한다. "용기가 무엇인지 말하는 건 어려운 일이 아니오. 용기란 대오를 지키면서 적들을 막아내고 도망치지 않는 것이오." 라케스에 따르면, 용기란 전투에서 물러서지 않고 제자리를 지키면서 도망치지 않는 것이다. 어떤가, 용기에 대한 정의로 그럴듯한가? 라케스의 정의는 용기가 무엇인지에 관해 무언가 말해주는 것 같기도 하지만, 다소 부족한 감이 있다. … 소크라테스가 부족한 그 지점을 파고든다. "자, 그럼 다음의 경우는 용감한 경우가 아닌지요? 적들과 싸우기는 하나 제자리를 지키지 않고 도망치면서 싸우는 경우는 어떠한가요? 잘 싸우기로 유명한 스퀴티아 기마병들도 스파르타 중무장 보병대도 전술상 때로는 퇴각하고 후퇴하면서 싸웁니다. 그리고 마침내 승리하지요."

4

옹기란 무엇인가

한경자

두 장군에게 자식 교육에 관한 조언을 구하다 플라톤의 대화편 『라케스』에 등장하는 두 명의 주요 인물, 라케스와 니키아스는 펠레폰네소스 전쟁에서 활약한 아테네 장군들이다. 장군을 대화 상대자로 삼아 이야기를 나누기에 좋은 덕목이자 윤리적 주제인 '용기'는 바로 이 대화편의 공공연한 명시적 주제다. 그런데 사실 이 대화편에는 대화편의 배경이 되는 바깥 주제가 따로 있다. 자식에게 무엇을 가르칠 것인가라는 '교육' 문제가 바로 그것이다. 대화편은 일흔에 이른 두 노인, 뤼시마코스와 멜레시아스가 머잖아 사회에 진출하여 정치에 입문하게 될 자신들의 스무 살 남짓한 젊은 두 아들의 교육을 어떻게 하면 좋을지를 두고 장군 라케스와 니키아스에게 자문을 구하는 데에서 출발한다.

두 노인의 젊은 아들들은 이름이 각각 아리스테이데스와 투퀴디데스로, 아테네 관례에 따라 자신들의 조부의 이름을 물려받았다. 같은 이름의 두 조부는 유명한 아테네 정치가였다. 그중 한 명이 특히 페르시아 전쟁과 델로스 동맹에서 중요한 역할을 했으며 도편추방으로 유명한 저 '정의로운 아리스테이데스'이다. 대화편에서 그 유명한 아리스테이데스를 선친으로 둔 노인 뤼시마코스는 자신은 선친과 달리 무명의 삶을 살아왔지만, 자식만큼은 자신과 달리 그 이름에 걸맞은 훌륭한 사람이 될 수 있도록 좋은 교육을 시키겠노라고 다짐한다. 사실 뤼시마코스는 선친이 공무에는 다망했으나 자식 교육에는 소홀했던 것에 대해, 그래서 자신이 별 볼일 없는 삶을 살아가고 있는 것에 대해 다소 원망의 감정을 갖고 있다. 그래서 '내 자식을 어떻게 하면 잘 가르칠 수 있을까', '자식을 어떻게 하면 훌륭하게 키울 수 있을까' 하는 것이 아버지로서 뤼시마코스가 고민하는 지점이고 이 대화편을 이끌어가는 중심 생각이다.

이제 우리는 자식 교육을 걱정하는 뤼시마코스의 고민을 따라 대화편이 인도하는 대로 '교육' 문제부터 이야기를 시작할 것이다. 이어 대화편의 두 중심인물이 장군이니 만큼 이 대화편의 공공연한 주제인 '용기' 문제를 후반부에서 다룰 것이다. 이 논의는 플라톤의 초기 대화편들이 그러하듯 '용기'에 대한 우리의 신념과 통념을 반성하게 하고 우리가 스스로 '용기'의 본성을 고찰하도록 안내할 것이다.

중무장 전투술은 자식에게 가르칠 만한 과목인가　『라케스』는 크게 두 부분으로 구성되어 있다. 이 대화편은 플라톤의 대화편들 중에서 스테파누스 쪽수(플라톤 저작물의 인용 기준 쪽수 명칭)로 23쪽 분량의 비교적 짧은 대화편인데, 내용상 '교육'의 문제를 다루는 전반부와 '용기'의 문제를 다루는 후반부가 분량으로도 절반 정도씩 나뉜다. 전반부가 12쪽 정도이고, 후반부가 11쪽 정도다.

이 대화편의 시간적 배경은 펠레폰네소스 전쟁이 소위 '니키아스 평화협정'에 의해 잠시 휴전 상태이던 시기로, 역사적 인물인 니키아스와 라케스, 그리고 소크라테스가 모두 이 전쟁의 전투들에 참여했다는 기록이 있다. 이 대화편에서 일어나고 있는 등장인물들의 만남과 대화는 플라톤의 가상의 산물이겠지만, 등장인물들과 얽힌 역사적 사실 배경은 주목할 만하다. 그 이유는 차차 설명하도록 하겠다.

대화편의 첫 장면은 이렇게 시작한다. 스테실레오스(일종의 중무장 전투술 교사였던 것 같다)의 중무장 전투술 시범이 있었고, 그 시범을 니키아스와 라케스, 뤼시마코스, 멜레시아스가 막 보고 나오던 참이었다.

창과 방패를 들고서 전투를 벌이고 있는 중무장 보병들(Hoplites). 기원전 7세기 도기

먼저 뤼시마코스가 함께 전투술 시범을 관람한 당대의 유명한 두 장군, 라케스와 니키아스에게 조언을 구한다. "이제 막 중무장 전투술 시범을 보고 나왔으니 우리에게 조언을 해주시구려. 이 중무장 전투술은 우리 자식들한테 가르칠 만한 것이오, 아니오? 그대들은 장군이니 누구보다도 적절한 조언을 해줄 수 있지 않겠소?"

표면적인 질문은 이렇게 시작된다. 중무장 전투술은 젊은이들이 배울 가치가 있는 과목인가, 아닌가. 나이가 지긋한 아버지 뤼시마코스가 당대 명사인 두 장군에게 조언을 구하는 이 장면은 우리 시대 부모들의 모습과도 겹친다. 학령기 자식을 둔 부모들의 일 순위 관심사는 자식에게 뭘 가르쳐야 할 것인가이다. 근래 들어 새롭게 부각되는 교육 프로그램들이 있다. 학교에 개설된 정규 과목은 아니지만, 남들보다 앞선 교육에 관심이 많은 부모들은 이를테면 코딩 교육이나 드론 교육처럼 아이들에게 꼭 가르치고 싶은 교육 프로그램들을 찾아 나선다. '아직 정식 교과목으로 채택되지는 않았지만 아이가 4차 산업혁명 시대 이후의 삶을 제대로 살아가려면 이런 것들을 좀 배워둬야 하지 않을까' 하는 생각에서다. 기원전 5세기에도 이와 비슷한 고민을 '아버지' 뤼시마코스가 하고 있는 것이다. 자식이 앞으로 살아갈 날들을 위해 부모인 나는 내 아이한테 무엇을 가르쳐야 할까. 큰 주목을 받고 있는 과목인 중무장 전투술의 장단점에 대해 잘 알고 있다고 여겨지는 장군들한테 '부모'로서 뤼시마코스가 지금 조언을 구하는 장면이라고 생각하면 된다. 요즘 시대와 조금 차이가 있다면 지금 뤼시마코스가 관심을 두고 찾고 있는 교육 프로그램은 그저 개인에게 안락한 삶을 약속하는 직업교육 프로그램이 아니라, 장차 자식들에게 명성을 가져다주고, 그래서 그들의 이름에 걸맞은 사람으로서 사회적 역할을 하게 하며 가문의 명성도 더해줄 교육 프로그램인 것이다.

중무장 전투술에 관한 질문을 받은 두 장군 중 니키아스가 먼저 "중무장 전투술은 젊은이들이 배울 만한 가치가 있습니다"라고 대답한다. 그 이유가 꽤 논리정연하고 객관적이다. 중무장 전투술은 일종의 싸움기술로서 젊은이들의 신체 단련에 굉장히 유용하며, 기마술과 마찬가지로 아테네의 자유시민에게 매우 어울리는 배울거리라는 것이다. 또한 중무장 전투술은 평소에도 유용하지만, 실제 전투에서도 굉장히 큰 도움이 될 터인데, 이걸 배우게 되면 전투에서 일대일로 맞붙거나 전투대형을 갖출 때 우위를 점하기 때문이라는 것이다. 그리스인들

팔랑크스 안에서 싸우고 있는 중무장 보병들. 흑색 문양 도기, 기원전 560년경

이 전투에서 사용하던 팔랑크스(Phalanx)라는 밀집대형은 방패(hoplon)로 자신과 옆에 있는 동료 병사의 몸을 가리면서 함께 전진하는 형태의 진법이다. 니키아스는 이런 대형 안에서 대오를 맞추면서 전투에 임했을 때에도 중무장 전투술이 매우 유용하다고 이야기한다.

그가 제시하는 중무장 전투술의 유용성은 이뿐만이 아니다. 중무장 전투술 자체야 전투의 초보적인 기술에 불과하지만, 이 기술을 일단 배우게 되면 장차 전투에서 진을 어떻게 짜야 하는지, 전법이란 무엇이고 어떻게 구사해야 하는지, 나아가 부대를 어떻게 하면 잘 이끌어나갈지 같은 장군술과 지휘술 등을 배우고 싶은 욕구도 일깨워줄 것이라고 한다. 그러니까 이 중무장 전투술은 전투기술의 맨 마지막 단계인 장군의 지휘술로 나아가게 하는 시작점을 마련해준다는 것이다. 또한 중무장 전투술을 배운 사람은 안 배운 사람보다 전투에 더 용감하게 임할 수 있을 터인데, 전투기술로 인해 전투에서 자신감이 더 생길 것이기 때문이다. 덧붙여, 니키아스는 이 전투술을 익힌 사람은 누가 보더라도 풍채가 아주 늠름하여 타인에게 힘이 세 보이는 효과를 줄 것이라고 말한다. 사소하고 좀 우습게 여겨질 수도 있지만 소소한 현실적 유용성까지 언급하면서, 니키아스는 중무장 전투술이 굉장히 유용한 배울거리라고 설명한다.

그러자 라케스가 반대 의견을 내놓는다. '중무장 전투술은 배울 가치가 없으며, 젊은이들한테 별로 유용하지도 않다'는 것이다. 그가 내세우는 이유는 지극히 주관적이고 개인적 경험에 기반한다. 전쟁기술, 전투술이라고 하면 누구보다도 라케다이몬 사람, 즉 스파르타 사람들을 최고로 친다. 스파르타 사람들이 모든 전투술의 최고점에 있기 때문이다. 그들만큼 잘 싸우는 사람들이 없다. 그러므로 남들보다 잘 싸울 수 있는 기술에 가장 관심이 많고 누구보다도 능할 스파르타 사람들이 이 전투술이 정말 훌륭한 전투술이라면 당연히 알고 있을 터인데, 실상은 관심도 없더라는 것이다. 그뿐만 아니라 중무장 전투술이 정말로 유용한 전투술이라면 이 기술에 능하다고 하는 시범자들이 스파르타에 가서 시범을 보이면서 이 전투술의 위용을 자랑해야 할 텐데 그런 일을 한 번도 본 적이 없으며, 오히려 시범자들은 스파르타 주변 도시에서만, 그러니까 스파르타 사람들만큼 잘 싸우지 못하는 사람들, 싸움에 있어 열등감을 가지고 있는 사람들한테만 가서 이 전투술의 시범을 보이더라는 것이다. 또한 모든 유명한 전투술에는 그 기술에 탁월하여 이름을 날리는 사람들이 있기 마련인데 중무장 전투술, 호플로마키아(hoplomachia)라는 이 전투술을 가진 사람들 중에는 이름을 떨친 사람이 한 명도 없다는 것이다.

마지막으로 라케스는 대화자들이 막 구경하고 나온 중무장 전투술의 시범자, 바로 그 스테실레오스를 직접 거론하며 이 기술의 유용성을 공박한다. "내가 이 사람과 같은 전투(해전)에 참가했었지요. 이 사람이 어떻게 싸웠느냐면, 정말이지, 이 자는 실전에서 더 멋진 시범을 보이더군요. 이 자가 착안한 무기인 듯한, 기다란 창에 낫 같은 걸 하나 단 그 별난 낫창을, 우리 병선이 적의 수송선을 지나갈 때 그 수송선의 닻줄을 끊으려고 그가 던졌는데, 그 창이 그만 그 배의 다른 삭구에 걸려 버렸지요. 그자는 자기 창을 놓치지 않으려고 그 창에 대롱대롱 매달려 끌려가는데, 그 모습이 얼마나 우스꽝스러운지 우리 배에 탄 병사들도, 적의 수송선에 탄 사람들도 모두 웃고 난리가 아니었지요." 그러니까 라케스가 보기에는 스테실레오스가 공연장에서 중무장 전투술 시범을 어떻게 저렇게 근사하게 해 보이는지 잘 모르겠지만, 실제 전투에서는 제대로 싸워보지도 못하고 우스꽝스러운 상황을 연출하여 우리 군사들이나 적들한테 큰 웃음거리가 되었다는 것이다. 라케스는 그 전투에서 서로 깔깔대던 장면을 자세히 묘사까지 하며 설명한다. 그렇게 자신의 목격담과 경험에 비추어 중무장 전투술은 실전에서 하나 쓸모없는 기술이더라고 이야기한다.

중무장 전투술에 대한 상반된 평가와 그 평가의 근거를 제시하는 방식은 두 장군의 인물 특성을 대비해 보여준다. 니키아스는 논리적이고 체계적이며 이론적인 반면, 라케스는 경험적이고 감정적이다. 두 장군이 드러내는 평가 기준의 대립과 대결은 일차적으로는 두 장군으로 대표되는 가치관과 태도의 대립이지만 이후 논의될 '용기'의 두 가지 측면에 대한 묘사이기도 하다.

**적절한 조언은 다수가
아닌 앎을 갖춘 자의 것**   이제 등장인물들의 대화는 우리의 논의 방
향이 어디로 어떻게 흘러야 하는가를 드러
내기 시작한다. 우리가 던지는 자식 교육에 대한 질문은 무엇을 목표
로 해야 하는지, 그리고 이 질문에 대한 답변을 어떻게 찾아가야 하는
지 보여준다.

먼저 질문에 대한 답변을 찾아가는 방식에 관한 것이다. 뤼시마
코스는 자신의 질문에 대해 니키아스와 라케스가 상반된 의견을 내놓
자, 동석한 소크라테스한테(대화자들 중 가장 나이가 적다) 판정의 조언을 요
청한다. 소크라테스가 되묻는다. "우리가 무언가를 판단하고자 할 때
다수의 의견을 따르는 것이 옳을까요, 아니면 앎에 준거하는 것이 옳
을까요?" 그러니까 만약 당신이 어떤 체육기술, 가령 합기도나 태권도,
레슬링 같은 것에 대해 '이 과목이 내 아이한테 가르칠 만한 것인가, 아
닌가'에 대한 답을 구하고 있다고 해보자. 당신 주변 사람들에게 물어
봐서 다수결로 정하는 것이 적절할까, 아니면 체육교사나 체육 전문가,
혹은 적어도 뛰어난 체육교사에게 훈련을 받아본 사람한테 조언을 구
하는 것이 더 적절할까? 소크라테스의 질문에 대해 멜레시아스가 우
리를 대변해서, '다수가 아니라 앎에 의거해서 판정되어야 한다'고 말
한다. 이제 애초 물음에 대한 답변의 방향이 변화를 맞게 된다. 우리에
게 가장 소중한 존재인 자식에 대한 물음이다. 그러므로 교육에 대한
조언을 구하려면 우리는 다수가 아니라 이 문제에 대한 전문가의 의견
을 따라야 한다. 그것도 영혼의 돌봄에 관한 앎을 갖추고 있는 사람 말
이다.

교육이란 자식의 영혼을 보살피는 것 이제부터 논의가 본궤도에 올라서게 된다. 중무장 전투술이 자식에게 가르칠 만한 과목인가 하는 질문이 궁극적으로 묻고자 하는 바가 무엇일까, 아니 무엇이 되어야 할까. 소크라테스는 우리가 눈병이 나서 눈병을 치료하는 약을 찾고 있을 때 우리가 관심을 두는 대상은 안약이 아니라 눈인 것처럼, 우리가 '내 아이에게 무엇을 가르쳐야 할까?'라는 질문을 할 때, 우리의 궁극적인 관심사는 '아이의 훌륭한 성장'이라고 우리를 일깨운다. 우리의 질문, 즉 '자식이 무엇을 배워야 할까'는 사실 '자식이 무엇을 배워야 훌륭한 사람이 될 수 있을까'를 축약한 질문이다. 결국 자식 교육에 관한 우리 질문의 궁극적 관심사는 '어떻게 하면 내 아이가 훌륭한 사람이 될 수 있을까'인 것이다. 소크라테스처럼 표현하자면, '어떻게 하면 내 아이의 영혼이 훌륭하게 될 것인가'가 자식 교육의 목표다. 그러므로 교육에 관한 우리의 질문들이 향하는 궁극적 숙고의 대상은 내 아이의 영혼이어야지, 한갓 교육 수단인 중무장 전투술일 수 없다. 이렇게 소크라테스는 우리 논의의 궁극적 목표가 '영혼의 보살핌'에 관한 것임을 일깨운다. 우리가 숙고해야 할 대상은 젊은이들의 영혼이다. 젊은이들의 영혼을 훌륭하게 만들기 위해 조언을 구하는 것이다.

우리는 태권도가 아이들에게 가르칠 만한 것인가에 대한 적절한 조언은 다수가 아니라 체육기술의 전문가인 체육교사에게서 얻을 수 있다고 했다. 그러니까 자식의 영혼을 보살피는 데 필요한 조언을 구하려면 영혼을 보살피는 기술을 가진 이를 찾아야 한다. 그렇다면 영혼의 보살핌에 관한 앎을 갖추고 있는 이는 누구일까?

애초 우리의 질문을 여기 이 질문으로 이끈 자는 소크라테스다.

뤼시마코스는 이제 소크라테스에게 자식 교육에 관한 조언에 참여해 줄 것을 요청한다. 그러나 정작 소크라테스는 이 문제에 관해서는 자신이 아는 바가 없으므로 조언을 할 만한 자격이 없다고 말한다. 그리고 재차 명망있는 명사인 니키아스와 라케스에게 자식 교육에 관한 조언을 구해보자고 권한다.

**소크라테스는 왜
조언자의 자격이 있을까**

이제부터 논의는 니키아스, 라케스와 소크라테스의 문답 대화로 진행된다. 니키아스와 라케스는 둘 다 소크라테스와 기꺼이 이 문제를 두고 대화를 나누고 싶어한다. 그런데 니키아스와 라케스는 소크라테스와의 문답 대화에 기꺼이 응한 까닭이 서로 다르다. 니키아스는 사실 이전에 소크라테스와 대화를 나눈 경험이 있다. 소크라테스와의 논의 방식에 익숙한 사람인 것이다. 그래서 그는 소크라테스와의 문답 대화가 대강 어떤 방향으로 나아갈지 예상한다. 단순히 해당 사안에 관해 이야기를 나누고 하나의 덕목을 검토하는 데에서 그치는 것이 아니라, 그 대화는 결국 내 삶을 송두리째 검토 받는 계기가 될 것이라고 예견한다. 그 과정이 굉장히 고통스러울 테지만 소크라테스와의 문답에 기꺼이 참여하겠노라고 그는 말한다. 소크라테스가 충분히 그럴 만한 자격이 있기 때문이다.

누구든지 소크라테스 선생과 대화를 하는 사람은, 혹 그가 먼저 다른 주제로 대화를 시작했더라도 그는 계속해서 이 사람에게 말로 이리저리 끌려다니지 않을 수 없을 터인데, 결국 지금 자신

4. 용기란 무엇인가

이 어떤 방식으로 살아가고 있으며 어떻게 지난 삶을 살았는지 자신에 관해 해명하는 상황에 이를 데까지 그렇게 될 것입니다. […] 저는 이 사람과 교제를 하고 있어서 기쁩니다. 그리 훌륭하지 않게 행했거나 행하고 있는 것을 상기하는 것은 전혀 나쁜 일이 아닙니다. 아니 오히려 남아 있는 삶을 위해 더욱더 미리 생각을 기울여야 합니다. […] 그리고 저는 오래전부터 대강 알고 있었습니다. 소크라테스 선생이 참석하게 되면 우리 논의는 청년들에 관해서가 아니라 우리 자신에 관해 이루어질 거라는 점을 말입니다.(187e7-188c1)

라케스 역시 소크라테스와의 문답에 기꺼이 참여하겠다는 의사를 밝힌다. 그 또한 과거에 소크라테스와 함께한 경험이 있다. 다만, 문답 대화의 경험은 아니다. 실전 경험이다. 그는 소크라테스와 함께 직접 전투에 참가한 적이 있다. 전장에서 그 자신이 직접 목격하기를, 소크라테스는 그 누구보다도 용기에 대해 말할 자격이 있는 사람이더라는 것이다. 말 잘하고 연설 잘하고 생각이 깊은데 행동은 안 하는 사람이 아니라, 전쟁터에서 그 누구보다도 용감하게 싸워서 진짜 용감한 모습을 보여준 사람이라고 라케스는 보고한다.

나는 말이오. 소크라테스 선생의 말들은 겪어보지 않았으나, 이전에 그의 행위들은 경험한 적이 있소. 거기서 나는 그가 훌륭한 말들과 온갖 솔직한 발언을 할 자격이 있다는 걸 알았소. […] 그날(델리온 전투 퇴각) 이후 나는 그를 그렇게 생각하고 있지요. 그날, 그는 나와 함께 위험을 헤쳐 나왔고, 선생 자신이 용맹하다는 증

토마 쿠튀르, 〈델리온 전투에 참전한 소크라테스〉, 1843, 캐나다 국립미술관

거를 보여주었죠. […] 그는 자신의 아름다운 음계를 뤼라나 놀이 악기가 아니라, 실제로 자신의 삶을 말과 행동이 일치하는 상태로 조율해낸 사람이오. […] 덕이나 지혜 같은 것에 대해 말하는 사람이 진짜 자신의 말값을 하고 있다면 그 사람이 진짜 음악적인 사람이지요. 말과 행동의 일치와 조화를 이룬 사람이니까요. 그런 사람과 대화를 나누는 것은 엄청나게 기쁜 일이지요.(188c5-189b8)

4. 용기란 무엇인가

**영혼을 보살피는 전문가는
무엇을 알고 있어야 하는가**　　앞서 진행된 대화에서 소크라테스는 중
　　　　　　　　　　　　　　무장 전투술이나 영혼의 보살핌 같은
교육 문제에 관해서는 다수가 아니라 제대로 아는 전문가의 조언을 듣
자고 제안했다. 자식 교육에 있어 가장 중요한 문제는 영혼을 보살피는
것이니 영혼 보살핌에 대한 앎을 지닌 이에게 자식 교육에 대한 조언
을 듣자는 것이다. 이제 새롭게 소크라테스가 던지는 두 번째 제안은
다음과 같다. 지금 우리는 자식을 훌륭한 사람으로 만들고자 조언을
구하고 있는데, 이는 자식의 영혼에 덕이 있도록 만들기 위함이다. 그
러므로 우리가 찾는 조언자는 덕에 대한 앎을 지닌 사람이어야 한다.
덕이 무엇인지 잘 알고 있어야 어떻게 하면 덕을 가장 훌륭하게 획득할
수 있는지에 관해서도 말할 수 있기 때문이다. 그런 사람만이 자식 교
육에 대해 조언할 자격이 있을 것이다. 그러므로 이제 '덕'이 무엇인지
(에 관해 잘 알고 있는지)에 대해 먼저 살펴보도록 하자. 그런데 이것을 검토
하다 보면 우리는 니키아스가 예견한 대로, 처음에 어떤 문제로 논의
를 시작했든지 간에 결국에는 소크라테스가 애초 목표로 삼은 문제로
끌려가게 될 것이고, 나아가 우리 삶이 송두리째 검토 받게 될 것이다.

　우리는 지금 '덕을 검토하는' 국면에 와 있다. 소크라테스는 영혼
을 보살피는 전문가를 찾는 일도 중요하지만, 좀 더 근원적인 문제를
먼저 검토하자고 제안한다. 덕의 본성을 검토하자는 것이다. 니키아스
와 라케스가 모두 이 제안을 받아들임으로써 본격적으로 소크라테스
와의 문답 대화가 시작된다.

　그런데 소크라테스가 덕이 무엇인지 알아보자고 제안하긴 했지
만, 덕을 전체적으로 다 살펴보는 것은 쉬운 일이 아니다. 그래서 대화
자들은 이 논의가 원래 중무장 전투술에서 시작됐으니 덕 중에서도

이 기술이 지향하는 덕이라고 여겨지는 용기에 대해 검토해보자며 그 범위를 좁힌다. 이렇게 해서 논의 주제가 덕의 본성을 고찰하는 데에서 용기의 본성을 고찰하는 것으로 전환된다. '용기란 무엇인가'는 이 대화편 『라케스』의 공공연한 명시적 주제다. 논의는 이제 용기에 대한 정의를 내리는 시도로 방향을 튼다.

용기란 제자리를 지키며 도망치지 않는 것　　용기가 무엇인지에 대해 라케스와 니키아스, 소크라테스가 나누는 문답 대화는 라케스의 정의에서 시작된다. 소크라테스가 묻는다. "용기란 무엇입니까?" 천상 군인인 라케스가 자신만만하게 대답한다. "용기가 무엇인지 말하는 건 어려운 일이 아니오. 용기란 대오를 지키면서 적들을 막아내고 도망치지 않는 것이오." 라케스에 따르면, 용기란 전투에서 물러서지 않고 제자리를 지키면서 도망치지 않는 것이다. 어떤가, 용기에 대한 정의로 그럴듯한가? 라케스의 정의는 용기가 무엇인지에 관해 무언가 말해주는 것 같기도 하지만, 다소 부족한 감이 있다. 아니, 다소 부족한 게 아니라 생각해보면 좀 많이 부족한 것 같다. 소크라테스가 부족한 그 지점을 파고든다. "자, 그럼 다음의 경우는 용감한 경우가 아닌지요? 적들과 싸우기는 하나 제자리를 지키지 않고 도망치면서 싸우는 경우는 어떠한가요? 잘 싸우기로 유명한 스퀴티아 기마병들도 스파르타 중무장 보병대도 전술상 때로는 퇴각하고 후퇴하면서 싸웁니다. 그리고 마침내 승리하지요."

문제제기를 하는 소크라테스 본인이 사실은 패주하는 와중에 용감무쌍한 모습을 보였던 당사자다. 소크라테스는 펠로폰네소스 전쟁 중 아테네가 보이오티아-스파르타에 참패하여 퇴각한 델리온 전투에 실제 참전했고, 이 전투의 퇴각 당시 용감하게 싸운 일로 사람들의 존경을 받았다. 꼭 앞으로 나아가는 상황에서만 용기가 요청되는 것은 아니다. 퇴각하고 물러서면서도 용기 있는 모습을 보일 수 있다. 대화편에서 소크라테스가 언급하는 예도 사정은 비슷하다. 스퀴티아 기병대와 스파르타 중무장 보병대는 단지 앞으로 나아가기만 하는 전법을 쓰지 않는다. 전투 국면에 따라 적절히 철수하며 퇴각하다가 유리한 고지에 서게 되면 적을 공격하여 아군의 승리를 이끌어낸다. 따라서 꼭 앞으로 나아가는 것만이, 또는 물러서지 않고 버티는 것만이 용기는 아니다. 때로는 물러서는 것도 용기다.

나아가 소크라테스는 본격적으로 라케스가 용기에 대해 내린 정의의 본질적 문제를 지적한다. 용기란 전쟁 상황에서만 발현되는 것인가? 사실 용기란 덕목은 우리의 온갖 일상사에서 요청되고 있지 않은가? 바다의 위험 속에서도, 질병과 맞설 때에도, 정치적 사안에서도 용기를 내야 하지 않는가? 고통에 맞서 싸우는 용기, 아니 심지어 쾌락에 맞서 싸우는 용기를 내야 하는 경우가 있지 않은가? 용감한 사람은 때로는 제자리를 지키기도 하고 때로는 물러서기도 하면서, 단지 전쟁 상황에서뿐만 아니라 다른 모든 상황에서도 존재한다. 소크라테스는 이 모든 상황에 동일하게 적용할 수 있는 용기의 정의를 라케스에게 요청한다.

그러니까 이런 방식으로 정의를 내려보시지요. 빠름이 무엇인가라는 물음에 '달리기할 때 긴 거리를 짧은 시간 안에 주파하는 것', '키타라 연주를 할 때 남들보다 많은 손놀림을 하는 것', 이런

방식으로 말고요, '짧은 시간에 많은 것을 해내는 힘', 이런 방식으로 말이지요.(192a1-b3)

우리가 어떤 것에 대해 그것이 무엇인지 제대로 말하려면 하나의 특수한 사례를 통해 제한된 국면으로 설명하는 것만으로는 부족하다. 모든 사례에 적용될 만한 다양한 국면을 설명할 수 있는 일반화된 방식의 정의가 필요하다. 소크라테스는 주관적 경험과 제한된 사유방식으로 정의된 용기가 아니라 모든 경우에 적용될 수 있는 일반화된 방식의 정의를 요청한다. 모든 경우에 동일하게 있는 그 힘인 용기란 무엇일까?

용기란 현명하게 버티는 것 "용기란 버티는 것이오. 영혼의 어떤 꿋꿋함, 영혼의 인내지요." 라케스는 용기에 대한 자신의 정의를 수정한다. 어떤가, 그가 처음 내린 정의보다 나아 보이는가? 좀 나아 보이기는 하지만, 여전히 뭔가 부족해 보인다. 무조건 버틴다고 다 용기는 아닌 것 같기 때문이다. 마냥 버티기만 하는 것이 항상 좋은 결과를 초래하는 것도 아니다. 오히려 그렇지 않은 경우도 많다. 그래서 소크라테스는 제안한다. "용기가 인내라면, 용기는 덕목이고 좋은 것일 터이니, 좋은 것으로서의 용기는 어리석은 인내가 아니라 현명함이 동반된 인내여야 할 것 같습니다." 그러니까 무조건 버티는 것보다 '현명하게 버티는 것, 현명한 인내'가 용기라는 덕목에 더 걸맞은 정의인 것 같다는 것이다. 라케스도 이에 동의를 표한다.

그런데 용기를 현명한 인내라고 정의할 때, 이 현명함은 무엇에 관련된 현명함인가? 다시 소크라테스는 라케스에게, 그리고 우리에게 현명함의 대상과 의미에 대해 면밀히 검토해볼 것을 촉구한다. 제대로 알아야 제대로 행동할 수 있다. 이런 경우는 어떠한가? 돈벌이에 현명한 사람, 돈을 잘 벌고 돈 버는 걸 좋아하는 사람이 있다고 해보자. 돈을 좋아해서 주머니에서 돈이 빠져나가는 게 싫지만 돈을 잘 벌려면 쓸 줄도 알아야 하는 법이다. 적절히 투자해야 재산을 불릴 수 있으니 말이다. 돈 쓰는 게 싫지만 꾹 참고 돈을 풀어야 재산을 불릴 수 있다는 것을 알기 때문에 현명한 재산가는 투자를 한다. 그런데 이런 행위가 현명한 인내인 것 같긴 한데, 이런 행위를 용기라고 할 수 있을까? 현명하게 꾹 참고 돈을 쓰는 사람을 용감하다고 할 수 있을까? 우리는 일반적으로 이런 사람을 돈벌이에 능하다고 하지, 용감한 자라고는 하지 않는다.

이번에는 현명한 의사가 있다고 해보자. 그의 아들이 폐렴에 걸린 상태인데 병증이 굉장히 위중해서 치료를 위해 현재 아무것도 먹거나 마시면 안 되는 상황이다. 환자인 아들은 계속해서 물과 먹을 것을 요청하지만, 현명한 의사는 병이 어떻게 진행될지 잘 알고 있으므로 아들의 치료를 위해 먹을 것을 주고 싶어도 꾹 참고 주지 않는다. 이처럼 현명하게 꾹 참고 먹을 것을 주지 않는 이 의사더러 우리는 용감하다고 하는가? 치료를 잘하고 현명하긴 하지만, 우리는 그에게 용감하다고 말하지 않는다.

이번에는 반대의 경우를 살펴보자. 현명해 보이지는 않는데 용감해 보이는 경우들이 더러 있다. 소크라테스가 드는 사례는 이렇다. 전장에서 전투를 벌이고 있는데, 현명하게 잘 계산하여 적들보다 유리한 고지에 있고 이곳에서 버티고 있으면 절대로 질 수 없다는 걸 잘 알고

서 거기에 버티고 있는 자가 있다. 반면, 적진에 혼자 남아 거기에서 버티려고 하는 자가 있다. 이 두 사람 중 누가 더 용감한가? 유리한 고지에 남아 명백한 승리가 예측되는 상황에서 버티고 있는 자인가, 아니면 불리한 적진에서 생명이 위태로운데도 홀로 남아 버티는 자인가? 전장에서 기마술이든 궁술이든 투석술이든 전투기술을 잘 알고 버티는 자와 아무런 전투기술도 모르고서 버티는 자가 있다고 한다면, 둘 중 누가 더 용감하다고 할 수 있는가? 또한 강에 빠진 아이를 구하려고 하는데, 수영을 할 줄 알고서 강에 뛰어드는 자와 수영을 할 줄 모르는데도 강에 뛰어드는 자 중 누가 더 용감한가? 앎보다 행동이 더 중요하다고 생각하는 천상 군인인 라케스는 적진에 있는 사람, 전투술이 없는데도 전투에서 버티는 사람, 수영을 할 줄 모르면서도 아이를 구하려고 뛰어드는 사람이 더 용감하다고 말한다.

이제 라케스에게 난처한 질문과 지적이 따른다. 소크라테스는 앞서 우리가 어리석은 인내는 나쁜 것이라는 점에 동의했다고 지적한다. 어리석음을 동반한 인내는 훌륭한 것이 아니라 수치스럽고 해로운 것이어서 우리는 그것을 용기라 할 수 없다고 했다. 그런데 이제 라케스가 앎이 없는데도 버티는 자가 더 용감하다고 한다면, 그건 '어리석은 인내가 용기'라고 말하는 셈이 된다.

이렇게 해서 소크라테스가 여러 가지로 든 구체적인 예시 사항에 관해 라케스가 들려준 생각은 그가 수정하여 내세웠던 '용기란 현명한 인내'라는 주장과 모순된다. 소크라테스의 이 논박은 '용기란 현명한 인내'라고 한 라케스의 주장이 라케스가 삶에서 체화하여 정말 그렇다고 생각하고 펼친 주장인지, 아니면 그저 상식적인 수준에서 판단한 피상적 주장일 뿐인지를 검토하고 있다.

라케스가 울그락불그락 화를 낸다. 하지만 우리의 라케스는 건강한 사람이다. 그 화가 자신을 논박한 소크라테스를 향하지 않고 자신에게 향해 있기 때문이다. 라케스는 자신이 용기에 관한 어떤 앎을 갖고 있다고 자부하며(다시 말하지만, 라케스는 군인이자 장군이다) 용기에 대한 정의를 내놓았지만, 논의를 진행해갈수록 자신의 정의와 주장이 수준 미달일 뿐만 아니라 자기 모순적이라는 점을 깨닫게 된다. 게다가 자신의 자기 모순적 상황이 왜 일어났는지도 잘 모르겠다. 자신이 아포리아에 빠진 것을 확인하고 라케스는 스스로에게 화를 내고 있는 것이다. 반면, 대부분의 아테네 시민들은 이럴 때 소크라테스에게 화를 냈었다. 아테네의 등에 역할을 자처한 소크라테스가 얼마나 미웠으면 화를 내는 데 그치지 않고 소크라테스를 재판에 회부하고 결국에는 독배를 마시게 하지 않았는가. 우리는 대개 논의에서 논박당하면 상대를 비난하고 화를 내곤 한다.

용기란 두려워할 것과 대담하게 해도 되는 것들에 대한 앎이다 용기에 대한 라케스의 정의가 논박되자, 이제 니키아스가 용기에 관한 자신의 생각을 드러내기 시작한다. "용감한 자는 지혜로운 자요. 제대로 앎을 갖추지도 않고, 그냥 욱해서 감정에 이끌려 행동부터 나가는 사람은 만용을 부리고 있는 것이지 용감한 것은 아니지요. 용감한 자는 지혜로운 자이어야 하오." 라케스와 소크라테스 간의 대화를 옆에서 가만히 지켜보던 니키아스가 말한다. "니키아스 님, 당신은 용기를 일종의 지혜라 여기고 있군요. 당신이 지혜라고 말한 것은 무엇에 대한 지혜인가요? 키타라 연주기술, 키타라를 잘 치는 연주에 관한 지혜, 이런 걸 이야기하는 건 아니지요?" 소크라테스가 캐묻는다. 니키아스는 그런 건 당연히 지혜가 아니라고 화답한다. "그렇다면 제대로 된 정의를 내려보시지요."

니키아스가 용기에 대해 내린 첫 번째 정의는 '용기란 두려워할 것과 대담하게 할 수 있는 것에 대한 앎'이라는 것이다. 전쟁에서든 다른 모든 상황에서든, 삶에서 결단을 내리는 순간마다 두려워할 것이 무엇이고 대담하게 행해도 좋은 것이 무엇인지를 잘 알고 있는 것, 이것이 용기라고 말한다.

움직이고 행동하는 것이 용기의 핵심이라고 여기는 라케스가 끼어들어 용기는 지혜와 다른 것이라고 반박한다. 라케스는 의사든 농부든 장군이든, 각 기술 분야의 앎을 잘 갖추고 있는 이들은 각자의 기술 영역에서 무엇을 두려워해야 하고 무엇을 감히 해도 되는지 잘 알고 있지만, 그렇다고 해서 그들이 용감하다고 여겨지지는 않는다고 반론한다. 즉 두려워할 것과 대담하게 할 수 있는 것에 대한 앎이 있다고 해서 용감하다고 하지는 않는다는 것이다. 라케스는 자신이 논박당했듯 니키아스도 논박당하길 원한다. 나아가 용기란 움직이고 행동하는 것과 관련된 것이지 지혜가 아님을 명백히 하고 싶다.

니키아스는 차근차근 라케스가 제시한 반론의 부당함을 지적한다. 라케스가 드는 사례들은 문제가 있는데, 그 사례들에 등장하는 전문가인 의사와 농부와 장군은 해당 분야에만 그들의 앎이 한정적으로 적용될 뿐, 삶과 죽음의 전 과정에서 무엇이 좋고 나쁜지에 대한 앎을 갖고 있는 이들은 아니라는 것이다. 그들이 갖고 있는 앎이란 해당 기술 영역만의 앎이지 삶 전체에 관한 앎은 아니기 때문에, '두려워할 것과 대담하게 행동할 수 있는 것에 대한 앎이 용기'라고 할 경우 그들이

해당 분야에서 쌓은 전문지식의 앎은 용기와 상관이 없는 것이다. 따라서 니키아스의 지적은 용기에 대한 자신의 정의를 제대로 이해한다면, '용감한 자란 죽음과 삶의 전 과정에서 무엇이 두려워할 것들이고 무엇이 두려워하지 않을 것들인지 아는 자'라고 생각해야 한다는 것이다.

니키아스는 알고 있는 것을 제대로 실천했는가 라케스는 죽음과 삶의 과정에서 무엇이 두려워할 것이고 무엇이 대담하게 할 수 있는 것인지를 아는 자는 바로 예언자를 두고 하는 말인데, 그렇다면 니키아스는 한갓 예언자를 두고 용감한 자라고 이르는 것이라고 비아냥거린다. 물론 니키아스는 라케스의 비아냥을 거부한다. 예언자는 어떤 이에게 죽음이 있거나 병이 생기거나 재산의 손실이 일어날 것인지, 또는 전쟁에서 승리하거나 패배할 것인지와 같이 앞으로 일어날 일에 대한 징표를 말하지만, 어떤 이가 어떤 일을 겪는 것이 더 좋은지 그렇지 않은지를 판정할 수는 없다고 말한다. 니키아스의 이 발언에 덧붙여 소크라테스는 전쟁에 관한 일의 경우, 지휘술의 앎을 갖추고 있는 장군이 해당 전쟁 상황에서 앞으로 일어날 일들에 대해 가장 잘 가늠하고 예측하는 사람이기 때문에, 장군은 예언자를 섬길 것이 아니라 예언자를 지배해야 한다고 말한다. 그래서 법은 예언자가 장군을 지배하지 않고 장군이 예언자를 지배하도록 규정하고 있다고 설명한다.

이 장면은 상당히 흥미롭다. 용기에 대한 니키아스의 정의, 즉 '용기란 두려워할 것과 대담하게 할 수 있는 것들에 대한 앎'이라는 정의는 행동이나 의지보다 앎을 더 중요하게 생각하는 니키아스의 주지주의적인 성격을 드러낸다. 그런데 이 정의가 용기에 대한 정의로서 힘을 발휘하려면 갖추어야 할 것이 있다. 잠깐 대화편을 벗어나서, 역사상 펠로폰네소스 전쟁 당시 정치가이며 장군으로서 유명했던 니키아스의 행적을 살펴보자. 대화편의 이 장면과 연관해서 주목받는 역사적 사실이 하나 있다. 대화편 안에서 직접 언급되고 있지는 않지만, 니키아스는 훗날 시칠리아 원정에서 예언자의 조언에 따라 아테네군의 철군을 유예하여 아테네군의 패배를 초래한다. 대화편에서 니키아스는 '예언자는 앞으로 일어날 일들에 대한 징표만 아는 자이지 무엇을 해야 할지 판단하는 자는 아니다'라고 말하지만, 역사의 실재 인물인 니키아스는 시칠리아 원정에서 월식 때문에 예언자의 조언에 따라 철군을 27일이나 미루었고, 이로 인해 적절한 철군 시기를 놓친 아테네군은 패배를 맞이했다.(투퀴디데스,『펠로폰네소스 전쟁사』7.50) 작가 플라톤이 의도한 실재 인물 니키아스의 행동과 대화편에 등장하는 니키아스의 발언의 대비는 바로 니키아스라는 캐릭터의 행동과 말의 대비이기도 하다. 이 대화편이 쓰이고 읽혔을 간격을 고려하면 이 대화편의 독자들은 이미 니키아스의 패배와 죽음, 그리고 그와 관련한 아테네의 정황을 잘 알고 있었을 것이다. 다시 말해 대화편의 독자들은 니키아스의 말과 행동의 불일치를 알고 있으며 대화편에서 들려주는 니키아스의 발언들에서 공허함을 느끼고 있었다. 라케스의 비아냥은 플라톤의 비아냥이다.

용기와 만용은 다르다　　　다시 대화편으로 돌아와서 '용감한 자란 죽음과 삶의 전 과정에서 무엇이 두려워할 것들이고 무엇이 두려워하지 않을 것들인지 아는 자'라는 니키아스의 반론에 귀를 기울여보자. 니키아스의 반론이 마뜩잖은 라케스는 짜증을 낸다. 라케스가 보기에 니키아스의 반론은 같은 말 안에서 빙빙 돌고 있을 뿐이다. 결국 니키아스의 반론은 용기 있는 자란 지혜로운 자라는 선언의 다른 표현일 뿐이고, 용기의 핵심을 행동이라 생각하는 라케스에게 그건 정말 이상한 규정이었다. 그래서 라케스가 보기에는 (자신처럼) 니키아스도 자기 모순적인 상황에 빠져 있는데, 니키아스가 그걸 인정하지 않고 요리조리 빠져나가는 것이 마음에 들지 않는다. 하지만 사실 니키아스는 라케스가 아직 포착하지 못한 용기에 관한 중요한 사항을 세심하게 건드리며 제법 조리 있게 드러내고 있다.

이제 소크라테스가 나서서 '용기란 두려워할 것들과 대담하게 할 수 있는 것들에 대한 앎'이라는 니키아스의 정의를 검토하기 시작한다. 감정이 격해져 논의에서 빠지려고 하는 라케스를 달래며, "이건 우리 공동의 논의여야 합니다. 빠지면 안 되지요. 당신은 용기를 버티는 것이라고 주장했으니, 당신 말대로 용기가 인내라면 그 용기가 당신을 비웃지 않도록 이 논의에서 버티시지요"라고 말하면서 그를 논의 속에 머무르게 한다.

이어서 소크라테스는 크롬뮈온의 돼지(테세우스 모험신화에 나오는 흉포한 야수)처럼 신화 속 온갖 무시무시한 야수들을 용감하지 않다고 하는 것인지, 아니면 그런 야수들의 용기를 인정한다면 그들이 지혜롭다는 점도 인정한다는 것인지 묻는다. 라케스가 의기양양하게 끼어들어, 우리 모두가 용감하다고 동의하는 이 야수들에 대해 니키아스 혼자 용감하지 않다고 어깃장을 놓을 것인지, 아니면 니키아스의 주장에 따라 그런 야수들 또한 지혜롭다고 할 것인지 들어보자고 한다. 라케스는 용기에 대한 니키아스의 정의가 부조리하다고 지적하고 싶은 것이다.

라케스의 바람과 예상과는 달리, 니키아스는 단연코 그런 야수들은 지혜롭지도 않고, 용감한 것도 아니라고 대답한다. "우리는 생각이 없어 아무것도 두려워하지 않는 아이들을 용감하다고 부르지 않지요. 용감한 것과 겁이 없는 것은 같은 것이 아닙니다. 용기와 만용은 다른 것이오. '용기'와 '미리 생각함'은 극히 소수의 사람들만 갖추고 있지요. 많은 사람들에게서 보이는 '무모함' '만용' '앞일을 생각하지 않는 겁 없음', 이런 것들을 당신과 많은 이들은 용기라고 부르고 있소만, 나는 야수들뿐만 아니라 생각 없이 행동이 앞서는 사람, 두려워할 것과 감히 해도 되는 것이 무엇인지 몰라 그것들을 구분하지 못하고 앎 없이 행동하는 사람은 용감한 것이 아니라 그냥 겁이 없고 아둔한 것이라고 말하겠소." 니키아스는 앞뒤를 가리지 않고 행동이 앞서는 것은 용감한 게 아니라 무모한 것이라고 말하고 있다. 천상 군인이자 장군이며, 말이나 생각보다 행동이 더 가치 있다고 생각하는 라케스로서는 니키아스의 이런 발언이 모욕적으로 여겨져 몹시 화를 낸다. 니키아스는 "당신에게서 용감한 자라는 영예를 뺏으려는 게 아니니 대담하게 구시구려. 난 당신이 지혜롭다고 생각한다오, 당신이 용감한 한에서"라며 라케스를 달래지만, 오히려 화를 돋운다.

용기란 삶의 모든 시점에 있는 모든 좋은 것들과 나쁜 것들에 대한 앎이다

이제 마지막으로 소크라테스와 니키아스의 문답 과정을 들여다보자. 소크라테스는 질문을 시작하면서, 우선 대화자들이 모두 용기를 덕의 부분이라고 여기고 용기에 대한 논의를 시작했음을 상기시킨다. 그리고 조금 전 니키아스는 용기란 두려워해야 할 것들과 대담하게 행할 수 있는 것들에 대한 앎이라고 말했다. 두려움을 주는 것들은

4. 용기란 무엇인가

두려워해야 할 것들이고 두려움을 주지 않는 것들은 대담하게 행동할 수 있는 것들일 터인데, 두려움이라는 것은 미래에 있게 될 나쁜 것에 대한 예상이라고 할 수 있다. 따라서 장차 있게 될 나쁜 것은 두려워해야 할 것이고, 미래에 있게 될 나쁘지 않거나 좋은 것들은 대담하게 행해도 괜찮은 것들이 된다. 이를 정리하면 용기란 '장차 있게 될 나쁜 것들과 좋은 것들에 대한 앎'이다.

용기에 대한 수정된 이 정의에 니키아스가 동의한다. 그러나 소크라테스는 용기란 '미래'의 좋은 것들과 나쁜 것들에 대한 앎이라는 정의가 부당하다고 새롭게 지적한다. 소크라테스가 집요하게 파고드는 지점은 '앎'의 '시간성'이다. 소크라테스는 어떤 하나의 진정한 앎은 그저 미래의 일이 아니라 과거와 현재와 미래의 전 시점의 일에 대한 전문지식을 가지고 있는 상태를 가리킨다고 설명하고, 이에 대해 니키아스의 동의를 이끌어낸다. 가령, 우리가 의술이라 부르는 건강에 관한 앎의 경우, 그 앎을 갖고 있는 의사는 이 병이 과거에 어떻게 진행되어 왔고 지금 어떻게 진행되고 있으며 또 앞으로 어떻게 진행되어가리라는 것을, 즉 특정 시점이 아니라 모든 시점에 걸쳐서 이 병이 어떻게 진행되고 있는가에 대한 전체적 앎을 갖추고 있다. 마찬가지로 이제 용기가 앎인 한에서, 용기는 단지 장차 있게 될 좋은 것들과 나쁜 것들에 대한 앎이 아니라 모든 시점에 있는 좋은 것들과 나쁜 것들에 대한 앎이어야 한다. 따라서 용기가 '두려워할 것들과 대담하게 행동할 수 있는 것들에 대한 앎', 혹은 '장차 있게 될 좋은 것들과 나쁜 것들에 대한 앎'이라는 니키아스의 정의는 용기의 삼분의 일에 대해서만 설명한 셈이다. 니키아스가 동의한 모든 것들을 종합하면, 용기란 그저 두려워할 것들과 대담하게 행동할 수 있는 것들에 대한 앎이 아니라, '모든 시점

에 있는 모든 좋은 것들과 나쁜 것들에 대한 앎'이라는 결론이 따라나
온다.

소크라테스의 논박에 따라 니키아스가 동의할 수밖에 없었던 용
기에 대한 니키아스의 최종 정의는 이제 '용기란 모든 시점에 있는 모
든 좋은 것들과 나쁜 것들에 대한 앎'이 된다. 그런데 이 정의는 정말
용기에 대한 정의일까? 이 의구심의 정체를 선명하게 드러내면서 소크
라테스는 다시 새롭게 다음과 같은 문제를 제기한다. 모든 좋은 것들
과 나쁜 것들이 어떻게 일어나고 일어날 것이며 일어났는지를 완전히
아는 것을 용기라고 한다면, 이 정의에 따라 이 모든 것을 다 아는 용
감한 이는 단지 용기의 덕목만을 갖추고 있는 이가 아닐 것 같다. 그는
절제라든가 정의, 경건이라는 덕목도 마찬가지로 결여하지 않고 잘 갖
추고 있는 사람일 것 같다. 왜냐하면 모든 시점에 있는 모든 좋은 것들
과 나쁜 것들에 대한 앎을 갖고 있는 사람은 모든 일에 대해서 두려워
할 것과 그렇지 않아야 할 것에 조심스럽게 대처할 능력이 있고, 이런
것들을 제대로 다룰 줄 알아서 좋은 것들을 마련하는 능력이 있는 사
람일 것이기 때문이다. 따라서 '모든 시점에 있는 모든 좋은 것들과 나
쁜 것들에 대한 앎'이란 정의는 단지 덕의 부분으로서 용기에 대한 것
이 아니라 지혜나 절제나 정의 등과 구별되지 않는 덕 전체에 대한 정
의라고 해야 한다.

우리 자신의 영혼을　　자, 이제 대화편은 용기에 대한 라케스의 정의
돌보기 위해　　　　　와 니키아스의 정의가 모두 적절하지 않은 것
으로 판명이 났다고 선언한다. 대화편은 대화자들이 모두 아포리아 상

황에 봉착했음을 알리며, 다른 초기 대화편과 마찬가지로 '당신도 모르고 나도 모르니, 우리 이제부터 이 문제에 대해 제대로 살펴봅시다' 하고 권한다. 라케스와 니키아스는 이에 화답하며 뤼시마코스에게 자신들은 모두 용기에 대해 모르는 자라는 것이 드러났으므로 젊은이들의 교육에 관해서는 니키아스와 라케스 자신들이 아니라 소크라테스에게 조언을 구하도록 재차 권유한다.

소크라테스는 소크라테스답게 '당신들만 아포리아에 빠진 것이 아니라 나도 그렇고 잘 모른다'며 교육에 대한 조언자 역할에 손을 내젓는다. 알면서도 모른다고 하는지, 진짜 몰라서 모른다고 하는지 헷갈리지만, 소크라테스는 계속해서 '당신들도 나도 모두 아포리아에 빠져 있고 우리 모두 모르는 자이니, 아이들뿐만 아니라 우리 자신을 위해서, 함께 이 문제에 대한 훌륭한 선생을 찾도록 하자'고 제언한다. 아이들이 문제가 아니라 우리 자신의 무지가 문제라는 것이다. 우리는 늘, '아이들한테 뭘 가르쳐야 하지? 중무장 전투술을 가르쳐야 하나? 덕이란 뭐지? 용기는 뭐고 지혜는 뭐야?'라고 말하지만, 정작 우리는 그것을 왜 가르쳐야 하는지, 심지어 그것이 무엇인지도 잘 모르면서 아이들에게 배우라고 하고 있다. 그러니까 먼저 살펴야 할 것은 아이들의 영혼이 아니라 나 자신의 영혼인 것이다. 이제 자식 교육에 대한 조언을 요청하며 이 대화를 시작한 뤼시마코스가 소크라테스의 제언에 자신이 나이가 제일 많은 만큼 가장 열정적으로 젊은이들과 함께 이 문제에 관해 숙고하겠노라고 화답하면서 이 대화는 끝이 난다.

대화편은 이렇게 용기에 대해 제대로 숙고해보라고 요청하며 마무리된다. 용기의 앎과 행동의 양 측면을 드러내면서 모름지기 용기라면 이런 면모들을 다 갖추고 있어야 하지 않겠는가라는 질문을 던지되, 끝까지 용기가 무엇인지에 관한 명쾌한 답은 주지 않는다. 그래서인지 이 대화편을 읽고 나면 답답함을 느끼게 된다. 마지막에 소크라테스가 정답을 제시해야 할 것 같은데 그렇지 않기 때문이다. 어쩌면 대화편의 대화 속에 정답의 단초들을 숨겨놓았을 수도 있고, 우리가 느끼는 답답함이 이 대화편의 목표일 수도 있다. 소크라테스는, 그리고 대화편은 용기가 무엇이어야 하는지를 우리 자신이 직접 찾아내야 한다고 요청하는 것 같다. 여러분은 과연 용기에 대해 어떤 정의를 내리겠는가?

　　　　　　　　　　　　　　　　4. 용기란 무엇인가

서양 문화는 흔히 죄책 문화의 관점에서 이해되곤 한다.

그러나 이는 중세 이래의 기독교 전통에 국한된 일이다.

서양 고대로 거슬러 올라가면 수치 문화의 오랜 전통을

간직하고 있음을 알 수 있다. 특히 그리스인들은 호메로스 이래

수치심에 대해 아주 예민한 감수성을 가지고 있었다.

이 글은 호메로스의 아킬레우스와 소포클레스의 아이아스를

'향외적 수치'와 '향내적 수치'를 대비하여 분석한다.

또한 플라톤의 소크라테스가 전통적인 수치심의 양상을

어떻게 비판하는지, 그리고 어떤 유형의 새로운 수치를

발견하는지를 탐문한다. 우리는 이런 시도를 통해 플라톤의

소크라테스가 심리학적으로 전통 문화와 어떻게 씨름하는지를

이해할 수 있다.

5

그리스 영웅들의 수치심과
소크라테스의 향내적 수치

정준영

윤동주의 부끄러움과
상처로서의 수치심

파란 녹이 낀 구리 거울 속에
내 얼굴이 남아 있는 것은
어느 왕조의 유물이기에
이다지도 욕될까.

나는 나의 참회의 글을 한 줄에 줄이자.
— 만 이십사 년 일 개월을
무슨 기쁨을 바라 살아왔던가.

내일이나 모레나 그 어느 즐거운 날에
나는 또 한 줄의 참회록을 써야 한다.
— 그때 그 젊은 나이에
왜 그런 부끄런 고백을 했던가.

밤이면 밤마다 나의 거울을
손바닥으로 발바닥으로 닦아보자.

그러면 어느 운석 밑으로 홀로 걸어가는
슬픈 사람의 뒷모양이
거울 속에 나타나 온다.

이 시는 우리 모두가 사랑하는 시인 윤동주의 「참회록」이다. 그의 시를 읽어 내려가다 보면 윤동주에게 부끄러움이 얼마나 중요한 역할을 하는지 충분히 확인할 수 있다. 아마도 윤동주는 나라를 빼앗긴 스스로가 욕되다고 비판하는 듯하다. 그는 자신을 구리 거울에 비친 얼굴로 묘사하면서 부끄러운 마음으로 바라보고 있다. 이런 형태의 부끄러움은 단순한 수줍음과는 다르다. 윤동주의 부끄러움은 자신을 거울에 비추어봄으로써 생기는 성찰적 부끄러움이다. 이 지점에서 우리는 반성적 감정으로서의 부끄러움을 만날 수 있다.

그렇다면 부끄러움이란 일반적으로 어떤 감정일까? 윤동주의 시에서 보듯이 모든 부끄러움은 반성적일까? 여기서는 부끄러움을 '수치심'이라는 좀 더 넓은 맥락에서 다루어보고자 한다. 사실 한국인의 정서 저변에 수치의 심리가 깊숙이 자리하고 있다는 점에 대해서는 따로 논증할 필요가 없을 것이다. 그러나 정작 수치심을 규정하려고 하면 딱 부러지게 단정해서 말하기가 어렵다. 우리에게 아주 익숙한 정서가 낯설게 느껴질 수도 있는 것인데, 이는 수치의 심리에 겉으로 드러난 것 이상의 깊고 넓은 지평이 놓여 있기 때문이다.

현대 심리학에서 자기 자신을 부끄럽게 여기는 수치심은 자기 존재를 부정적으로 평가하는 감정이기 때문에 낮은 자존감의 원인으로 간주되기도 한다. 학술적으로 엄밀한 견해가 아닐 수도 있지만, 예를 들어 상처 입은 '내면 아이(inner child)'가 가장 일반적으로 느끼는 감정이 수치심이라는 점에서 수치심을 극복해야 할 정서적 상처로 인식하고 마음의 질병처럼 여기는 경우도 있다. 부끄러움을 '수치심'이라는 개념에서 포괄적으로 접근하게 되면, 윤동주의 경우처럼 긍정적인 형태의 수치심을 만날 수도 있지만, 치유해야 할 상처의 감정으로 수치심을 대면할 수도 있다. 이는 수치심이 여러 형태로 발현되는 감정임을

5. 그리스 영웅들의 수치심과 소크라테스의 향내적 수치

시사한다.

이 글은 이와 같은 문제의식에 기반해서 고대 그리스인들이 수치의 심리를 어떤 식으로 체험하며 어떤 의미로 받아들였는지 살펴보고자 한다. 우리가 서양문화를 고려할 때 흔히 근대 시기에만 초점을 맞추어서 죄책 문화(guilt culture)라는 관점에서만 접근하는데, 이와 달리 서양의 고대는 수치 문화(shame culture)의 양상을 보인다는 점에 주목할 필요가 있다. 따라서 이 글에서는 우선 고대 그리스에서 나타나는 수치의 심리를 호메로스의 서사시와 소포클레스의 비극을 통해 분석적으로 해명한다. 그런 다음 플라톤의 초기 대화편에서 형상화하는 소크라테스가 전통의 수치심을 어떤 식으로 비판하는지 살펴보고자 한다. 궁극적으로는 일반적으로 알려진 것과 달리, 소크라테스가 감정에 무관심한 철학자가 아니었다는 점을 밝히는 것이 이 글의 목적이다. 이런 시도들을 통해 고대 그리스에서 '수치의 심리'에 대한 다양하고 심층적인 탐문과 모색이 있었다는 점이 드러나게 될 것이다.

『일리아스』에서 영웅 아킬레우스의 분노

호메로스의 『일리아스』는 서양 최초의 문헌이다. 이 서사시는 트로이아 전쟁이 배경이다. 그리스 연합군은 트로이아로 먼 원정을 떠났지만, 10년이 되도록 우열을 가리지 못하고 지지부진한 전황에 놓여 있다. 이때 그리스 연합군에 역병이 돈다. 이 문제를 놓고 논쟁을 벌이다가 총사령관 아가멤논과 그리스 최고의 용사인 아킬레우스가 심각한 갈등을 빚게 되는데, 아가멤논이 아킬레우스에게 전리품으로 배분된 여인 브리세이스를 빼앗으려 들면서 갈등이 증폭된다. 결국 이 일로 아킬레우스의 분노가 하늘을 찌르는데 『일리아스』는 바로 이 아킬레우스의 분노를 동기(leitmotif)로 시작된다.

노래해주소서, 여신이시여!
펠레우스의 아들 아킬레우스의 분노를,
아카이오이족에게 헤아릴 수 없이 많은 고통을 가져다주었으며
숱한 영웅들의 굳센 혼백들을 하데스에게 보내고
그들 자신은 개들과 온갖 새들의 먹이가 되게 한
그 파멸적인 분노를! 인간들의 왕인 아트레우스의 아들과
고귀한 아킬레우스가 처음에 서로 다투고 갈라선 그날부터
이렇듯 제우스의 뜻은 이루어지고 있었다.
– 『일리아스』, I.1-7. 천병희 역(숲, 2015)을 다소 수정함

원문의 어순에서는 '분노'를 가리키는 낱말인 'mēnis'가 맨 처음에 등장한다. 호메로스 이래 고대 서사시에서 시의 첫 낱말은 시 전체를 이끌어가는 주제어다. 아킬레우스로서는 아가멤논이 총사령관이랍시고 자신의 전리품을 빼앗아가는 짓이 달가울 리 없다. 그래서 아킬레우스가 화를 내는 상황은 쉽사리 이해된다. 그런데 이 분노 때문에 아킬레우스는 아예 전투에 참여하지 않는다. 과연 이 사태가 전투에 참여하지 않을 정도로 화를 낼 만한 일인가? 아니 그보다도 아킬레우스의 분노가 서사시의 주제어로 삼을 만큼 엄청나게 중요한 이유는 무엇인가?

미셸 드롤랭, 〈아킬레우스의 분노〉, 1810

아킬레우스의 수치심과 향외적 수치

아킬레우스의 분노는 속 좁은 토라짐 차원의 것이 결코 아니다. 그것은 공동체 안에서 자기 존재의 위기를 표현한 것으로 볼 수 있기 때문이다. 그는 자신의 전리품을 빼앗기는 것을 그리스 연합군 안에서 자신의 위신과 지위가 근본적으로 손상되는 사태로 인식한다. 아킬레우스는 자신이 아무런 명예도 없는 재류외인(metanastēs)으로 취급된다고 생각한다(IX.648). 이는 공동체 안에 자신이 자리할 장소가 없다는 인식을 표현한 것이라고 할 수 있다. 나아가 아킬레우스는 이 문제를 분배의 공정성 문제로까지 인식한다(I.166-171. 참고). 따라서 아킬레우스가 느끼는 분노의 감정에는 정치적 차원의 심층이 놓여 있는 셈이다. 그런데 이 글의 주제와 관련해서 아주 흥미로운 점은 아킬레우스가 아가멤논에게 분통을 터

뜨릴 때 사용하는 표현들과 그 표현들이 함축하는 뉘앙스다.

> 그대, 너무도 파렴치한 자(anaides)여! 우리가 그대를 따라 이곳에
> 온 것은
> 메넬라오스와 그대를 위하여 트로이인들을 응징함으로써
> 그대를 기쁘게 해주기 위함이었소, 개 낯짝을 한 이여(kynōpa)!
> 그런데 이런 사실은 염두에 두지도, 아랑곳하지도 않고
> (⋯⋯)
> 내 명예의 선물을 그대가 몸소 빼앗아 가겠다고 위협하다니!
> ─『일리아스』, I.158-161. 천병희 역을 다소 수정함

아킬레우스는 아가멤논을 '파렴치한 자(anaides)'라고 비난한다.
'anaides'는 수치 또는 염치를 뜻하는 'aidōs'의 부정어다. 아킬레우스는
아가멤논의 염치없음을 비난하고, 곧바로 '개 낯짝을 한 이(kynōpa)'라고
욕지거리를 해댄다. 'kynōpa'는 개를 뜻하는 'kyōn'과 얼굴을 뜻하는
'ōpos'의 합성어다. 아킬레우스는 아가멤논의 '사회적 얼굴', 즉 체면을
깎아내리기 위해 모욕적인 언사를 사용한다. 자신이 '모욕을 받은 자
(atimos)'(I.170)라고 인식하고, 받은 것을 그대로 되돌려주고 있는 셈이다.
　우리는 이 지점에서 두 가지를 확인할 수 있다. 하나는 아킬레우
스가 받은 만큼 되돌려주려는 상호주의 태도를 취하고 있다는 점인데,
이를 보통 '상호성의 윤리(ethic of reciprocity)'라고 한다. 다른 하나는 모욕
에 민감한 그의 수치심이 사회적 얼굴과 관련되어 있다는 점이다. 체면
이 손상되었다고 느낀 아킬레우스는 아가멤논의 체면을 깎아내리기
위해 아가멤논의 얼굴을 개 취급한다.

아킬레우스의 수치심은 아가멤논이 자신에게 가한 모욕적 행동을 향해 있다는 점에서 일종의 **향외적(向外的) 수치**라고 할 수 있다. 아킬레우스의 분노가 이런 수치심을 근간으로 폭발한다면, 이때의 수치심과 아킬레우스의 분노는 심리학적으로 동전의 앞뒷면에 해당한다. 그리고 앞서 살펴보았듯이 그의 분노에 정치적 차원이 있다면 아킬레우스의 수치심은 일종의 사회적 감정이라고 할 수 있다. 이런 형태의 수치심은 흔히 이야기하는 '수치 문화'의 전형적인 면모를 잘 보여준다.

수치 문화와 죄책 문화　수치 문화라는 용어는 흔히 죄책 문화와 대비하여 사용하는데, 이 용어를 문화 해석에 처음 도입한 이들이 마가렛 미드(M. Mead)와 루스 베네딕트(R. Benedict) 같은 인류학자들이다. 이들 인류학자들은 수치 문화 속의 행위자들은 외부로 시선이 향해 있기 때문에 행위의 내면적 도덕성을 아직 발견하지 못한다고 본다. 이들의 구분 틀을 고대 그리스 사회에 처음 적용한 연구자가 고전학자 돗즈(E. R. Dodds)다. 여기서 논쟁점을 세부적으로 논의하기는 어렵지만, 그리고 돗즈의 설명에 미묘한 측면이 있지만, 대체로 돗즈는 호메로스의 영웅들이 타자의 시선을 신경 쓰는 존재들이어서 내면에 기초한 결단을 내리지 못한다고 말한다. 공적 의견을 기준으로 행위를 하기 때문이다. 이런 이해 방식에 따를 때 호메로스의 영웅들은 외부 영향에 열려 있는 존재들이어서 진정한 자기 결정을 내릴 수 없는 존재에 불과하다. 이런 해석의 기초를 이해하기 위해 베네딕트의 『국화와 칼』을 살펴보자.

참다운 죄책 문화가 내면적인 죄의 자각에 의거하여 선행을 행하는 데 비해, 참다운 수치 문화는 외면적 제재에 의거하여 선행을 한다. 수치는 타인의 비평에 대한 반응이다. 사람은 남 앞에서 조소당하거나 거부당하거나, 혹은 조소당하였다고 확실히 믿게 됨으로써 수치를 느낀다. 둘 중 어느 경우에나 수치는 강력한 제재다. 그러나 다만 수치를 느끼기 위해서는 실제로 그 자리에 타인이 같이 있거나, 혹은 적어도 함께 있다고 믿을 필요가 있다. 죄책의 경우는 다르다. 명예가 자신이 마음속에 그린 이상적인 자아에 걸맞도록 행동하는 것을 의미하는 나라에는, 사람들은 자기의 비행을 아무도 모른다 해도 죄책감을 겪는다. 그리고 그의 죄책감은 죄를 고백함으로써 경감된다.

－『국화와 칼』, 273~4쪽. 김윤식·오인석 역(을유문화사, 2004)을 다소 수정함

베네딕트는 죄책 문화에서는 타인이 없어도 죄책감이 성립할 수 있는 데 반해, 수치 문화에서는 타인의 존재가 필수적이며 타인의 시선이 행위자를 제재하는 역할을 한다고 본다. 베네딕트는 주로 일본의 경우를 거론하지만, 그녀가 수치 문화를 외면적이며 타율적이라고 해석한다는 것은 분명하다. 언뜻 보면 이 같은 해석은 『일리아스』의 아킬레우스와 같은 영웅들에게 잘 부합한다. 아닌 게 아니라 '수치 문화'의 개념을 호메로스 세계에 최초로 적용한 돗즈의 이해방식이 그러하다. 돗즈는 초기 그리스에서 행위자의 의도(intent)는 고려 대상이 아니었으며, 문제가 되는 것은 행위 자체였다고 주장한다[『그리스인들과 비이성적인 것』, 13쪽, 주은영·양호영 역(까치, 2002)]. 다시 말해 돗즈는 호메로스 영웅들의 세계에서는 내면적 의도를 헤아리지 않고 밖으로 드러나는 행위만을 고려 대상으로 삼는다고 해석한다.

**아킬레우스의
수치심과 내면성**　앞에서 우리는 아킬레우스의 수치심이 아가멤논의 모욕에 대한 반응으로 생겨난다는 점에서 이를 '향외적 수치'로 규정했다. 그렇다면 이런 해석은 수치 문화에 대한 베네딕트의 관점과 어떻게 다를까? 만일 아킬레우스가 자존감이 결여된 인물이었다면 어떠했을까? 그랬을 경우에도 그가 총사령관 아가멤논을 그토록 격렬하게 비난할 수 있었을까? 여기서 우리는 아킬레우스의 수치심이 사회적 감정이라고 해도 아킬레우스의 내면과 무관하게 성립할 수 있는 것이 아니라는 점을 알 수 있다. 이런 수치의 심리 저변에는 아킬레우스가 강한 자존심의 소유자라는 사실이 깔려 있다. 아킬레우스는 그리스의 다른 영웅들로부터 '거만한 마음(megalētor thymos)'의 소유자라는 비판을 받을 정도였다.

이렇게 아킬레우스의 성격과 자기관계가 어떠하냐에 따라 심리 표현의 양상이 달라진다면, 아킬레우스의 자아가 철저히 외면적이기만 하다고 보기는 어렵다. 공동체의 인정, 곧 명예가 인생에서 추구해야 하는 궁극의 가치라는 관점이 아킬레우스에게 내면화되어 있지 않았다면, 그가 아가멤논의 모욕에 대해 그토록 격렬하게 반응하지 않았을 것이기 때문이다. 따라서 아킬레우스의 자아 안에는 아무런 내면성도 없는 것이 아니다. 오히려 명예 가치를 내면화한 것이 아킬레우스가 수치심을 느끼는 작동 원리가 되었다고 볼 수 있다.

호메로스 영웅들의 수치심이 사회적인 향외적 감정이라 하더라도 그들의 심리 저변에는 내면적 차원이 숨어 있다고 할 수 있다. 향외적 수치는 심리적 내면이 없이는 작동할 수 없기 때문이다. 베네딕트와 같은 학자들의 문제점은 수치의 심리가 향외적이고 행위자가 자기 마음을 '자기 의식적으로' 반성하지 않는다는 사실을 두고 행위자들에게 내면적 차원이 결여되어 있다고 성급히 결론내림으로써 비약한다는 데 있다. 아킬레우스에게 자긍심이라는 내면의 자기관계가 없었다면 아킬레우스의 수치심과 그로 인한 분노는 성립할 수 없는 심리 현상일 것이다. 이런 점에서 인류학자들의 비약은 정당화되기 어려워 보인다.

한편 아킬레우스의 수치심에 평가적 차원이 숨어 있다는 점 또한 고려할 필요가 있다. 명예를 추구하는 아킬레우스에게 불명예는 부정적인 사회적 평가다. 그리고 불명예에 대한 격렬한 반응의 배경이 되는 아킬레우스의 자긍심에는 자신을 긍정적으로 평가하는 자기관계가 놓여 있다. 이런 점에서 수치심은 일종의 평가적 감정이라고 할 수 있다. 그런데 평가적 차원에서도 아킬레우스의 수치심에는 자기 평가적 차원이 숨어 있다는 점을 확인할 수 있다. 따라서 아킬레우스의 향외적 수치를 외면적 차원에서만 접근하는 것에는 한계가 있다고 할 수 있다. 모욕에 대해 반응하는 수치심은 향외적이지만, 수치심과 그로 인한 분노는 자기 자신을 존중하는 심리적 자기관계가 있을 때에만 가능하기 때문이다. 결국 우리는 향외적 수치 저변에도 심리적 내면의 지층이 숨어 있다는 결론을 내릴 수 있다.

명예의 내면화와 인정 투쟁 이렇게 수치의 심리는 생각보다 복잡한 차원을 가지고 있다. 다음 단계의 논의로 나아가기에 앞서서 지금까지의 논의를 다시 풀어서 정리해보도록 하자. 향외적 수치는 기본적으로 자기에 대한 타인의 평가에 민감한 감정이다. 특히 평가의 주체가 공동체 전체일 경우, 그리고 행위자가 공동체의 가치관을 내면화했을 경우, 행위자는 공동체의 인정(認定)을 지향하기 마련이며,

이 같은 인정이 흔히 우리가 일컫는 명예라고 할 수 있다. 사실 아가멤논과 아킬레우스의 갈등은 공동체의 명예를 두고 벌이는 일종의 인정 투쟁이다. 그런데 이 과정에서 아킬레우스는 심각한 불명예를 받게 되고, 이것이 그의 수치심의 원천이 된다. 다시 말해 아킬레우스는 그가 속한 공동체의 명예지향적 가치관을 내면화하고 있으며, 이것이 불명예에 강력하게 반응하는 수치심의 원천이 된다. 모욕적인 불명예에 대한 반응은 아킬레우스의 수치의 심리가 향외적으로 작동한다는 것을 보여준다고 할 수 있다. 그렇지만 아킬레우스의 분노의 심층에는 자기 자아를 보호하려는 수치의 심리가 내면적으로 놓여 있다고 할 수 있다. 하지만 아킬레우스는 수치의 심리가 마음속에서 어떻게 작동하는지에 대해서는 반성하지 못한다. 우리는 아킬레우스의 수치의 심리가 그의 내면성을 기반으로 작동한다고 봐야 하지만, 그에게서 내면적 깊이까지 발견할 수 없는 것은 바로 이런 이유 때문이다.

『아이아스』에서 아이아스의 자결 행위와 향내적 수치

이 같은 아킬레우스와 달리, 비극작가 소포클레스의 『아이아스』를 보면 수치의 심리가 자기 내면에서 어떻게 작동하는지 검토하는 아이아스를 만나게 된다. 사실 아이아스는 수치심의 메커니즘을 반성하는 수준에까지 이른다. 이런 관점에서 보면 고대 그리스인들이 '수치의 심리'에 대해 상당히 예민했고, 나아가 그 작동 방식에 대해 현대 인류학자들 이상으로 심층 분석을 했다고 말할 수 있다.

소포클레스의 『아이아스』는 최고의 전사 아킬레우스가 죽은 뒤, 그의 무구를 차지하려고 아이아스와 오뒷세우스가 다툼을 벌이는 상황을 배경으로 한다. 이 두 영웅의 다툼이 그리스 연합군의 갈등으로 번지자, 총사령관 아가멤논과 그의 동생 메넬라오스가 주도하여 누가 아킬레우스의 무구를 차지할지 투표로 결정한다. 그 결과 오뒷세우스가 승자가 된다.

그러나 아이아스는 이 결과를 결코 받아들일 수 없다. 아킬레우스를 제외하면 자신이 최고의 전사이고, 그리스 연합군을 위해 가장 많이 기여했다는 자부심으로 가득 차 있기 때문이다. 또한 투표 자체가 공정하지 못했다고 확신한다. 그래서 자존심에 엄청난 상처를 입은 아이아스는 투표를 주도한 아트레우스 가문의 형제들을 더는 친구가 아니라 적으로 간주하고, 그들을 살육하기로 결심한다. 하지만 작품에서는 이런 사태를 방관할 수 없었던 아테나 여신이 등장해서 아이아스에게 광기의 질병을 보낸다. 미망에 빠진 아이아스는 가축떼를 그리스 연합군으로 착각해서 도륙하고 만다. 소포클레스는 더없이 불행한 아이아스의 파국을 통해 갈등의 양상을 극단화한다.

만일 우리가 이때의 아이아스였다면 어떠했을까? 아직 미망에서 깨어나지 못한 단계에서 아이아스는 자신을 모욕한 자들에게 보복한 일이 정당하다고 주장한다. 그러나 자신이 도륙한 상대가 그리스 연합군이 아니라 가축떼라는 사실을 깨닫고 나서는 수치심에 빠져 괴로워한다. 그는 자신이 치욕스런 불명예 상태에 처해 있다는 것을 깨닫고 "난 이제 어떡해야 하지?"(457행)라고 자문한다. 어떻게 해야 할지 도무지 알 수 없을 정도로 자존심이 허물어진 것이다.

이 대목에서 소포클레스는 아이아스가 고독하게 홀로 자신이 처한 상황을 숙고하게 한다. 아이아스는 자신이 할 수 있는 선택지들을 숙고한 뒤에 자결을 결단하는 파국을 맞는다. 이 대목을 보면 소포클레스가 아이아스를 통해 수치의 심리를 얼마나 예민하게 탐색하는지 알 수 있다. 아이아스의 숙고 장면을 들여다보자(아래의 분류 번호는 필자가 붙인 것임).

① 신들에게도 나는 분명 미움 받고, 헬라스인들의 군대도 나를 싫어하고,
온 트로이아 땅과 이 들판들조차 나를 미워하는데,
아트레우스의 아들들을 버리고 함선들이 정박해 있는
포구를 떠나 아이가이온해를 건너 고향으로 돌아가?
하지만 내 무슨 면목(omma)으로 아버지 텔라몬 앞에 모습을 드러내지?
그분은 위대한 영관(榮冠)을 차지하셨는데
나는 아무런 무훈의 상도 받지 못하고 빈손으로 돌아간다면,
그런 내 모습을 그분은 차마 눈 뜨고는
못 보실 거야. 그렇게는 못 해.

② 아니면 트로이아의
성벽 밑으로 가서는 나 혼자서 다수를 상대로 결투를 벌여
무공을 세우고 난 뒤 마지막으로 전사한다면?
하지만 그것은 아트레우스의 아들들을 기쁘게 해줄 뿐이야.
그건 안 돼.

③ 나는 아버지의 아들인 내가
타고난 겁쟁이가 아니라는 것을 늙으신 아버지에게

보여드릴 수 있는 그런 계획을 세워야 해.

불운에서 벗어날 가망이 없는 사람이

오래 살기를 바란다는 것은 수치스러운 일(aischron)이니까.

(……)

고귀한 사람이라면 명예롭게(kalōs) 살거나,

명예롭게 죽어야 해.

– 『아이아스』, 457~480행. 천병희 역, 『소포클레스 비극 전집』(숲, 2008)

자신이 아테나가 보낸 광기에 빠져 가축떼를 도륙했다는 것을 깨닫지 못하는 단계에서, 아이아스는 『일리아스』의 아킬레우스와 비슷한 태도를 보인다. 그는 자신에게 해를 입힌 아트레우스 형제들에게 보복하는 일이 정당하다고 생각한다. 상호주의의 태도를 보이는 것이다. 그래서 보복에 성공했다고 착각한 아이아스는 아트레우스 형제들이 더는 자신을 모욕할 수 없다고 단정한다. 그들을 죽였다고 착각하고 있기 때문이다. 그러나 미망에서 깨어난 아이아스는 자신이 이전의 어느 순간보다도 크디큰 불명예 상태에 빠져 있음을 깨닫는다. 이 단계에서 아이아스는 이전 단계에서 느꼈던 것보다 더한 수치심을 느낀다.

여기서 중요한 점은 이때의 수치심은 타자가 자신을 모욕했기 때문이 아니라 자신이 미망에 빠져 실수를 범한 데서 오는 자괴감에서 비롯한 것이라는 점이다. 『일리아스』에서 아킬레우스의 수치심이 자신에 대한 외부의 평가와 관련되어 있다는 점에서 향외적 수치라면, 『아이아스』에서 아이아스의 수치심은 자신의 행동에 대한 자기 평가와 관련되어 있다는 점에서 향내적(向內的) 수치라고 할 만하다.

아이아스의 내면화된 타자와 명예 가치 앞의 긴 인용문은 아이아스가 자신이 처한 상황을 분석하고 내면을 들여다보면서 숙고 과정을 거쳐 어떻게 결단을 내리는지 잘 보여준다. 그는 ①에서 고향으로 돌아가는 선택지에 대해 숙고한다. 그러나 곧바로 아버지 텔라몬을 바라볼 면목이 없다는 것을 깨닫는다. 그는 아버지를 뵐 낯이 없는 것이다. 표면적으로 보면 그는 단순히 체면이 서지 않는다는 점을 깨닫는 것처럼 여겨질 수 있다.

그러나 이때의 '텔라몬'은 밖으로 드러나 있는 타자를 가리키지 않는다. 아버지 텔라몬은 아이아스의 내면에 자리한 '내 안의 타자'다. 즉 그는 아버지의 기대를 자신의 마음속에 내면화하고 있고, 따라서 지금의 텔라몬은 아이아스의 '내면화된 타자(internalized other)'다[윌리엄스 (B. Williams)의 *Shame and Necessity* 참고]. 더구나 호메로스의 아킬레우스와 달리, 소포클레스의 아이아스는 자신의 마음속에 '내면화된 타자'가 자리하고 있다는 것을 명시적으로 의식한다. 그렇기 때문에 아이아스는 자신의 수치심이 작동하는 방식을 '심리학적으로' 이해할 수 있는 존재다.

그런데 아이아스가 ②에서 고향으로 돌아가지 않고 싸움터에 나가는 선택지를 거부하는 것을 보면, 그는 여전히 '친구를 이롭게 하고 적을 해롭게 하기'라는 상호성의 윤리를 기반으로 숙고하고 있음을 알 수 있다. 그는 아트레우스 가문의 형제들을 이제 친구가 아니라 적으로 간주하고 있기 때문에 그들에게 기쁨을 줄 수 없다고 추론한다. 자신이 싸움터에 다시 나서는 것은 적을 이롭게 하는 행위이기 때문에 그런 선택을 할 수 없다는 것이다.

『일리아스』의 아킬레우스 또한 고향으로 돌아가지 않고 싸움터에도 나가지 않는다는 점에서 언뜻 보기에는 아킬레우스와 아이아스가 유사해보일 수 있다. 그러나 아킬레우스는 그리스 연합군을 적으로 간주하는 극단까지 나아가지는 않는다. 그렇기 때문에 아킬레우스는 공동체로 다시 돌아올 장소를 완전히 잃어버린 존재는 아니다. 그러나 아이아스는 그리스 연합군을 적으로 간주하고 살육하려는 시도를 실천에 옮겨버린 상태다. 이런 그에게 공동체로 다시 돌아갈 장소가 있을리 없다. 그는 고향으로 돌아갈 수도 없고 그리스 연합군의 구성원으로 돌아가 싸움터에 나설 수도 없다. 과연 그에게 선택할 수 있는 길이 남아 있을까?

③은 아이아스에게 극단의 선택지만 남아 있다는 것을 잘 보여준다. 여기서 중요한 점은 여전히 아이아스가 명예를 추구하는 존재라는 것이다. 그는 자신이 아버지의 아들로서 고귀한 혈통을 이어받았다고 자각하고 있으며, 아버지에게 자신이 겁쟁이가 아님을 보여주고자한다. 더불어 아이아스는 불운을 벗어날 가망이 없을 때 사는 것이 무의미하다고 생각한다. 이때의 불운이란 자신이 의도하지 않은 수치스러운 상황을 가리킨다. 즉 미망에 빠져 가축떼를 살육한 상황을 말한다. 이미 벌어진 이 수치스러운 결과를 아이아스가 개선할 수 있는 가망은 거의 없다. 그렇다고 그의 자결이 명예로운 것이라고 할 수 있을까?

상황을 객관적으로 바라볼 때 아이아스가 명예를 추구할 수 있는 가능성은 닫혀 있지만, 그의 내면은 여전히 명예를 추구하고 있다. 이것이 아이아스가 파국에 이르게 된 근본 원인이다. 아이아스는 자신이 살아서 명예를 얻을 수 있는 길이 닫혀 있다고 파악하고, 죽음을 명예로운 길로 간주한다. 아이아스의 한계는 명예로운 행위가 아니면 불명예스런 행위라는 양자택일의 세계에서 살아가는 그의 가치관에서 비롯한다. 그래서 아이아스는 수치스러운 상황에서 목숨을 부지하는 것을 수치스러운 일(aischron)로 해석하고, 이것을 근거로 자결을 명예로운 일로 해석한다고 볼 수 있다. 그의 세계는 자결의 비도덕성을 인정할 수 있는 세계가 아닌 셈이다. 여기서 아이아스가 추구하는 명예 가치가 어떤 성격의 것인지 더 고찰해보자.

인용문 ③의 '명예롭게 죽는 것'에서 '명예롭게'는 'kalōs'를 번역한 것이다. 일반적으로는 '아름답게'로 옮길 수 있는 단어다. 그러나 한국의 번역자들은 물론 서양의 번역자들도 이 단어를 '명예롭게'로 옮기는 경우가 많다. 이런 번역이 정당화될 수 있을까? 논리적으로 보면 명예 이외에도 아름다움의 가치가 있을 수 있다. 그런데 아이아스가 추구하는 아름다움의 가치는 결국 아버지의 인정을 받는 데 있다. 이런 점에서 아이아스가 추구하는 아름다움은 결국 그의 내면에 자리해 있는 '내면화된 타자'가 인정하는 명예를 가리킨다고 볼 수 있다. 따라서 아킬레우스와 아이아스의 경우에 외면적 타자의 평가를 기대하느냐 내면적 타자의 평가를 기대하느냐에 따라 차이점은 있지만, 궁극적으로는 타자의 긍정적 평가를 받으려는 인정 욕구 또는 명예욕에 기반해서 행동한다는 특징을 공유한다.

아킬레우스의 향외적 수치의 한계, 그리고 아이아스의 향내적 수치의 한계

물론 호메로스의 아킬레우스와 소포클레스의 아이아스가 수치심에 대한 내면적 반성에서 차이가 있다는 점은 분명하다. 아킬레우스의 수치심에는 내면적 계기가 숨어 있지만, 그렇다고 아킬레우스가 그것을 전면에 드러내서 반성하지 못한다. 반면에 아이아스는 미망에 빠져 벌인 살육을 너무나 수치스럽게 생각한다. 아킬레우스의 수치심이 아가멤논의 모욕에 대한 반응이라면, 아이아스의 수치심은 자신의 못난 행동에 대한 자괴감에서 비롯한다. 따라서 수치심에 대한 아이아스의 반성적 숙고에는 향내적 차원이 존재한다.

앞으로 어떤 행동을 할지 결정하기 위한 숙고를 할 때에도 그는 여전히 수치심의 자아를 근간으로 한다. 이런 숙고는 자기 자신과 자신이 추구하는 가치에 따라 수행할 행동을 결정한다는 점에서 반성적인 성격을 가지며, 따라서 아이아스의 경우에는 내면적 심리가 의식적인 반성의 대상이 되고 있다. 아킬레우스에게도 내면적 차원이 있긴 하지만 그것이 의식적 반성의 대상이 되지 못하는 반면, 아이아스는 적극적인 내면적 숙고를 하고 있다는 점에서 둘 사이에 차이가 있는 셈이다. 아이아스가 자신의 행동을 수치스럽게 생각할 때에도 그렇지만, 미래의 행동을 결정할 때에도 자기 내면의 수치심에 기반해서 결단을 내린다는 점에서 아이아스의 수치심은 '향내적 수치'라고 규정할 수 있다. 이것이 아킬레우스의 향외적 수치와 구별되는 지점이다.

그렇다면 내면적 반성을 동반하는 아이아스의 수치를 우리가 앞서 살펴본 윤동주의 '부끄러움'과 같은 차원으로 볼 수 있을까? 우리의 직관은 아니라는 답변을 내놓는다. 둘 사이에 어떤 차이가 있기에 그럴까?

첫째, 내면적 반성의 수준 차이를 들 수 있다. 윤동주의 거울에 비해 아이아스의 내면화된 타자는 여전히 덜 반성적이다. 아이아스는 아버지 텔라몬이 자신에게 거는 기대에 대해서까지 비판적으로 반성하지 못하고, 그것을 전제로 숙고하기 때문이다. 둘째, 아이아스가 숙고할 때 작동하는 윤리적 관점은 여전히 상호성의 윤리다. 그가 전투에 다시 참여하는 선택지를 잠시 고민했다가 곧바로 폐기하는 이유는

아이아스의 자결 장면, 기원전 약 540년, 흑색 암포라

그 행동이 자신이 적으로 간주하는 아트레우스 형제들에게 기쁨을 주기 때문이다. 그는 적을 이롭게 하는 행동은 할 수 없다는 가치관을 여전히 간직하고 있는 셈이다. 바로 이것이 아이아스에게 문제를 야기하는 원천이 된다고 할 수 있다. 아이아스의 향내적 수치가 상호성의 윤리까지 반성하지는 못하는 것이다. 그렇다면 상호성의 윤리에는 어떤 한계와 문제가 있는 것일까?

여기서 자세히 다루기는 어렵지만, 시인 호메로스 또한 이미 『일리아스』에서 상호성의 윤리가 지배하는 사회에서는 명예와 관련된 사회적 갈등이 해결되기 어렵다고 문제제기한다. 그러나 호메로스는 이런 갈등을 극단까지 밀어붙이지는 않는다. 가령 아킬레우스는 아가멤논에게 칼을 빼들지는 않는다. 정확히 말하면 『일리아스』에는 아킬레우스가 칼을 뽑으려고 할 때 여신 아테나가 나서서 말리는 형국으로 묘사되어 있지만 말이다.

반면에 소포클레스는 명예와 관련된 갈등을 극단까지 밀어붙인다. 아이아스는 전우였던 이들에게 칼을 빼들고 그들을 도륙하려고 한다. 친구였던 존재가 이제 적이 되어버린 것이다. 여기서 생기는 사회적 갈등의 근본 문제를 소포클레스는 아이아스의 자결이라는 파국을 통해 극적으로 노출시킨다. 철학적 측면에서 보자면, 아이아스가 추구하는 아름다움인 명예는 여전히 상대적일 수 있다. 그래서 작품『아이아스』에서는 영원한 친구도 없고 영원한 적도 없다는 교훈을 지속적으로 표현한다. 이런 표현은 나중에 플라톤이 『크리톤』이나 『국가』 등에서 비판하는 내용을 선취하고 있다고 할 수 있다.

아이아스의 향내적 수치는 내면적 숙고에 기반을 두고 있다는 점에서 향외적 수치보다 고차원적일 수 있지만, 상호주의 윤리관에 기반을 두고 있기 때문에 보편적 객관성을 확보하지 못하는 한계에 노출되어 있다. 이것은 수치심을 내면적으로 반성한다고 해서, 곧 향내적 수치라고 해서 도덕적 감정으로까지 상승할 수 있는 것은 아님을 뜻한다. 이런 점에서 볼 때 수치심의 발현 양상은 상당히 다양하고 복잡하다고 할 수 있다.

감정을 무시하는 냉철한 소크라테스?　지금까지 우리는 그리스의 서사시와 비극을 통해 고대 그리스 문화에서 수치의 심리가 그들의 행위방식을 결정하는 데 어떤 영향을 미치는지 살펴보았다. 그렇다면 문학적 전통 이외에 철학에서도 수치의 심리에 대해 논의할 만한 이야기가 있을까?

20세기 주류 해석에 따르면, 분노나 수치 같은 감정에 민감했던 그리스의 문학적 전통과 달리 소크라테스는 거기서 벗어난 합리주의자다. 특히 현대 분석철학의 전통에 서 있는 영미권 플라톤 연구자들은 플라톤의 대화편을 논리적 논변을 중심으로 해석했으며, 이들의 연구 결과에 따르면 플라톤의 소크라테스에게서 감정적 차원을 발견하기 어렵다. 물론 플라톤의 중기 대화편에 가면 '격정 부분(to thymoeides)'이 영혼의 한 부분으로 인정되면서 인간의 비합리적인 면모가 수용되지만, 플라톤의 초기 대화편에서 형상화하는 소크라테스는 이성과 논리에만 초점을 맞추었다는 것이 주류 해석에서 도출되는 귀결점이다.

소크라테스에 대한 이런 시각을 타당한 것으로 인식하게 만드는 관련 사례들은 꽤 많다. 이를테면 소크라테스는 사형선고를 받을 때에도 그렇고, 독배를 마시며 죽음을 맞이하는 순간에도 울분을 터뜨리거나 비탄에 빠지는 태도를 전혀 보이지 않는다. 이런 사례를 보면 소크라테스는 전혀 감정적인 인물이 아니고, 철저하게 이성적인 사람으로 보인다. 아닌 게 아니라 『소크라테스의 변론』에서 소크라테스는 아테네인들의 판결이 잘못되었다고 강력하게 비판하면서도 그들을 향해 화를 내지도 않으며 그렇다고 아테네인들의 동정심에 호소하지도 않는다. 소크라테스의 이런 태도는 흔히 알려진 그의 합리주의적 면모와 잘 부합하는 듯하다.

엘렝코스의 논리적 차원과 심리적 차원

이 같은 이해방식은 대화적 문답에서 사용되는 엘렝코스(elenchos)의 방법을 이해하는 데에도 영향을 미친다. 문답을 통해 대화 상대자의 믿음들을 비판적으로 검토하는 엘렝코스 방법은 대화 상대자의 믿음들에 내재된 논리적 모순을 밝히는 방법으로 이해되어왔다. 또는 대화 상대자의 주장이 대화 상대자 자신의 생각과는 반대로 귀결될 수밖에 없다는 것을 보여줌으로써 진리를 다시 숙고하게 만드는 방법으로 이해되어왔다. 엘렝코스에 대한 이런 이해 자체는 타당하다고 할 수 있다. 그러나 소크라테스가 엘렝코스 방법을 사용하면서 전적으로 논리적으로만 접근하는지는 또 다른 문제다.

플라톤의 대화편에서 형상화하는 소크라테스는 동시대 사람들에 대한 '비판적 검토'(elenchos)를 시도한다. 동시대 사람들이 가지고 있는 신념 가운데는 예로부터 이어 내려오는 전통적 신념도 있는데, 소크라테스는 이것들에 대해서도 거침없이 비판한다. 따라서 소크라테스는 공시적 차원뿐만 아니라 통시적 차원에서도 비판을 시도한다고 할 수 있다. 그렇다면 그리스의 수치 문화에도 소크라테스는 주목하였을까?

우리가 '수치'를 뜻하는 그리스어 'aidōs'나 'aischynē' 계통의 용어들에 주목해서 읽어보면 해당 용어가 플라톤 대화편의 여러 대목에서 놀라울 만큼 자주 사용되고 있다는 것을 쉽게 알 수 있다. 그 중에서도 '수치'를 가장 주제화하고 있는 대화편은 『고르기아스』다. 그러나 이 대화편에서 논의되는 수치는 상당히 복잡하고 중층적이라 그 성격을 제대로 분석하려면 상당한 지면이 요구된다. 따라서 여기에서는 『소크라테스의 변론』 및 『크리톤』이라는, 초기 중에서도 초기에 속하는 텍스트를 중심으로 논의하는 데 머물고자 한다. 그렇다면 초기 대화편에서 소크라테스가 사용하는 엘렝코스는 전적으로 논리적이기만 할까? 이 문제를 제대로 논의하기 위해 『소피스트』라는 후기 대화편에서 엘렝코스를 규정하는 대목을 먼저 검토해보자.

그들은, 어떤 이가 실제로는 무의미한 말을 하면서도 자신이 뭔가 의미 있는 말을 하고 있다고 믿는 주제들에 관해 질문을 합니다. 그러면 그들은, 질문받는 자들이 헤매이기 때문에 이들의 믿음들을 수월하게 탐문합니다. 그들은 논증을 통해 이들의 믿음들을 동일한 한 곳으로 모아서 옆에서 서로 나란히 놓습니다. 그렇게 놓은 다음 그들은 이 믿음들이 동시에, 동일한 것들에 대해서, 동일한 것들과 관계해서, 동일한 방식에 따라 서로 모순된다는 점을 보여줍니다. 그러면 이를 보게 되는 자들은 자신들에게는 화를 내지만(chalepainein) 다른 사람들에게는 유순하게 대합니다. 이런 방식으로 이들은 자신에 관한 크고 완고한 믿음들로부터 해방됩니다. 이것은 모든 해방 중에서 듣기에 가장 즐거운 해방이고 이를 겪는 자에게는 가장 확고하게 효과를 발휘하는 해방입니다. (……) 의사들은 신체 안의 장애물들이 제거되기 전까지는 신체는 신체에 공급된 양분으로부터 이로움을 얻을 수 없다고 생각합니다. 우리가 방금 언급한 사람들을 정화시켜주는 자들도 의사들과 마찬가지로 생각하면서 영혼에 관해서 동일한 것을 생각한 것입니다. 즉 어떤 자가, 논박(elenchos)을 통하여 논박되는 자를 수치스런 상태(aischynē)에 처하게 하고 배움에 방해되는 믿음들을 제거함으로써 이 자를 정화된 자로, 그래서 자신이 아는 것만 알고 더 이상은 알지 못한다고 생각하는 자로 만들어 보여주기 전까지는, 영혼은 자신에게 공급된 배움들로부터 이로움을 가지지 못하리라는 점을 그들은 생각한 것입니다.

이와 같이 엘렝코스는 믿음들 간의 모순을 폭로하는 방법이다. 이런 점에서 우리는 엘렝코스가 논리적 방법임을 확인할 수 있다. 그런데 여기서 흥미로운 점은 '화를 내다'나 '수치스런 상태'와 같은 심리적 용어가 함께 사용된다는 것이다. 흔히 사람들은 자신의 주장이 논박을 당하면 논박을 가한 사람에게 화를 내기 쉽다. 논쟁에서 패배했기 때문이다. 논박을 당한 사람은 패배감 때문에 수치심을 느끼게 되고, 그래서 상대방에게 화를 내게 되는 것이다. 그러나 인용문의 내용은 이런 일상적 논쟁 상황과는 완전히 다른 이야기를 하고 있다.

인용문에서는 논박당하는 사람이 자기 자신에게 화를 내는 것으로 묘사되고 있다. 어떻게 그런 일이 일어날 수 있을까? 더구나 인용문은 논박당하는 사람이 자신의 완고한 믿음들에서 해방될 수 있다고 말한다. 즉 논박은 잘못된 믿음을 가진 사람을 해방시킬 수 있는 방법이다.

여기서 우리는 누군가 자신이 가지고 있는 믿음들의 비일관성을 깨닫고서 기존에 가졌던 완고한 선입견을 폐기하는 경우를 떠올릴 수 있다. 이런 점에서 기존의 잘못된 선입견으로부터 해방된다는 표현은 아주 자연스러울 수 있다. 인용문은 그런 해방의 과정에서 발생하는 심리적 상태를 묘사하고 있다고 할 수 있다. 논박당하는 사람이 '무지의 지'를 깨닫는 과정에서 수치심이 작동하는 것으로 설명하고 있기 때문이다. 논박당하는 사람은 자신이 '무지의 무지' 상태에 있었던 것을 수치스러워한다. 이 대목의 설명을 보면 논박당하는 사람이 왜 자기 자신에게 화를 내게 되는지 이해할 수 있다. 논박당하는 사람은 자신이 '무지의 무지' 상태에 있다는 것을 알지 못했다는 점을 수치스러워하고, 그래서 자기 자신에게 화를 내는 것이라고 할 수 있다.

이렇게 보면, 엘렝코스는 논리적 방법에만 머무는 것이 아니라 동시에 심리적 방법이기도 하다. 자신의 무지를 수치스러워하고, 그래서 자기 자신에게 화를 내는 심리적 태도는 자신의 무지로부터 벗어나고자 하는 동기를 형성한다. 따라서 논박당하는 사람은 논박을 통해 영혼이 변화할 가능성을 얻게 된다. 이런 점에서 엘렝코스는 논리적 의미 이상의 의미를 가진다고 할 수 있으며, 인용문의 설명은 그런 측면을 잘 보여주고 있다. 하지만 인용문은 후기 대화편인 『소피스트』에 등장하는 설명이다. 플라톤의 초기 대화편에서도 소크라테스가 엘렝코스 방법을 심리적 차원에서 사용하는지는 독립적으로 논증해야 한다.

소크라테스가 권유하는 향내적 수치

『소크라테스의 변론』은 소크라테스의 법정 변론문이다. 많은 학자들이 주목했다시피, 소크라테스는 변론 내용에 여러 가지 방식의 문답을 포함시킨다. 특히 고발자 멜레토스와 가상적인 문답을 나누는 대목은 흥미롭다. 소크라테스가 고발된 죄목 가운데 하나가 '젊은이들을 타락시켰다'는 것인데, 소크라테스는 이 문제를 다룰 때 법정에서 연설하는 것임에도 고발자 멜레토스를 논의에 끌어들이는 방식을 취한다.

소크라테스가 멜레토스에게 묻는다. "그렇다면 누가 젊은이들을 더 훌륭하게 만드는가?" 멜레토스가 젊은이들을 타락시키는 자라며 소크라테스를 고발했으니, 역으로 누가 젊은이들을 더 훌륭하게 만드는 사람인지 알고 있을 것이라고 전제하고 질문을 던진 것이다. 이에 대해 멜레토스는 곧바로 답변하지 못한다. 그러자 소크라테스는 대답하지 못하는 것은 모른다는 것을 보여주는 것인 만큼 대답하지 못하는 것이 수치스럽게(aischron) 여겨지지 않느냐고 멜레토스에게 반문한다 [『소크라테스의 변론』, 24d]. 이 대목에서 소크라테스는 멜레토스가 자신의 무지에 대해 수치스러워하도록 유도

소크라테스의 두상, 루브르 박물관

하고 있다. 이렇게 분석하면 소크라테스는 단순히 논리적 차원에서 엘렝코스 작업을 수행하는 데 머물지 않고, 대화 상대자의 심리적 변화 또한 요구하고 있다고 할 수 있다.

한편 분노와 관련된 흥미로운 언급들도 보인다. 소크라테스는 법정에서 당시 시민들의 잘못된 선입견을 깨뜨리기 위한 변론을 제시하고 나서, 아테네인들에게 "부디 진실을 말하고 있는 나에게 화를 내지 말아 주시오."라고 말한다[『소크라테스의 변론』, 31e]. 잘못된 믿음이 논박되었을 때 논박하는 사람을 대상으로 화를 낼 것이 아니라, 무지했던 자기 자신을 대상으로 화를 내라는 것이 소크라테스의 입장이다. 이렇게 보면 논쟁 상황에서 논박을 하는 사람을 상대로 화를 내는 일상의 태도와 달리, 무지한 자기 자신에게 화를 돌리라는 것은 당대 사람들의 태도와 근본적으로 대비된다.

아킬레우스와 같은 전통적 영웅들은 싸움터에서 패배하게 되면 그것을 수치스러워한다. 고전기의 그리스인들도 말싸움을 벌이는 논쟁에서 지게 되면 수치스러워하는 태도를 보이곤 했다. 그런데 논쟁에서

지는 것을 수치스러워하는 사람은 논쟁의 목적이 승리에 있지, 진리에 있지 않다고 할 수 있다. 따라서 소크라테스는 승리와 패배라는 차원에서 수치심을 느끼는 전통적인 수치의 심리를 비판하고 있다고 할 수 있다. 그리고 화를 자신에게로 돌리라고 권유한다. 이런 점에서 소크라테스는 **향내적 수치**를 권유하고 있다고 할 수 있다.

아닌 게 아니라 『소크라테스의 변론』을 좀 더 자세히 검토해보면, 소크라테스가 수치심에 초점을 맞추어 변론을 펼치고 있다는 것을 확인할 수 있다. 나아가 소크라테스는 『소크라테스의 변론』의 시작점을 '수치'의 관점에서 접근하고 있다. 예를 들어 『소크라테스의 변론』 초입에서 소크라테스는 자신을 고발한 사람들이 자기더러 '말을 잘 하는 사람'이라고 말하고 있지만, 자신은 실제로는 그렇지 못하다고 밝힌다. 그러면서 고발자들은 이런 사실 때문에 논박을 당하게 될 테지만(소크라테스가 말을 잘 못하는 사람으로 드러날 테니까), 소크라테스는 고발인들이 그렇게 논박을 당하게 되더라도 수치스러워하지 않을 것(mē aischynthēnai)이라고 생각한다. 바로 그 점이 그들의 가장 파렴치한 점(anaischyntoton)임을 소크라테스는 강조한다(『소크라테스의 변론』, 17b). 소크라테스는 자기 자신을 부끄러워할 줄 모르는 고발인들의 파렴치를 고발하는 셈이다.

아킬레우스의 수치심 vs.
소크라테스가 권유하는 수치심
『일리아스』 I권에서 아킬레우스는 아가멤논을 '파렴치한 자'라고 비난한다. 『소크라테스의 변론』에서 소크라테스는 자신의 고발자들에게 '파렴치'라는 단어를 사용한다. 그렇다면 앞서 설명한 내용을 고려할 때 소크라테스가 '수치' 계통의 단어를 사용하는 것은 우연이라고 볼 수 없을 것이다. 이때 '파렴치'에 대한 아킬레우스의 의도와 소크라테스의 의도 사이에는 어떤 차이가 있을까?

아킬레우스의 경우에 파렴치의 근거는 그리스 연합군이 공유하고 있는 의견, 즉 공적 의견에 있다. 반면에 소크라테스는 공적 의견에 호소하지 않고, 언제나 진리에 호소한다. 이런 측면은 『크리톤』의 소크라테스를 통해서도 확인할 수 있다. 소크라테스의 절친한 친구인 크리톤은 자신이 소크라테스의 목숨을 구하지 못하면 사람들로부터 '수치스러운 평판(doxa)'을 얻게 될 것이라고 말한다[『크리톤』, 44c]. 크리톤은 소크라테스에게도 다수의 판단에 신경 쓸 것을 권유한다[『크리톤』, 44d]. 크리톤은 '공적 의견'의 맥락에서 수치 개념을 사용하고 있다고 할 수 있다. 그러나 소크라테스는 다수의 판단을 두려워하기보다 앎을 지닌 사람 앞에서 부끄러워하고 두려워해야 한다고 주장한다[『크리톤』, 47d]. 이것은 무엇을 뜻하는가?

명예는 사람들의 공적 의견에 따라 성립한다. 불명예 또한 그렇다. 명예를 얻고 자부심을 느끼든 불명예를 안고 수치심을 느끼든, 이 모든 것은 자신에 대한 사람들의 평가에 의존하는 것이다. 그래서 아킬레우스가 속한 명예사회에서는 사람들의 평판이 중요하고, 사람들에게 어떻게 '보이느냐'가 관건이다. 그러나 소크라테스는 사람들의 평가에 대해서는 전혀 신경 쓰지 않는다. 그는 진리만을 중시하고, 진리를 알고 있는 사람 앞에서만 자신의 무지를 부끄러워하고 수치스럽게 여겨야 한다고 생각한다. 이런 차이는 정확히 무엇을 뜻하는 걸까?

다소 엉뚱해보일 수 있지만, 맹자의 사단설 중 '수오지심(羞惡之心)'을 끌어들여보려고 한다. '羞'는 수치심을, '惡'는 추함을 가리킨다. 여기서 우리는 수치심과 추함을 연결시키는 사유를 만나게 된다. 이런 연결은 결코 우연이 아니다. 예를 들어 아킬레우스가 수치심을 느끼는 이유는 그를 추한 존재로 평가하는 아가멤논의 모욕 때문이다. 아킬레우스는 자신이 공적으로 추한 존재로 전락했다고 보고 화를 내는 것이다. 이런 점에서 수치심의 발생 배경에는 공적인 평가가 놓여 있다.

그러나 소크라테스는 사람들에게 어떻게 보이느냐, 즉 어떻게 평가되느냐 하는 것은 실제가 아니라 보임의 차원에서 성립하는 것이기 때문에 그러한 평가를 받아들이지 않는다. '실제로 아름다운가 아니면 추한가'가 소크라테스가 추구하는 평가 기준이라고 할 수 있다. 소크라테스는 사람들의 평판에 의존하는 추함이 아니라, 실제의 추함을 부끄러워하라고 말하는 셈이다. 소크라테스가 권유하는 수치심과 아킬레우스의 수치심이 다른 지점이 바로 여기다.

아이아스의 향내적 수치, 그리고 소크라테스의 향내적 수치와 삶에 대한 엘렝코스

그렇다면 소크라테스와 아이아스의 경우는 또 어떻게 비교할 수 있을까? 소크라테스가 권유하는 수치심은 공적 의견에 의존하지 않는다는 점에서, 그리고 자신과 관련해서 성립한다는 점에서 향내적 수치라고 할 수 있다. 그런데 앞서 살펴보았듯이 아이아스의 수치심 또한 향내적 수치라고 할 수 있다. 두 경우 다 아킬레우스의 향외적 수치와는 다르다는 점에서 공통적 특징을 가진다.

아이아스도 자신의 내면을 들여다보고 세밀한 숙고 과정을 거쳐서 추론한다. 이 과정에서 아이아스에게도 이성적 반성이 존재한다고 할 수 있다. 그러나 그의 이성적 반성이 미치지 못하는 영역이 있다. 아이아스는 여러 차례 자신의 판단 기준이 '내면화된 타자'인 아버지 텔라몬임을 밝히고 있다. 아이아스는 텔라몬을 자신의 이상적 자아의 모델로 삼는다. 그러나 이것이 타당한지에 대해서는 반성하지 못한다.

아이아스는 '무훈의 상을 받지 못하고 빈손으로 돌아가면 아버지가 자신을 외면할 것'이라고 생각한다. 아이아스의 이상적 자아는 여전히 명예 가치를 최고의 가치로 전제하고 있음을 보여준다. 다시 말해 아이아스는 친구들로부터 명성을 얻는 것을 소중히 여기고 명성을 얻지 못한 것을 수치스럽게 생각하고 있다. 이런 점에서 아이아스는 명예 가치에 따른 평가를 내면화하고 있다. 그러나 앞에서 분석했듯이, 그가 명예를 얻을 수 있는 장소는 사라지고 말았다. 따라서 여전히 명예를 추구하지만 명예를 얻을 수 있는 장소가 사라진 그에게 남아 있는 선택지는 극단적인 자기 부정의 길밖에 없다고 할 수 있다.

그래서 아이아스는 자결한다. 소크라테스는 타인들에 의해 사형선고를 받지만, 사람들의 평가에 의존하지 않고 실제로 아름다운가를 자기 자신에 대한 객관적 평가 기준으로 생각한다. 따라서 아이아스의 향내적 수치는 타인의 평가에 의존하는 반면, 소크라테스의 향내적 수치는 실제의 객관적 아름다움과 추함에 의존한다는 점에서 근본적인 차이가 있다.

소크라테스는 진리를 기준으로 부끄러워하고 수치스러워하는 마음을 가지라고 권유한다. 가령 실제로 알지 못하면서 안다고 착각할 경우에 그런 무지를 수치스럽게 생각하라는 것이다. 이런 점에서 소크라테스가 권유하는 향내적 수치는 자기 자신의 존재를 진리와 앎에 근거한 자아로 탈바꿈하라고 권유하는 역할을 한다고 할 수 있다. 『소크라테스의 변론』 말미에서(39c) 소크라테스는 '삶에 대한 엘렝코스(elenchos tou biou)'를 거론한다. 이것은 엘렝코스가 단순히 명제들의 논리성을 검토하는 데 머물지 않고, 대화 상대자를, 그러니까 대화 상대자의 삶을 검토하는 것임을 시사한다. 이런 점에서 엘렝코스는 대화 상대자의 삶과 삶의 방식을 비판하고, 이를 통해 아름다운 삶을 살도록 권유하는 역할을 한다고 볼 수 있다. 그리고 이때의 아름다운 삶은 사람들의 평판과 평가에 의존하기보다 진리와 앎에 근거한 삶이라는 것이다. 이런 관점에서 접근할 때 『소크라테스의 변론』의 다음 구절을 제대로 이해할 수 있을 것이다.

> 더없이 훌륭한 이여, 당신은 지혜와 힘에서 가장 위대하고 가장 명성이 높은 나라인 아테네 사람입니다. 그런 당신이 돈이 최대한 많아지게 하는 일과 명성과 명예, 이런 것들은 돌보면서도, 현명함과 진실, 그리고 영혼이 최대한 훌륭해지게 하는 일은 돌보지도 신경 쓰지도 않는다는 건 수치스럽지 않습니까?
>
> - 『소크라테스의 변론』, 29d-e.

소크라테스는 돈이나 명예의 가치가 아니라, 영혼이 훌륭해지는 일을 기준으로 삼아 수치심을 느낄 것을 권유한다. 후자는 사람들의 평가에 달려 있지 않고, 실제로 영혼이 훌륭해지느냐는 객관적인 문제에 달려 있다. 따라서 남에게 그렇게 보이기보다 실제로 영혼이 훌륭해지도록 노력해야 한다는 것이 소크라테스의 지론이다.

향내적 수치의 역할, 그리고 그 너머   소크라테스는 이런 노력이 바로 철학(philosophia)이라고 생각한다. 그리고 『소크라테스의 변론』을 보면 소크라테스는 영혼을 돌보는 일을 덕(aretē)을 돌보는 일과 동일시한다. 그런데 영혼을 돌보지 않을 때 자기 자신에 대해 수치를 느끼게 된다면, 그때의 향내적 수치는 그것만으로도 덕의 수준을 확보한다고 볼 수 있을까? 수치심은 아름다움이 결여되어서 일종의 추함이 있을 때 성립하는 심리다. 아름다움의 결여를 반성한다는 점에서 소크라테스가 권유하는 향내적 수치는 반성적 감정이라고 할 수 있다.

그러나 이런 종류의 향내적 수치가 있다고 해서 객관적으로 영혼이 저절로 훌륭해진다고 보기는 어렵다. 소크라테스가 권유하는 향내적 수치 자체가 덕이라고 할 수는 없다는 뜻이다. 그렇기는 해도 향내적 수치는 자신의 부족함이나 추함을 부끄러워하는 수치심이기 때문에 진정한 덕을 향하도록 마음을 움직이는 계기가 될 수 있다. 이런 점에서 소크라테스가 권유하는 수치심은 아킬레우스와도 다르고 아이아스와도 다르다. 소크라테스는 덕을 향해 발걸음을 옮기게 하는 새로운 수치심을 발견한 것이다. 이런 점에서 소크라테스를 냉철한 이성주의자로 보고, 그가 감정을 고려하지 않는다는 해석은 유지되기 어렵다. 따라서 엘렝코스를 통한 철학의 길은 논리적 차원만이 아니라 심리적 차원이 중첩되어 이루어진다고 보는 것이 합리적일 것이다.

다른 각도에서 보면, 소크라테스는 향내적 수치 그 너머를 보여주는 것 같다. 그는 아테네인들의 비방을 비판하지만 그렇다고 화를 내지는 않는다. 그리스 영웅들이 타인의 인정에 굶주려 명예욕(philotimia)에 사로잡혀 있다면, 소크라테스는 인정 욕구의 소유자가 아니다. 소크라테스는 전통의 수치 개념을 비판적으로 검토하고, 덕을 향한 새로운 차원의 수치심이 가능하다는 것을 보여준다. 소크라테스가 아테네 시민들에게 부끄러워하는 수치심을 가지라고 할 때, 그가 염두에 둔 것은 행위자를 움직여 덕으로 향하게 하는 향내적 수치다. 그런데 소크라테스의 '철학의 권유'는 그 이상을 가리키는 듯하다. 향내적 수치가 덕을 권유하는 힘은 가지고 있지만, 그것 자체가 덕의 경지에 이르지는 못하기 때문이다. 그렇다면 소크라테스가 말하는 덕은 정확히 무엇인가? 이 어려운 주제를 다루는 일은 이 글을 넘어설 때 가능할 것이다. 이 같은 흥미로운 탐문은 또 다른 기회에 다루도록 하자.

5. 그리스 영웅들의 수치심과 소크라테스의 향내적 수치

플라톤은 『법률』에서 현실적인 조건을 고려해서 나라에서

지혜를 구현하는 차선책으로 두 가지를 제시한다. 그 하나가

지혜를 인치가 아닌 법치를 통해 구현하는 것이다. 곧 법에

최대한 지혜를 반영해서 법을 통해 지혜를 구현하고자

한다. 그리고 플라톤은 『국가』에서 지혜로운 철학자가

통치하는 정체를 최선의 정체로 보고 민주정을 배척했지만,

『법률』에서는 민주정을 일부 수용한다. 그는 민주정과 일인정

사이에 중용을 유지하는 정체, 즉 혼합정체를 차선의 정체로

명명하고 이를 추구한다. 이 혼합정체사상은 '권력의 분립과

균형'을 고려한 것으로서, 오늘날의 삼권분립 사상의 씨앗이

되었다.

6

아테네 민주정의 성립과
플라톤의 민주정 비판

이기백

아테네 민주정 시절의 아픈 기억 플라톤은 한때 정치가가 되고자 했고, 자신의 친인척들이 관여되어 있던 30인 참주정 시대에는 정치 참여를 권유받기도 했다. 그러나 이들의 집권 시기에 자행된 폭정에 분개하여, 훗날 "차라리 이전의 정치체제가 황금시대의 것이었다"고 말하기도 한다. 다행히 30인 참주정 시대가 8개월 만에 붕괴되고 민주정이 들어서자, 플라톤은 현실 정치에 가담하려는 의지를 갖게 된다.

그런데 아테네 민주정은 플라톤에게 평생 잊지 못할 아픈 기억을 남겼다. 그가 보기에 "당대에 가장 훌륭하고 가장 지혜로우며 가장 정의로운 사람"인 소크라테스가 바로 민주정 시대에 제비뽑기로 선정된 501명의 배심원에 의해 사형선고를 받고 독배를 들이켜게 되었기 때문이다. 이 일로 인해 플라톤은 아테네의 암울한 현상을 타파하기 위해서는 현실 정치가가 되어 정쟁을 일삼기보다 철학을 통해 아테네를 근본적으로 개혁할 수 있는 방안을 모색하는 편이 옳다고 판단하게 된다.

오늘날 우리는 민주정을 최선의 정체(政體)로 여긴다. 인류는 현대사에서 특히 파시즘이나 나치즘 같은 전제정의 해악을 절절히 체험함으로써 이런 확신을 갖게 된 것으로 보인다. 그런데 과연 민주정이 최선의 정체일까? 사실 그렇지 않다는 것은 너무도 자명해 보인다. 우리나라의 경우만 보더라도 전직 대통령들이 줄줄이 구속되었던 현실은 민주적인 선출제도의 한계를 절감하게 하기 때문이다.

그러나 다행히 민주적인 법제도 아래서는 다시 나라를 바로 세울 수도 있다는 점에서 민주주의는 최선의 제도는 아니지만 그렇다고 최악의 제도도 아니라는 것을 알게 된다. 플라톤도 어떤 면에서는 이런 인식을 가지고 있었던 것으로 보인다.

아테네 민주정에 대한 플라톤의 인식은 『국가』와 『정치가』에서 분명히 드러난다. 그는 『국가』 제8권에서 최선자정체, 즉 철인정체를 이상적인 정체로 제시하고, 이 정체가 타락함에 따라 명예정, 과두정, 민주정, 참주정 등과 같은 현실 정체들이 순차적으로 탄생하게 된다고 한다. 그러니까 민주정은 현실의 네 가지 정체 중에 셋째 가는 정체라는 것이다. 한편 『정치가』에서는 현실 정체를 여섯 가지로 나누고, 그것들의 가치 서열을 다음과 같이 정한다.

	법적 통치	무법 통치
일인 통치	(1) 군왕정	(6) 참주정
소수 통치	(2) 귀족정	(5) 과두정
다수 통치	(3) 민주정	(4) 민주정

※ ( ) 속의 숫자는 최상에서 최악까지의 서열이다.

『정치가』에서는 『국가』에서와 달리 민주정이 과두정보다 낮다고 보고 있지만, 여전히 민주정을 현실 정체 중에 중간 수준의 것으로 판단하고 그다지 선호하지 않은 것 같다. 이 글에서는 민주정이 어떻게 탄생하고 어떤 특성을 갖는지, 그리고 아테네 민주정에는 어떤 문제가 있는지를 플라톤의 관점에서 살펴본다. 아울러 그를 전체주의자로 여겨 반민주주의의 선봉장처럼 바라보는 시각이 적절한지도 검토해볼 것이다.

법률에 대한 존중을 서약할 것을 요구하는 솔론의 모습을 묘사한 삽화, 독일 아우구스부르크, 1832

민주정 성립의 역사　　아테네 민주정의 성립에는 솔론(Solōn)과 클레이스테네스(Kleisthenēs)의 개혁정책, 페르시아 전쟁의 승리, 그리고 페리클레스(Periklēs)의 등장 등이 큰 영향을 미쳤다.

　　먼저 솔론의 개혁정책을 살펴보자. 기원전 594년 솔론은 귀족과 평민이 빈부 문제로 오랜 기간 극심하게 반목하는 상황에서 행정관(아르콘)이라는 관직에 올라 분쟁을 중재할 책임을 맡는다. 그는 해결책으로 두 가지 방안을 제시한다. 그 하나가 빚 탕감정책이었다. 이 정책을 통해 그는 저당 잡힌 토지를 되찾아주는가 하면 빚 때문에 노예가 된 사람들을 노예 신분에서 해방시켜주고 아예 채무노예제를 없애기도 했다.

또 하나의 방안으로, 귀족과 평민을 포함한 시민 전체를 재산 소유의 정도에 따라 네 계층으로 나누고 상위 세 계층에는 관직에 오를 수 있는 권리를 주었다. 테테스(thētes)로 불리는 최하층에는 관직에 오를 기회는 주지 않았으나, 민회에 참석하고 법정에 배심원으로 참여할 수 있게 했다. 솔론은 민회를 준비하기 위한 400인 평의회(Boolē)도 두었는데, 테테스는 평의회의 일원이 될 수 없었다.

아테네의 정치가이자 법률가, 시인이기도 했던 솔론

솔론이 네 계층으로 분류한 개혁정책은 가문이나 혈통이 아닌 재산에 따라 관직을 분배하기 때문에 금권정(ploutokratia)에 속한다. 하지만 귀족들의 관직 독점을 지양하고 평민에게도 관직에 오를 수 있는 기회를 주었다는 점과, 채무 노예를 해방시켰다는 점에서 민주정 쪽으로 진일보하였다고 볼 수 있다.

솔론 이후에는 아테네 민주정의 아버지로 불리는 클레이스테네스가 기원전 508년 참주정을 종식시키고 민중의 편에서 개혁적인 정책을 편다. 그는 민주정을 위협할 만한 참주의 출현을 막기 위해 위험 인물을 10년간 국외로 추방하는 도편 추방제를 도입했다. 아울러 혈연에 기초하여 귀족들의 권력 기반이 되었던 종래

'아테네 민주주의의 아버지'로 불리는 클레이스테네스

의 4부족제를 지역에 따른 10부족제로 재편하였으며, 민회(ekklēsia)에

　　　6. 아테네 민주정의 성립과 플라톤의 민주정 비판

최고 의결권을 부여하고, 부족들에서 추첨을 통해 선발된 500명으로 평의회를 구성하여 민회의 준비 업무를 맡겼다. 장군직과 재무관리직 이외의 관직은 일반적으로 추첨을 통해 배정함으로써 시민들이 정치 권력을 평등하게 분배받을 수 있도록 했다. 클레이스테네스는 자신이 제안한 정체를 민주정체(dēmokratia) 대신 평등정체(isonomia)라고 불렀다.

2차 페르시아 전쟁 중인 기원전 480년 테미스토클레스(Themis-toklēs)가 살라미스(Salamis) 해전에서 결정적인 타격을 가해 페르시아를 패퇴하게 만든 일도 아테네 민주정에 큰 영향을 미쳤다. 우선 페르시아의 재침공을 대비해 델로스 동맹을 맺게 되는데, 아테네가 이 동맹의 맹주가 되어 동맹의 기금을 관리하게 된다. 페리클레스가 민회에서 장군으로 선출되어 활약하던 시기(기원전 461~429)에는 귀족회의인 아레이오스파고스 회의의 권한이 축소되고 민회와 법정이 최고 권력기관으로 자리 잡으면서 사실상 아테네 민주정의 절정기를 맞이한다.

살라미스 해전에서 노 젓는 일을 맡아 승리에 큰 기여를 한 테테스 계층은 영향력을 계속 키워가다가 기원전 460년에서 450년경에 페리클레스의 개혁정책으로 마침내 관직에 오를 수 있는 권리를 갖게 된다. 장군직을 제외한 대부분의 관직은 추첨을 통해 모든 시민에게 분배되었고, 동맹의 자금을 이용해 민회나 법정 참석자들에게 수당을 지급하게 되자 시민들의 정치 참여는 크게 고조되었다.

**플라톤이 이해한
민주정의 탄생 과정**
플라톤은 『국가』 제8권에서 민주정의 탄생 과정을 설명한다. 그는 역사적으로 정체가 어떻게 변화했는지를 설명하기보다, 가치판단의 관점에서 가장 좋은 정체부터 가장 나쁜 정체까지 정체들의 서열을 정하고자 했다. 그에 따라 플라톤은 가장 지혜로운 사람들이 통치하는 정체, 즉 최선자정체(철인정체)가 타락하면서 명예정과 과두정을 거쳐 민주정이 되고, 최악의 경우에는 참주정이 된다고 보았다. 여기서 우리는 과두정의 타락에서 민주정이 탄생하는 과정을 살펴볼 것이다. 오늘날의 민주정이 과두정적인 특성을 많이 갖고 있다는 점에서 과두정에 대한 플라톤의 비판도 우리가 눈여겨볼 만하다.

'과두정'은 시민을 재산에 따라 분류하여 관직을 주는 정체로서, 부자들만 통치하고 가난한 사람은 통치에 관여하지 못하는 '금권정'이라고 할 수 있다. 플라톤은 과두정의 큰 결함으로 여러 가지를 지적하는데, 여기서는 세 가지 점에만 주목해보기로 한다.

첫째, 예컨대 선박의 조타수를 재산을 기준으로 선정하면 항해가 제대로 될 수 없듯이, 나라의 통치자도 재산을 기준으로 선정하면 그와 마찬가지일 것이다. 둘째, 재산을 기준으로 권력을 나누는 나라는 양극화에 의해 하나의 나라가 아닌 두 개의 나라, 즉 가난한 사람들의 나라와 부유한 사람들의 나라가 될 것이며, 서로를 상대로 음모를 꾸미는 사람들의 나라가 될 것이다.

나아가 셋째, 과두정에서 가장 나쁜 일은 다음과 같은 것이다. 즉 한 사람은 소유물을 모두 내다 팔고, 다른 사람은 이를 모두 사들여서 소유하는 일이 허용되는 것이다. 특히 이런 일이 과두정에서 맨 처음 생겼으며, 이 일이 거의 모두를 가난뱅이나 거지, 나아가 범죄자로 만들어버릴 수 있다는 점을 플라톤은 심각하게 여겼다. 시민으로서 기본적인 삶을 영위하기 위해서는 기본 재산을 유지할 필요가 있기 때문에 당시 여러 나라에서는 기본 재산을 사고파는 일이 불법이었으나 과두정에서 맨 처음 이를 허용했다고 한다.

플라톤이 보기에 과두정은 부(富) 때문에 수립되고, 부 때문에 파멸한다. 즉 '부'에 대한 '만족할 줄 모르는 욕망'이 파멸에 이르게 한다는 것이다. 그 이유는 다음과 같다. 이런 나라에서는 많은 재산을 소유해야만 통치자가 되고 통치권도 유지할 수 있기 때문에, 통치자들은 시민들의 무절제와 방종을 조장하고 이들의 재산을 사들이는가 하면, 그것을 담보로 돈놀이까지 하여 한층 더 부유해지고자 한다. 그로 인해 가난한 사람과 거지들이 양산된다. 하지만 과두정의 통치자들은 이런 상황을 방치하고 '자신의 모든 재산을 제멋대로 처분하는 행위를 금지하는 법'도 '이자 받는 행위를 금지하는 법'도 시행하지 않는다. 여기서 이자에 관한 법은 채권자가 원금뿐만 아니라 이자까지 받으려고 하면 채무자는 원금까지 갚지 않아도 되는 법을 말한다. 이런 법을 플라톤은 "덕에 마음을 쓰지 않을 수 없도록 만드는 법"이라고 부른다. 이런 법들이 시행된다면, 돈벌이를 일삼는 통치자들이 덜 파렴치하게 돈벌이를 하게 될 테고 해악도 덜 자라나게 될 것이라고 그는 본다(『국가』 556a-b). 그런데 과두정에서는 통치자들이 시민들의 불만을 방치한 결과 시민들이 혁명을 열망하여 내란이 발생하게 된다. 이때 가난한 사람들이 이겨서 다른 편 사람 중에 일부는 죽이고 일부는 추방한 다음, 나머지 시민들에게 평등하게 시민권과 관직을 배정함으로써 민주정이 탄생하게 된다고 한다(『국가』 557a).

전문성이 도외시되는 민주정 비판   플라톤이 보기에 민주정이 생기게 되는 것은 "시민들에게 평등하게 시민권과 관직을 배정하고, 관직이 대체로 추첨을 통해 할당될 때"다(『국가』 557a). 이는 대체로 추첨을 통해 시민들에게 관직을 배정하는 일이 민주정의 고유한 특성임을 지적한 것이다. 그는 민주정의 또 다른 특성도 지적한다. 말하자면 "나라가 자유(eleutheria)와 언론 자유(parrhēsia)로 가득차 있어서, 이 나라에는 '자신이 원하는 바를 제멋대로 할 수 있는 자유(exousia)'가 있다"는 것이다(『국가』 557b). 아리스토텔레스도 『정치학』 제6권 2장에서 사실상 플라톤과 같이 민주정의 두 가지 특성을 지적한다. 곧 민주정의 근본원리는 자유(eleutheria)이며, 자유의 구성요소 중 하나는 번갈아가며 지배하고 지배받는 것이고, 또 하나는 '원하는 대로 사는 것'이라고 말한다.

플라톤은 이 두 가지 특성에서 비롯된 여러 가지 문제점을 지적하는데, 그 문제점은 두 가지로 요약될 수 있다. 첫째, 민주정 국가는 자유가 넘쳐서 아무런 강요도 하지 않는 나라, 즉 무정부 상태가 된다는 것이다. 둘째는 전문지식이나 전문성이 고려되지 않는 나라가 된다는 것이다. 그는 『국가』 제8권에서 이 두 가지 문제점을 지적하는데, 제8권 자체에서는 주로 첫째 사항과 관련하여 이야기한다. 둘째 사항과 관련해서는 짧게 언급하고 마는데, 제6권에서 이미 설명했기 때문인 것으로 보인다. 먼저 이 둘째 사항과 관련해 살펴보자.

플라톤은 아테네 민주정에선 전문지식이나 전문성이 고려되지 않고 있다고 지적한다. 민주정에서는 추첨을 통해 시민들이 번갈아가며 관직에 오르기 때문에, 각 관직에 적합한 전문성이 도외시된다는 것이다. 게다가 아테네에서는 정치를 아무나 할 수 있는 것으로 여기고 대중에 영합하는 자세만 가지면 정치가가 되는 현실을 다음과 같이 비판한다.

어려서부터 훌륭한 놀이를 하고 이와 같은 모든 일에 종사하지 않는 한, 결코 훌륭한 사람이 될 수 없다는 것을 경시하는 이 나라의 풍조가 […] 어떤 사람이 어떤 종류의 일들에 종사하다가 정치활동을 하려고 하는지에 대해서는 전혀 개의치 않고, 그가 대중에 대해 호의를 갖고 있다고 말하기만 하면 그를 떠받들지 않는가?(『국가』 558b–c)

훌륭한 사람은 아무나 되는 것이 아니고 어린 시절부터 훌륭한 교육 과정을 밟아야 하듯이, 훌륭한 정치가가 되려면 그에 걸맞은 교육 과정을 거쳐야 한다는 것이 플라톤의 생각이다. 그래서 여러 단계의 교육 과정을 제시하기도 했다. 하지만 이 인용문에서는 대중에 대한 호의만이 정치가의 자격요건이 되는 현실을 지적하고 있다. 이는 아테네 정치가들이 지혜나 원칙 없이 대중에게 영합하는 아테네의 정치 현실을 비판한 것이기도 하고, 한편으론 아테네 대중의 어리석음을 지적한 것이기도 하다. 이런 현실에 대한 신랄한 비판은 유명한 '선박의 비유'를 통해 제시된다.

『국가』 제8권에서 민주정의 무정부성을 지적하는 플라톤의 비판이 아테네에 대한 비판인가에 관해서는 논란이 있지만, 『국가』 제6권에서 제시한 '선박의 비유'가 당시 아테네 민주정에 대한 비판이라는 데는 논란의 여지가 없어 보인다. 어떤 선박에서 다음과 같은 일이 일어난다면 어떻게 되겠는가?

선주는 선원들보다 덩치가 크고 힘도 세지만, 약간 귀먹고 근시인 데다 항해나 조타에 관해 잘 알지 못한다. 한편, 선원들은 조타에 대해 알지도 못하면서 자신이 키의 조종을 맡겠다고 서로 다투다가,

선주를 에워싸고 각자 자신에게 키를 맡겨 달라고 요구한다. 선주를 설득하는 데 실패한 사람은 선주를 설득해낸 사람을 살해하거나 배 밖으로 던져버린다. 아울러 점잖은 선주를 최면제 또는 술에 취하게 하거나 그 밖의 다른 것으로 옴짝달싹 못하게 만든 다음, 배 안에 있는 것들을 이용해 배를 지휘한다. 자신들이 지휘할 수 있도록 능숙하게 도와주는 사람은 항해술과 조타에 능하고 배와 관련된 일을 잘 아는 사람이라 일컬으며 칭찬하지만, 그렇지 못한 사람은 쓸모없는 사람이라고 비난한다. 이런 일이 선박에서 벌어진다면, 정작 조타에 능한 사람은 이런 상태의 선원들로부터 영락없는 천체 관측자나 수다꾼에다 쓸모없는 사람으로 치부될 것이다(『국가』488a-489a).

이 비유에서 선박은 아테네를, 선주는 아테네 시민을, 선원들은 시민을 선동하는 현실 정치인들을, 조타에 능한 사람은 참된 정치가를 가리킨다. 선박의 비유에 담긴 뜻은 다음과 같이 이해할 수 있다. 선박에서 키의 조정은 조타술을 가진 조타수가 맡아야 하듯이, 나라에서 통치는 통치에 관한 지식을 가진 자가 맡아야 한다. 그런데 아테네 민주정은 그런 지식이 없는 시민들이 통치하는 정체다. 게다가 이 정체에서는 역시 통치에 관한 지식이 없는 민중선동가(dēmagogos)들이 시민들을 설득하거나 강제하여 자신의 탐욕을 채운다. 결국 민주정은 진짜 통치술을 가진 사람을 쓸모없는 사람으로 만들고, 그래서 중우정치가 되고 만다는 것이다.

민주정의 무정부성 비판　　플라톤은 민주정이 전문성을 무시하는 맹점을 가질뿐더러, 극단적 자유로 인해 나라가 무정부 상태(anarchia)에 놓일 수 있다고 크게 우려한다. 이 점은『국가』제 8권에서 길게 지적하고 있다.『국가』의 등장인물인 소크라테스는 민주정 국가에서는 시민들에게 원하는 바를 제멋대로 할 수 있는 자유 (exousia)가 있어서 국가로부터 아무런 강요도 받지 않는다고 말한다. 즉 시민들에게 통치해야 한다거나 통치 받아야 한다는 강요도 없고, 전쟁 시에는 싸워야 하고 평화 시에는 평화롭게 지내야 한다는 강요도 전혀 없다는 것이다. 더욱이 플라톤은 이 정체에서는 사람들이 사형이나 추방형을 선고받고도 공공연히 활보하고 다니는 모습을 수차례 목격할 수 있었다고 말하기까지 한다(『국가』557e-558a).

이런 얘기들은 아테네 민주정을 두고 하는 말일 텐데, 과연 당시의 아테네가 이 정도로 무정부주의적인 민주정 국가였을까 하는 의문이 든다. 이와 관련해서는 판단을 유보하고, 민주정과 관련한 플라톤의 생각을 좀 더 들여다보자.

플라톤에 의하면, 민주정은 '자유'를 '좋은 것'으로 보고 자유를 추구함으로써 수립되지만, 또한 "자유에 대한 만족할 줄 모르는 욕망"으로 인해 점차 무너져간다. 이런 일은 자유를 갈망하는 민주정 국가가 나쁜 '술 따르는 자들'을 지도자로 갖게 되어, 희석하지 않은 자유의 포도주를 필요 이상으로 마셔서 취하게 되었을 때 일어난다. 이렇게 되면 시민들은 통치자에게 많은 자유를 요구하고, 통치자에게 순종하는 사람들더러 노예가 되고자 하는 자들이라고 비난하는가 하면, 피통치자 같은 통치자와 통치자 같은 피통치자를 사적으로나 공적으로 칭찬하며 존중할 것이다.

이런 나라에서는 자유가 전면적으로 확장되어 개개인의 가정에까지 스며들다가, 결국 무정부 상태를 초래하여 다음과 같은 일들이 생긴다고 한다. 이를테면 아버지는 아들과 대등해지고 나아가 아들을 두려워하도록 버릇을 들이는 한편 아들은 자유로워지기 위해 아버지와 대등해지도록 버릇을 들여 부모 앞에서 부끄러워하지도 두려워하지도 않는다(『국가』 562e). 또한 선생이 학생들을 무서워하여 이들한테 아첨하는가 하면, 학생들은 선생을 경시하고(『국가』 563a), 젊은이들은 연장자를 흉내 내며 언행에서 이들을 맞상대하는 반면, 연장자들은 불유쾌하다거나 권위적이라는 말을 듣지 않으려고 재치와 재담을 늘어놓으며 젊은이들을 따라하고 젊은이들에게 맞춰준다(『국가』 563a-b). 남녀 사이에서도 자유와 평등 면에서 마찬가지라고 한다(『국가』 563b).

그리하여 "시민들은 누가 어떤 형태의 예속을 요구해도 못마땅해하며 참지를 못한다. 결국 시민들은 법률을, 그것이 성문율이든 불문율이든 아랑곳하지 않게 되는데, 이는 그 누구도 어떤 식으로든 자신들의 주인이 되지 못하도록 하려는 것이다"(『국가』 563d-e) 라고 플라톤은 본다.

민주정 비판의 대상은　　앞서 설명한 상황들은 원하는 바를 제멋대로
아테네　　　　　　　　할 수 있는 자유에서 비롯된 문제점을 지적한

것이다. 곧 민주정의 무정부성을 비판했다고 할 수 있다. 그렇게 보면 플라톤이 비판의 대상으로 삼은 민주정은 적어도 오늘날 우리가 알고 있는 민주정과는 다르다고 할 수 있다. 오늘날의 민주정은 무정부성을 띠는 정체는 아니기 때문이다. 그렇다면 그는 당시의 아테네 민주정을 비판하고 있는 것일까? 플라톤이 당시 그리스에서 대표적인 민주정 국가인 아테네를 제쳐놓고 다른 나라의 민주정을 비판했을 것 같지는 않다.

그렇다고 『국가』 제8권에서 아테네를 겨냥하여 민주정을 비판했다고 단정적으로 말하기는 어렵다. 『국가』 제8권에서 민주정의 무정부성을 비판하고 있지만, 아테네의 민주정이 무정부주의적이었던 것으로 보이지는 않기 때문이다. 우선 당시 아테네가 민주정을 통해 시민들에 대한 통치력을 상실하고 전쟁 시에 시민들에게 참전을 강제할 공권력도 상실했다고 보긴 힘들다. 또한 아테네에서 사형이나 추방형을 선고받은 사람들이 공공연히 활보하고 다녔다는 목격담도 수긍하기 힘들 듯하다. 나아가 아버지와 아들의 관계, 선생과 학생의 관계, 연장자와 젊은이의 관계, 그리고 남자와 여자의 관계에 대한 얘기들도 당시 상황을 그대로 반영하고 있는 것으로 보이지 않는다. 아테네 민주정에서 남녀평등이 실현되지 않았다는 점은 분명하고, 그 밖의 관계도 무정부주의적이었다고 보기에는 무리가 있기 때문이다.

하지만 『국가』 제8권에서 민주정을 비판하는 핵심은 시민들의 '극단적 자유'에 관한 것인데, 『법률』 제3권에서 플라톤이 '극단적 자유'를 아테네의 특징으로 묘사한 점을 주목할 필요가 있다. 이는 『국가』에서의 민주정 비판이 아테네를 겨냥한 것이라고 볼 좋은 근거가 된다. 이제 『법률』 제3권에 제시된 논의를 살펴보자.

극단적인 아테네 민주정의 근원　　플라톤은 『법률』 제3권에서 모든 지배로부터 벗어난 완전한 자유가 적절한 정도로 누군가의 지배를 받는 것보다 얼마나 심각하게 나쁜지를 검토한다(『법률』 698a-b). 그렇다면 플라톤이 『법률』 제3권에서는 아테네 민주정을 어떻게 비판했는지 살펴보자.

여기서는 지나치게 자유로운 삶이 아테네에서 어떻게 점차 심화되었는지를 특히 시가와 연관시켜 밝히고 있어 주목된다(『법률』 700a). 플라톤에 의하면 아테네인은 페르시아인과 같은 불행을 겪었다. 저들은 백성을 완전한 예속으로 이끌었기 때문에 그렇게 되었고, 반대로 아테네인들은 대중을 완전한 자유로 몰아갔기 때문에 그렇게 되었다(『법률』 699e). 그런데 지나치게 자유로운 삶이 어떻게 점차 심화되었는지를 처음부터 하나하나 짚어나가려면 시가에 관한 옛 법률들에 주목해야 한다고 플라톤은 본다.

옛 법률에는 시가의 종류가 정해져 있었고, 한 종류의 가락을 다른 종류의 노래에 사용하는 것이 허용되지 않았다. 시가를 판정하는 권한도 휘파람이나 대중의 교양 없는 함성이나 찬사를 표시하는 박수에 의거하지 않고, 그 대신 교육받은 자에게 맡겼다.

그러나 세월이 흐르면서, 재능은 있으나 시가 영역에서 정의로운 것과 적법한 것에 무지한 시인들이 광란적인 쾌락을 위하여 적법하지 않게 서로 종류가 다른 것들을 섞기 시작했다(『법률』 700a-d). 게다가 이 시인들은 어리석음으로 말미암아 본의 아니게 시가에 대한 그릇된 말을 늘어놓았다. "시가에는 옳고 그름의 표준 같은 것은 없고, 그것을 즐기는 사람이 훌륭하든 열등하든 그 자신의 쾌락에 의거해 시가를 판정하는 것이 옳다"는 것이다. 그들은 이런 관점에서 작품을 만들고 주장을 내세워서 대중에게 시가와 관련한 법을 어기고 싶은 마음을 심어주었고, 판정할 수 있는 능력이 자신들에게 충분히 있다는 대담한 생각을 갖게 했다(『법률』 700e).

그리하여 시가 가운데 어떤 것이 훌륭하고 그렇지 못한지를 알고 있기라도 한 듯이, 관중들이 침묵 대신에 소리를 지르게 되었다(『법률』

701a). 그 결과, 시가에서 '최선자 지배(aristokrasia)' 대신 일종의 고약한 '관중 지배(theatrokratia)'가 생겨났다. 이러한 형태의 민중 지배(demokratia)가 시가에만 생겼다면 결과가 그렇게 끔찍하지는 않았을 것이다. 시가로부터 누구나 모든 일에 지혜롭다는 생각과 법을 어기는 일이 시작되었고, 자유(eleutheria)도 뒤따라 나왔다.

사람들은 스스로 잘 알고 있다고 여겨 두려움을 갖지 않게 되었고, 이 겁 없음은 파렴치를 낳았다. 대담함이 지나쳐서 더 훌륭한 사람의 견해를 두려워하지 않는 것, 이것은 거의 고약한 파렴치로서, 지나치게 주제넘은 일종의 자유에서 비롯된다. 이 자유로부터 통치자들에게 복종하려 들지 않는 자유가 생기는 것이다. 그 다음에는 아버지와 어머니 그리고 연장자에게 불복하고, 법률에 불복하고, 마침내는 맹세와 약속 그리고 신들에 관한 일체의 것에 주의를 기울이지 않게 된다. 그러면 티탄들과 같은 상태로 되돌아가게 되어 불행에서 결코 벗어나지 못하는 어려운 삶을 살아가게 될 것이다(『법률』 701a-701c).

철인정치의 등장　　아테네를 지배했던 극단적인 자유가 정의로운 것과 적법한 것에 대해 무지한 시인들로부터 비롯되었다고 보는 플라톤의 견해는 흥미롭지만, 이에 대한 평가는 미루어두기로 한다. 지금은 『법률』에서 아테네 민주정을 묘사한 내용이 『국가』 제8권에 묘사된 내용과 사실상 같은 인식을 보여주고 있다는 점에 주목할 필요가 있다.

『국가』 제8권의 묘사가 당시 아테네의 현실에 들어맞지 않는 점들이 있다고 해서, 그 비판이 아테네 민주정을 겨냥한 것이 아니라고 보는 것은 적절치 않다.『법률』제3권에서 아테네 민주정을 적시하며 극단적 자유를 비판하고 있기 때문에『국가』제8권에서 극단적 자유를 용인하는 민주정의 비판은 아테네를 겨냥한 것으로 보아야 한다. 그러면 아테네 현실에 대한 과장된 묘사는 어떻게 보아야 할까? 그것은, 플라톤이 아테네 민주정의 현실을 지적하는 데 그치지 않고 그 미래상까지 그려보면서 경각심을 갖게 하고자 했던 것으로 여겨진다.

또한『법률』제3권에서는 아테네인들의 극단적인 자유 추구가 그들의 무지에 기반하고 있다는 지적도 놓쳐서는 안 된다. 무지한 시인에 의해 시가의 옳고 그름을 가르는 기준이 부정되고 시민들이 훌륭한 시가와 그렇지 못한 시가에 대해 알고 있기라도 한 듯이 시가 판정에 나서게 되면서 시가 영역에서 일종의 민중 지배(demokratia)가 생겼고, 이 흐름이 다른 분야에도 확산되어 "누구나 모든 일에 지혜롭다는 생각"과 법을 어기는 일이 시작되었는데, 그 뒤를 따라 자유(eleutheria)도 나왔다고 보기 때문이다. 그러니까 아테네 시민들은 무지하면서도 모든 것을 다 안다고 생각하여 극단적인 자유를 추구하게 되었다는 것이다.

아울러 아테네가 무정부 상태로 치달을 뿐만 아니라, 전문성을 도외시하고 아무나 관직에 오르며 정치가가 되는 사회가 된 것도 무지에서 비롯되었다는 것이 플라톤의 생각이다. 곧 아테네를 지배하는 무지가 아테네를 극단적인 자유를 추구하는 나라로 만들 뿐만 아니라, 전문지식이나 전문성을 중시하지 않는 나라로 만든다는 점을 플라톤은 우려했다고 할 수 있다. 그래서 플라톤은 나라가 무지 대신에 지성(nous) 혹은 지혜를 갖게 해야 한다고 보고,『국가』에서 가장 지혜로운 자, 즉 철학자가 통치를 하든가 현재의 통치자가 철학자가 되어야 한다고 역설한 것이다.

**플라톤은
전체주의자인가**
아테네 민주정에 대한 플라톤의 비판에 담긴 두 가지 원칙, 즉 나라가 무정부 상태가 되어서는 안 된다는 점과 전문지식을 갖춘 사람이 관직에 올라야 한다는 점은 오늘날에도 수용할 만한 것들이다. 우선 현대의 민주사회에서도 공권력이 무력해지고 나라가 무정부 상태에 놓이는 일은 용납되지 않는다. 따라서 만일 아테네 민주정이 무정부주의적인 경향을 보였다면, 플라톤의 비판은 오늘날의 관점에서도 수긍할 만한 것이다.

아무나가 아니라 전문지식을 갖춘 사람이 관직에 올라야 한다는 점도 합리적인 원칙이라 할 수 있다. 그러나 예나 지금이나 민주정에서 이 원칙의 실현에는 약점을 보인다. 앞서도 이야기했듯이, 고대 아테네의 민주정에서는 공직자가 되는 길이 두 가지 있었다. 하나는 추첨에 의한 것이고, 다른 하나는 민회에서 직접선거에 의한 것이다. 그러나 그 어느 쪽도 공직에 걸맞은 전문가를 선출할 수 있는 방식이라고 보기는 어렵다.

직접선거에 의해 공직자를 선출하는 제도는 당시나 지금이나 난점을 갖고 있다. 전문지식이 있는 공직자를 제대로 선출하려면 투표를 하는 시민들도 어느 정도 전문지식이 있어야 할 텐데 이는 고대 그리스뿐만 아니라 오늘날에도 충족되기 어려운 일이다. 우리는 선거를 통해 제대로 된 공직자를 잘 가려내지 못하곤 한다. 그래서 제대로 국민의 이익을 대변하는 공직자를 선출할 수 있으려면 시민교육이 필요하다는 주장이 나오게 된다.

이렇게 보면 민주정에 대한 플라톤의 두 가지 비판은 나름의 합리성을 갖췄다고 할 수 있다. 그렇다면 플라톤의 정치사상에 따라붙는 전체주의라는 꼬리표는 어떻게 이해해야 할까? 그가 『국가』에서 제시하는 이상국가론은 전체주의적이고, 따라서 용인되기 어려운 반민주적 요소를 가지고 있는 것으로 평가되곤 한다. 사실 그의 이상국가가 전체주의적이라는 점은 부정할 수 없다. 문제는 어떤 성격의 전체주의인가에 있다. 단지 그의 사상이 전체주의적이라는 이유로 그 사상에 심각한 문제가 있는 것처럼 생각하는 것은 적절치 않다. 그렇다면 플라톤의 전체주의는 어떤 성격의 것일까?

아리스토텔레스의 『정치학』(제1권 2장)에 의하면, 전체는 부분보다 우선하며, 따라서 국가가 개인보다 우선한다. 예컨대 신체 전체가 파괴되면 그것의 부분인 손이나 발은 존재 의미를 상실하기 때문이다. 아울러 각자는 전체로부터 분리되어서는 자족적일 수 없기 때문이기도 하다. 플라톤은 물론이고 아리스토텔레스도 기본적으로 이런 생각을 가지고 있었고, 그런 점에서 전체주의자라고 할 수 있다. 매킨타이어나 마이클 샌델과 같은 공동체주의자도 마찬가지다.

그런데 우리가 정치적 측면에서 '전체주의'란 말로 현대의 파시즘이나 나치즘과 같이 개인의 권리와 이익을 도외시하고 정부와 통치자의 권위만을 절대시하는 전체주의를 지칭하고자 한다면, 플라톤이 과연 이런 성격의 전체주의자라 할 수 있는지는 좀 더 생각해봐야 한다.

플라톤이 그리는　　플라톤은 『국가』에서 시민들 사이에 갈등이나
아름다운 나라　　　불화가 없는 나라, 시민 전체가 최대한 행복한
나라를 그려본다. 이런 나라를 그는 "아름다운 나라(kalipolis)" 혹은 "하나의 나라(mia polis)"라고 일컫는다. 그러면서 이런 나라가 실현되려면 나라가 정의로워야 하고, 수호자들에게 사유재산과 개인 가정도 허용해서는 안 되며, 나아가 시민 가운데 소수인 철학자들이 통치자가 되

어야 한다는 견해를 편다.

여기서 플라톤의 아름다운 나라가 '시민들의 권리나 이익(행복)과 관계없이' 나라 전체의 통일성을 목표로 한다는 점에서 전체주의적이지 않은가 하는 문제가 제기될 수 있다. 그러나 『국가』에서 시민의 권리나 이익을 도외시한다고 보는 게 옳은지는 의문이다. 우리는 『국가』에서 국가론이 시민들 각자의 행복한 삶에 관한 다음과 같은 문제를 해결하기 위해 제기된 것임을 상기할 필요가 있다. 『국가』 제1권과 제2권에서 소크라테스는 정의로운 사람이 부정의한 사람보다 더 행복한지, 만일 그렇다면 어떤 점에서 그러한지에 대해 논한다.

이 문제를 해결하려면 정의가 무엇인지 알아야 하는데, 이를 위해서는 한 사람의 정의보다는 국가의 정의를 먼저 살펴보는 게 적절하다고 본다. 작은 글씨보다는 큰 글씨가 알아보기에 더 수월하기 때문이다. 그래서 먼저 국가의 정의에 대해 고찰하고, 종국에는 개인의 정의에 관한 논의로 이어진다. 따라서 『국가』에 개진된 논의는 국가를 위해 개인의 권리나 이익은 어떻게 되어도 상관없다고 설명하려는 것이 아니라, 오히려 개인의 행복을 중시하고 어떤 삶이 행복한 삶인지를 밝히는 데 목표를 두고 있다고 할 수 있다.

한편 플라톤의 아름다운 나라는 정치권력을 소수 집단인 철학자들만 소유한다는 점에서 현대 전체주의 국가의 특성을 갖고 있는 듯이 보인다. 하지만 플라톤의 아름다운 나라에서는 누가 나라를 다스려야 하는지를 두고 다스리는 자들과 다스려지는 자들 사이에 의견 일치, 즉 합의를 보아야 한다(『국가』 430d-432b).

이런 점들에서 아름다운 나라는 현실의 전체주의 국가와는 근본적으로 다르다. 아울러 아름다운 나라의 철인 통치자들은 권력욕에 사로잡혀 통치권을 추구하는 사람들이 아니다. 자신보다 못한 자의 지배를 받는 일종의 벌을 피하기 위해 마지못해 통치자가 되어(『국가』 347c), 자신의 이익이 아닌 시민의 이익을 돌보며(『국가』 341c-343a), 사유재산은 물론 개인 가정도 갖지 못한다. 따라서 플라톤이 그려본 아름다운 나라는 통치자에게 너무 가혹한 듯이 보인다. 이는 통치자의 행복보다는 시민 전체가 최대한 행복해지는 것이 아름다운 나라의 목표이기 때문이다.

넓은 의미에서 플라톤의 사상은 전체주의적이라고 할 수 있겠으나, 현대에 등장한 파시즘이나 나치즘과 같은 전체주의 사상과는 거리가 멀다. 오히려 이런 전체주의 정체는 플라톤이 최악의 정체로 보았던 참주정에 해당한다는 점에 유의할 필요가 있다.

인치에서 법치로　　이제까지 우리는 플라톤이 아테네 민주정에 대해 특히 두 가지 점에서 비판적임을 살펴보았다. 무정부성을 띤다는 점과 전문지식이나 전문성이 고려되지 않는다는 점에서 문제가 있다는 것이다. 나아가 이 두 가지 측면은 아테네인들의 무지에서 비롯되었다는 것이 플라톤의 생각이다. 그래서 그는 민주정을 거부하고 철인 통치 정체를 내세웠다. 그의 통치론은 넓은 의미에서 전체주의적이라 할 수 있겠으나, 개인의 권리나 이익을 도외시하고 국가만을 중시하는 전체주의 사상과는 거리가 멀다.

이 점을 단적으로 보여주는 것이 손가락의 비유다. 플라톤은 손가락을 다치면 손가락이 아픈 것은 물론 몸 전체가 함께 괴로워하듯이 "가장 훌륭하게 다스려지는 나라는 시민 중에 한 사람이 좋은 일이

건 나쁜 일이건 어떤 일을 겪게 되면, 무엇보다도 우선 그 사람이 자신(나라)의 일부이기도 하다고 말하면서, 온 나라가 함께 기뻐하고 함께 슬퍼할 것이라고 생각한다"고 역설한다(『국가』 462c-e). 이 인용문은 나라 전체를 위해 개인의 희생을 당연시하는 전체주의가 아니라, 나라 전체가 공동체의 일원인 개개인의 아픔과 기쁨을 함께 나눠야 한다고 보는 공동체주의가 플라톤의 이상임을 보여주는 것이다.

그런데 이런 나라가 현실적으로 실현될 수 있을까? 플라톤은 자신의 마지막 대화편인 『법률』에서 아무리 지혜를 가진 통치자라 할지라도 절대 권력을 가지게 되면 언제까지나 공공의 이익을 추구하고 사익을 멀리하리라는 보장이 없다고 본다(『법률』 875b-d). 그래서 그는 지혜에 의한 통치, 즉 철인 통치 대신 법에 의한 통치를 차선책으로 제시한다. 그러면서도 나라에 지혜가 구현되어야 한다는 원칙이나 이념만큼은 변함없이 유지한다.

플라톤은 『법률』에서 현실적인 조건을 고려하여 나라에서 지혜를 구현하는 차선책으로 두 가지를 제시한다. 그 하나가 지혜를 인치가 아닌 법치를 통해 구현하는 것이다. 곧 법에 최대한 지혜를 반영해서 법을 통해 지혜를 구현하고자 한다. 그리고 플라톤은 『국가』에서 지혜로운 철학자가 통치하는 정체를 최선의 정체로 보고 민주정을 배척했지만, 『법률』에서는 민주정을 일부 수용한다. 그는 민주정과 일인정 사이에 중용을 유지하는 정체, 즉 혼합정체를 차선의 정체로 명명하고 이를 추구한다. 이 혼합정체사상은 '권력의 분립과 균형'을 고려한 것으로서, 오늘날의 삼권분립 사상의 씨앗이 되었다.

       6. 아테네 민주정의 성립과 플라톤의 민주정 비판

플라톤 형벌론의 기본원리는 소크라테스의 역설로 불리는

"모든 나쁜 사람은 모든 점에서 비자발적으로 나쁘다"이다.

이 말은 앞에서 '누구도 자진해서 부정의한 행동을 하지

않는다'는 말을 형벌론의 취지에 맞게 고친 것이다. 다시 말해

부정의한 행동을 하는 사람은 비자발적으로 부정의한 행동을

하기 때문에 부정의한 행동은 전혀 자발적인 것이 아니라는

말이다. 범죄는 자발적인 행동이 아니라는 것, 여기에 범죄의

교정 가능성이 있다.

7

죄, 갚게 할 것인가, 치유할 것인가

김주일

법의 목적은 정의   흔히 '법 없어도 살 사람'이라는 말을 하지만, 정작 법이 없는 사회는 아마도 없을 것이다. 왜 법이 없는 사회가 없는지에 관해서는 여러 가지 논의가 있을 수 있겠지만, 질서와 정의가 필요하기 때문에 그렇다는 데는 흔쾌히 동의할 것이다.

기원전 1세기 로마시대 연설가 키케로는 자신의 저서 『클루엔티우스 변론』에서 "우리는 모두 자유롭기 위해 법의 노예가 된다(Omnes legum servi sumus ut liberi esse possimus)"라며 법의 중요성을 강조했다. 로마 시민이 누리는 자유는 법으로 보장된다는 뜻일 터이다. 그러나 단순히 법만 있으면 되는 것이 아니라 법에 복종해야 자유가 보장된다는 의미로 읽힌다. 법에 복종함으로써 일차적으로 확보되는 것은 질서일 것이다.

법의 또 다른 목적은 정의에 있다. 정의는 다시 객관적 정의와 주관적 정의로 나눌 수 있다. 객관적 정의는 법의 내용이 올바름을 말한다. 즉 치우침 없이 공정하게 법을 적용하고 집행하는 것을 객관적 정의라고 한다. 그래서 사람을 가리지 않고 '동일한 경우는 동일하게 다룬다'는 원칙에 입각하여 법을 적용하고 집행할 때, 객관적 정의를 갖추었다고 할 수 있다.

플라톤을 이어서 정의에 대한 고대 그리스의 사유를 집대성한 아리스토텔레스는 자신의 저서 『니코마코스 윤리학』에서 정의를 '분배적 정의', '시정적 정의', '교환적 정의'로 나눈다. 그중 분배적 정의는 사회 가치관에 따라 '가치에 맞게', 즉 배분받을 사람의 가치에 따라 정의를 배분하는 것을 말하는데, 그렇게 할 경우 '시정적 정의'에 따르면 부정의가 된다. 누가 남의 물건을 훔치거나 때렸고 누가 도둑을 맞거나 매를 맞았든 간에 그런 행위를 하거나 당한 사람의 지위나 인격, 권위와 관계없이 동등하게 대하고, 손실된 동등성을 회복시켜주는 것이 시정적 정의에 입각해서는 정의로운 일이 된다고 아리스토텔레스는 말한다.

한편 주관적 정의는 법을 집행하는 사람의 인격 또는 덕성을 가리킨다. 다시 말해 법을 정의롭게 실현하고자 하는 법 집행자의 정의로운 마음을 주관적 정의라고 한다. 법체계가 아무리 정교하게 짜였다한들 인간사의 모든 경우를 온전히 다 망라하기는 사실상 불가능하기때문에 법 집행자의 주관적 정의가 중요하다. 주관적 정의는 단순히법을 공정하게 집행하겠다는 의지만을 말하는 것이 아니다. 세부적인사안들의 차이를 법 집행에 반영하기 위해서는 법 집행자가 근원적으로 정의로운 것이 무엇인지를 이해하고 있어야 하기 때문에, 이 점 역시 주관적 정의에 속한다.

법의 목적을 질서와 정의로 나누었지만, 질서와 정의는 연결될수밖에 없다. 어떻게 질서를 세울 것이며 그 기준은 무엇인가의 문제는정의와 연결되어 누가 정한 질서를 정의로운 것으로 볼 것인가의 문제를 불러들이기 때문이다.

**함무라비 법전의 정의,
눈에는 눈 이에는 이**

여기서 우리가 하고 싶은 이야기는 법의 처벌 문제다. 지키라고 법을 만들어놓았는데, 이 법을 어기면 어떻게 처벌할 것인가. 그런데 여기에 다시 질문이 따라붙는다. 처벌 목적은 무엇인가. 우리는 이 문제를 이 책을 관통하는주제 중에 하나인 플라톤의 관점에서 살펴볼 예정이다. 기원전 5세기와 4세기에 걸쳐 활동한 그리스 철학자 플라톤이 서양철학 전반에 엄청난 영향을 미치기도 했거니와, 법에 관해서도 오늘날 우리가 되새겨 볼 만한 사상을 갖고 있었기 때문이다.

고대 법사상에 대해 이야기할 참이니, 이런저런 경로를 통해 고 대세계 최초의 법전이라고 알려진 함무라비 법전에 대해 먼저 살펴보 자. 함무라비는 고대 바빌로니아 제국의 6대 왕으로, 기원전 1792년에 서 1750년까지 재위하였다. 함무라비 법전은 총 282개 조항으로 된 판 례모음집으로, 고대법 중에 가장 포괄적이고 가장 길며 비교적 잘 보 전되어 있다.

물론, 방금 시사한 것처럼 기원전 1750년경 만들어졌을 것으로 추정하는 함무라비 법전이 고대세계 최초의 법전은 아니다. 그 이전인 기원전 2530년에는 우르카기나의 수메르 법전이 있었고, 리피트-이쉬 타르 왕의 재위 기간인 기원전 1934년에서 1924년 사이에는 리피트- 이쉬타르 법전이 있었다고 한다. 함무라비 법전은 최초의 법전이 아니 라 최초의 법전들 가운데 가장 길고 잘 보전된 법전일 뿐이다. 그러나 보전이 잘 된 덕분에 이 법전은 고대법을 이해하는 데 중요한 역할을 한다.

함무라비 법전은 결혼, 가족 문제, 상속과 재산, 노예 및 채무, 세 금, 살인, 간음, 강간, 절도, 거짓 증언, 폭행, 상해 등 상당히 포괄적인 내용을 담고 있다. 함무라비 법전은 함무라비 재위 기간에 있었던 판 례들을 집대성한 것으로, 함무라비 왕은 이 법전을 통해 제국의 질서 를 세웠다.

그러나 함무라비의 제국이 법에 의해서만 통치된 것은 아니었다. 함무라비 왕은 비정기적으로 칙령을 내려 기울어진 형평성을 바로잡 고는 했다는데, 이것이 정의에 해당하는 '미샤룸(misharum)'이다. 바빌로

함무라비 법전, 루브르박물관

니아 제국의 언어인 아카드어로 '공평', '정의'에 해당하는 이 단어의 본
래 뜻은 '규격'이라고 한다. 왕은 칙령을 통해 채무를 탕감하거나 노예
를 해방하고 몰수된 토지를 회복시켜주며 강제노역과 세금을 면제함
으로써 제국이 한 방향으로 기우는 것을 바로잡았다고 한다.

　　'함무라비 법전' 하면 우리에게 익히 잘 알려진 것이 '동태복수법
(同態復讐法)'이다. '눈에는 눈, 이에는 이'라는 경구로 우리에게 익숙한
이 법은 함무라비 법전의 형벌원리를 규정한 것으로, 동일한 행위에 의
한 범죄는 동일한 행위로 갚아준다는 뜻이다. 라틴어 그대로 '탈리온
법(lex talionis)'이라고도 불리는 이 형벌원리는 언뜻 듣기에 잔인한 것 같

지만, 사실은 개인이 과도하게 임의로 복수하는 것을 막고 법으로 정한 기준에 따라 처벌할 수 있도록 한 규칙이다.

'당한 만큼만 갚아주라'는 말로 고쳐 이해해야 할 이 양형 기준에서 눈여겨봐야 할 또 하나의 특징은 '복수'라는 단어를 사용했다는 점이다. 범죄를 당한 사람의 원한을 풀어주고 대신 복수해준다는 의미로 형벌을 이해한다는 사고방식이 바로 이 '복수'라는 단어에 들어 있다.

복수는 오늘날에도 여전히 유효한 양형원리이며, 이후 유대법과 로마법에도 나타난다. 고대 로마의 가장 오래된 법인 '12표법'에는 "만일 (어떤 사람이 타인의) 사지를 절단하고 그와 합의하지 못하면, 동태복수법이 적용될 것이다"라는 구절이 있다. 다만 여기에는 "합의하지 못하면"이라는 표현을 집어넣어서, 범죄는 반드시 동일한 행위로 갚아야 한다는 원칙을 새로이 해석할 수 있는 여지를 두고 있다. 죄와 처벌의 문제에는 피해를 당한 만큼 갚아주는 것으로만 해결하기에는 훨씬 복잡하고 다양한 문제들이 얽혀 있다는 점을 인정해온 법의 변천사를 이 구절이 잘 보여준다고 하겠다.

신화 속 정의의 여신들 고대세계 최초의 법전인 함무라비 법전에서도 중요한 점은 공평과 정의이며, 이것을 실현하는 방식이 동태복수법이라고 앞서 설명했다. 이제 고대 그리스에서는 정의를 어떻게 이해하였고, 그것이 처벌 문제에는 어떻게 적용되었는지 살펴보자.

우리가 '정의' 하면 떠올리는 이미지 중에 대표적인 것이 아마도 정의의 여신상일 것이다. 우리나라 대법원 앞에 서 있는 정의의 여신상

아누비스와 오시리스. 예르미타시박물관

의 원조로는 고대 이집트의 마트 여신을 들 수 있다. 기원전 1300년경 이집트 제19왕조의 필경사였던 후네페르(Hunefer)가 편찬한 『사자(死者)의 서(書)』에는 아누비스의 손을 잡고 오시리스의 재판정으로 인도되는 후네페르의 모습을 담은 그림이 있다.

아누비스는 죽은 사람을 저승세계로 인도하는 신이고, 오시리스는 지하세계의 통치자이자 재판관이다. 그림 한가운데에는 천칭으로 죽은 사람의 무게를 재는 장면이 묘사되어 있다. 천칭 한 편에는 후네페르의 심장을 놓고 다른 편에는 타조 깃털이 놓여 있다. 죽은 사람의 심장과 타조 깃털이 평형을 이루어야만 죽은 사람에게 죄가 없거나 진실한 목소리로 여겨져서, 죽은 사람은 오시리스의 인도를 받아 다음 세계로 진입할 수 있다고 한다. 이 타조 깃털은 마트 여신의 머리에 꽂혀 있는 상징물로서 마트 여신과 마찬가지로 진실, 균형, 질서, 조화,

7. 죄, 갚게 할 것인가, 치유할 것인가

법, 정의 등을 의미한다.

이제 시선을 그리스로 돌려보자. 눈을 가린 채 한 손에는 천칭을 들고 다른 손에는 칼 또는 법전을 든 여신상. 이 여신상을 정의의 여신상이라고 부르기 때문에 보통 '정의'라고도 번역되는 '디케'를 이 여신상의 그리스 이름으로 생각하기 쉬운데, 서양에서는 디케 이상으로 흔히들 테미스 여신상이라고 부른다.

사실 그리스 신화에서 디케 여신은 테미스 여신의 딸이다. 테미스는 가이아와 우라노스 사이에서 태어난 티탄족의 일원으로 제우스보다 한 세대 위의 신성이지만, 제우스와 결혼하여 계절의 여신들인 호라이와 운명의 여신들인 모이라이를 낳았다. 테미스는 그리스어로 '관습에 의해 확립된 법', '정의', '신들의 칙령(신탁)', '명운', '법령', '왕이나 재판관의 판결'을 뜻하는데, 이를 한데 묶으면 관습적 주권자인 제우스나 왕, 재판관, 가장의 명령을 의미하게 된다. 앞에서 언급한 법의 목적 중 '질서'에 방점이 찍힌 단어다.

반면에 디케는 '습속', '방식', '질서', '올바름', '판결', '소송', '재판', '죗값'을 뜻한다. 테미스가 질서를 추상적인 차원에서 반영하는 단어라면, 디케는 테미스가 가지는 법의 정신을 반영하고 실현하는 구상적인 단어라고 할 수 있다. 디케의 뜻 중에 '방식'은 '~의 방식에 따라서'라고 관용적으로 쓰이기도 하는데, '어떤 특정한 권력자의 방식에 따라서 결정을 내린다'는 의미를 함축한다. 그래서 여신으로 형상화한 디케는 특정 사안이나 개인의 개별적 질서, 그것도 권력자의 의지에 따라 세워지는 질서를 상징한다. 또한 구상적인 측면을 갖는 특성에 따라 디케는 재판 등의 절차를 의미하며, 재판을 통해 손상된 정의를 회복하는 시정적 정의의 측면을 대변한다.

테미스 여신의 조각상. 기원전 300년경. 아테네 국립고고학박물관

　　　　　　　　　　　7. 죄, 갚게 할 것인가, 치유할 것인가

따라서 테미스와 디케의 모녀지간은 앞서 미리 제기한 질서와 정의의 관계를 보여주기도 한다. 즉 질서는 본래 특정한 지배자의 권력에 의해 그 지배자를 위한 질서로서 성립되는 것이지만, 이 지배질서가 정당한가의 문제와 만날 때는 정의의 측면이 부각될 수밖에 없다는 말이다.

로마시대에 들어와서 정의의 여신은 '정의(Justice)'라고 번역되는 라틴어 이름 '유스티티아(Iustitia)'를 얻은 것 말고는 별로 달라진 점이 없다. 사실 천칭과 칼 이외에 눈을 가린 모습은 로마시대에도 없던 것으로, 16세기 이후 근대에 와서 새로 첨가된 것이라고 한다.

> "올륌포스의 주인이신 제우스와 남자들의 회의를 파하기도 하고 모으기도 하시는 테미스의 이름으로 간청하노니, 친구들이여!"(『오뒷세이아』 2권 68-9행)

고대 그리스 문헌에 나타나는 정의관　정의의 여신상을 통해 정의에 대한 신화적 사유를 더듬어보았으니, 이제 문헌에 나타나는 고대 그리스인들의 정의관의 변천사를 한번 정리해보자.

함무라비 법전을 탄생시킨 메소포타미아 문명에 비해 그리스 문명이 훨씬 늦게 등장한 만큼 문자로 남은 정의의 역사도 상당히 늦다. 그리스 문명에 최초로 등장한 문자는 기원전 20세기경 크레타 문자로 추정되지만 기원전 12세기에 소멸하고, 기원전 8세기에 우리가 알고 있는 그리스 문자가 탄생한다. 이 문자로 기록된 가장 오래된 문헌이 그리스의 서사시인 호메로스의 『일리아스』와 『오뒷세이아』다.

델피의 오레스테스, 파이스트룸의 적생상 종형 크라테르, 기원전 330년경. 오레스테스 양옆에 친구 필라데스와 아테나 여신이 서 있고, 복수의 여신들과 아폴론 신전의 사제가 그들을 둘러싸고 있다. 세발솥 뒤에 있는 사람은 피티아 여사제인 듯하다.

『오뒷세이아』는 잘 알려진 대로 트로이 전쟁에 참가했던 영웅 오뒷세우스가 고향 이타카로 돌아오는 10년간의 이야기를 담은 서사시다. 트로이에서 전쟁하느라 보낸 세월이 10년, 귀향길에 문제가 생겨 지중해 전역을 떠도느라 걸린 세월이 10년. 도합 20년 만에 돌아온 고향 집에서 그가 목도한 것은 전쟁터로 떠난 남편을 기다리는 그의 아내 페넬로페에게 재혼을 강권하며 구혼하고 오뒷세우스의 집에 머물며

7. 죄, 갚게 할 것인가, 치유할 것인가

패악을 떨던 무뢰배들의 횡포였다.

그는 성장한 아들 텔레마코스와 함께 이들을 모두 죽인다. 오뒷세우스의 사적 보복이고 징벌이다. 이 보복은 '동태복수법'에 비추어보면 균형을 상실한 처벌이다. 그가 입은 재산 피해와 모욕을 집단 살인으로 심판한 것이기에 그렇다. 게다가 무뢰배들의 친족들이 무뢰배들의 죽음에 대한 책임을 물으러 오뒷세우스에게 몰려가자 그들의 우두머리도 죽이고 만다. 이때 제우스가 나서서 싸움을 제지하며 그들을 강제로 화해시키고 오뒷세우스를 다시 왕의 자리에 앉힌다. 이 일화에서 잘 드러나는 것은 귀족들이 질서를 세우고 정의를 회복하는 그들만의 방식이다.

이런 귀족주의 정의관이 변화하는 모습을 보이는 것이 호메로스의 뒤를 이은 서사시인 헤시오도스의 『일과 나날』이다. 헤시오도스는 이미 자신보다 많은 유산을 상속받고도 자신의 유산을 노려 소송을 걸고 재판을 맡은 지역의 귀족들을 매수하려고 들던 친형제 페르세스에게 경고하고 교훈을 주려는 의도에서 이 서사시를 쓴다. 여기서 나타나는 것은 여전히 귀족들의 질서에 정의가 의존하고 있기는 하지만, 제우스의 정의를 새롭게 해석해 공평한 정의를 세우려는 자각이다. 즉 귀족을 평등한 재판의 집행자로 세우려는 시도가 이 서사시에 나타나는 것이다.

아테네의 3대 비극시인 중 첫손에 꼽히는 아이스퀼로스의 '오레스테이아 3부작'에는 재판에 관한 새로운 생각이 나타난다. 아버지를 살해한 어머니에게 아버지의 복수를 하여 존속살해를 저지른 오레스테스가 광기에 사로잡힌 채 복수의 여신들에게 쫓기다가 델피에 가서 아폴론의 신탁을 받고 아테네로 간다. 아테네에서는 그의 살인사건을 두고 복수의 여신들을 고발자로 하고 아폴론을 변호인으로 하는 재판정이 구성된다. 표결 결과가 가부동수(可否同數)로 나오자 재판을 주재한 아테나 여신의 선언으로 오레스테스는 무죄가 된다.

더불어 아테나 여신은 옛법이 짓밟힌 것에 분노하는 복수의 여신들을 설득하여 아테네에 남아 자비의 여신들로서 공정한 처벌을 주재하게 하고, 이 재판이 벌어진 곳에는 법정을 세워 피의 복수(blood feud)를 멈추고 국가가 유혈 범죄를 재판하게 한다. 이곳이 바로 아레스의 언덕, 아레이오스파고스 법정이다.

| **고대 아테네의 법체계** | 이제 구체적으로 아테네에서 입법과 재판이 어떻게 이루어졌는지 알아보자. 아테네에는 관습적 |

으로 구전되는 법이 있었으나, 처음으로 성문화된 법은 기원전 621년 제정된 드라콘법으로 알려져 있다. 정확한 내용은 현재 전해지지 않으나, 중형 위주의 처벌이었다. 아리스토텔레스는 자신의 저서 『정치학』(1274b15-18)에서 "드라콘의 법이 있지만, 그의 입법은 현존하는 정치체제를 위한 것이었다. 그의 법에는 징벌의 무거움으로 인한 가혹함을 제외하고 언급할 만한 가치가 있는 고유한 것이라곤 아무것도 없다"고 말했다.

다만, 고의살인이 아닌 경우에는 화해와 배상금으로 처벌을 대신할 수 있었다는 말이 전해진다. 앞에서 고대 로마의 12표법에 합의를 언급한 대목이 있다고 소개했는데, 아테네법에 나타나는 이 화해의 대목이 로마의 12표법에 아테네법이 영향을 미쳤다는 가설에 힘을 실어주기도 한다.

또 하나 특기할 만한 사항은 드라콘법에 의해 처음으로 400인 평의회가 설치되었다는 점이다. 드라콘법이 아닌 솔론의 법에 의해 평의회가 설치되었다는 설도 있는데, 아무튼 이 평의회가 설치됨으로써 그 이전에 귀족들의 의회 역할을 하던 아레이오스파고스 법정의 기능 일부를 평의회가 떠맡게 되어 평민들의 정치적 권한이 강화되었다. 아이스퀼로스가 오레스테스의 친모 살인사건을 재판한 곳이 이 아레이오스파고스 법정이라고 언급한 데서도 알 수 있듯이, 이곳은 귀족들이 살인사건을 주재하던 재판정이기도 했다.

아테네 법체계에 획기적인 발전을 가져온 성문법은 솔론의 법이었다. 이 법은 기원전 594년에 제정되었다. 이에 관한 여러 가지 설이 분분하지만, 아테네의 빈부 갈등이 심화되어 부자들에게 빚을 진 농부들이 토지를 넘기면서 농부들마저 부자들에게 예속되는 상황이 벌어지자 부자와 가난한 사람들이 다 함께 이 갈등을 해결할 수 있는 입법을 솔론에게 맡겼다는 설이 유력하다.

이 법에는 '부채 탕감', '인신 담보 금지'의 내용이 담겼고, 아테네 시민들을 재산 정도에 따라 네 등급으로 나누고 등급에 따라 정치 참여를 제한하는 내용도 있다. 네 계층 중에 가장 가난한 테테스(thétes) 계층은 평의회와 시민재판에만 참여할 수 있도록 하였다. 이 조치는 얼핏 들으면 재산을 기준으로 하여 정치 참여를 제한하므로 비민주적인 것 같지만, 사실상 그 이전에는 가난한 시민이 정치에 참여할 기회가 없었다는 점에서 오히려 아테네 민주주의를 앞당기는 역할을 하였다.

솔론은 아레이오스파고스 법정과 별도로 헬리아이아(heliaia)라고 불리는 시민법정을 마련하여 시민이 재판에 참여할 수 있는 길을 열었고, 아마도 귀족 중심으로 운영되었을 민회(ekklesia)에도 테테스 계층이 참여하는 것을 허용했다고 한다. 아울러 항소제도도 마련하여 송사가 생기면 각급별 행정기관에 예비판정 과정을 두어 사안이 명확한 경우에는 담당관리가 즉결처분을 내리고, 불분명한 경우에는 시민법정으로 넘겨 평결할 수 있게 했다. 솔론 이후로도 몇 차례의 정치 개혁과 그에 따른 입법이 있었지만, 오늘날 아테네 민주정의 재판제도라 할 수 있는 기본 틀은 솔론의 입법에서 체계가 잡힌 것으로 보인다.

고대 아테네의 소송제도
아테네 시민이 생활에서 법적인 문제가 생겨 재판을 청구할 때, 소송 방식은 두 가지로 나뉜다. 거칠게 번역하면 '사적 소송'이라고 할 수 있는 디케(dikē)와 '공적 소송'이라고 할 수 있는 그라페(graphē)가 그것이다.

디케는 어떤 침해를 입었다고 주장하는 피해자 측이거나 살해당한 사람의 친인척이 제기할 수 있었다. 반면에 그라페는 시민이면 누구나 제기할 수 있었다. 얼핏 보면 현재의 민사소송과 형사소송의 차이 같지만, 살인사건이 디케로 분류되어 있는 것을 보면 꼭 그렇지도 않다. 오늘날 우리가 법을 어기는 행위를 범죄와 불법행위로 구분하면서 살인을 규정하는 것과는 차이 나는 부분이다.

보통 범죄를 "공익에 피해를 주는 것으로 정의되는 행위"라고 규정하는데, 아무래도 고대 아테네에 비해 현재의 사법체계가 공익의 범위를 넓게 두고 있기도 하고, 국가의 권한이 더 강화되었다고도 볼 수 있겠다. "공익에 피해를 주는 것으로 정의되는 행위"라는 표현이 다소 막연하게 들릴 수도 있겠지만, 몇 년 전까지 형사소송에 속하던 간통죄가 이제는 민사소송에서 다뤄지는 것을 보면 이해할 수 있을 것이다.

그전까지 한국에서는 간통이 공익에 피해를 주는 행위로 규정되었으나, 법 규정이 그렇지 않은 것으로 바뀌면서 간통죄가 폐지된 것이다.

그라페는 시민이면 누구나 제기할 수 있는 소송이라고 했는데, 유명한 소크라테스의 재판이 바로 이 그라페에 의해 성립된 재판이다. "아테네가 섬기는 신들을 섬기지 않고 낯선 신을 끌어들였으며, 그로써 젊은이들을 타락시켰다." 이렇게 해서 소크라테스는 아테네의 공적 이익을 훼손하였다며 고발당했고, 사형에 처해졌다.

아테네 재판의 핵심, 헬리아이아 법 없어도 살 사람들은 잘 모르겠지만, 오늘날의 재판제도는 상당히 복잡하고 재판절차도 다양한데 고대 아테네의 재판도 이에 못지않았다. 먼저, 앞서 언급한 예비판정(anakrisis)이 있다. 이 예비판정은 사건을 접수한 담당관리가 시민법정에 회부할지 여부를 결정하는 과정이다. 그래서 사안이 명백한 경우에는 담당관리가 바로 즉결처분했다.

예비판정을 어떤 관리가 맡느냐는 위법행위의 성격에 달렸는데, 아테네에서는 해마다 고위관리(archōn) 아홉 명을 추첨으로 뽑았다. 그 중 서열 1위는 아르콘 에포뉘모스(archōn epōnymos)였다. 우리가 왕조시대의 시기를 구분할 때 '어느 왕의 재위 몇 년째'라고 연호를 사용하는 것처럼 아테네에서는 이 관직을 맡은 사람의 봉직 기간을 시기 구분의 단위로 삼았기 때문에, 이 관직에 '이름을 따오다'라는 뜻의 '에포뉘모스'라는 단어를 덧붙였다. 이 관직은 가족 간의 소송을 맡아보았다.

그 아래 서열인 아르콘 바실레우스(archōn basileus)는 종교적 소송을, 아르콘 폴레마르코스(archōn polemarchos)는 거류 외국인 및 외지인과 관련된 소송을 맡았고, 이들 세 명 이외에 테스모테타이(thesmothetai)로 불린 여섯 명의 아르콘은 잡다한 사법 성격의 소송을 맡았다. 그 밖에 현장에서 검거된 범죄는 '11인'이라는 관직에서 재량권을 가졌다.

예비판정에서 판결을 내리지 못하는 사안들을 맡아보는 법정도 예비판정의 관리들만큼이나 종류가 많았다. 앞에서 여러 번 나왔던 아레이오스파고스 법정은 고의살인과 상해, 거주지 방화와 독살에 관한 사건을 맡았다. 팔리디온이란 법정은 과실치사와 살인교사를, 델포이니온은 정당방위나 정상참작의 추정이 가능한 사건을 맡았으며, 프레아티스는 유배당한 사람이 저지른 살인사건을 맡았다. 민회에 회부할 안건을 심의하는 기관인 평의회(boulē)도 재판 기능이 있어서 공공생활에 해를 끼친 사건을 재판했고, 민회에서도 국가 안전을 위협하는 중대 범죄에 대한 재판을 진행했다.

그러나 아테네 재판의 핵심을 담당하는 부분은 시민들의 재판정이라고 할 수 있는 헬리아이아였다. 이 법정은 30세 이상의 시민 6,000명을 재판관(dikastēs)으로 등록해놓고 사건의 경중에 따라 501명, 1,001명, 1,501명, 2,001명 등으로 개별 법정을 구성했다. 별도의 전문 재판관이 없고 수백 명 이상의 시민으로 구성된 재판단이 원고와 피고의 논고를 듣고 유무죄를 투표로 결정하였다. 이때 유죄가 나오면 다시 원고와 피고가 제시한 형벌 중에 하나를 투표로 결정하였기 때문에 시민들 모두가 재판관인 법정이었다.

아테네의 대표적인 입법기관은 민회였다. 입법을 제안하면 평의회에 마련된 입법위원회에서 일차 심의를 했다. 심의가 승인되면 평의회에서 표결을 통해 민회에 회부할지 여부를 결정했고, 최종적으로 민회에서 표결을 통해 입법 여부를 결정하였다. 이런 과정을 거치는 것은 그리스어로 노모이(nomoi)라고 불리는 법이었고, 법령(psēphisma)의 경우에는 평의회의 승인만으로 결정되었다. 입법이 결정된 법이나 법령에 대한 위법소송도 가능해서, 시민법정에 해당 법이나 법령이 부적절하다는 소송을 낼 수도 있었다. 이렇게 하여 아테네는 민회와 시민법정이 서로의 권력을 견제할 수 있게 하였다.

시민법정은 입법기관은 아니었다. 그러나 아테네의 입법체계가 철저히 조직적이지도 않았고 완전히 성문화되지도 않았기 때문에 관습법의 위력이 여전히 강했다. 그래서 시민법정에서 내리는 판결 역시 판례법의 지위를 갖기 때문에 시민법정도 일종의 입법기관 역할을 했다고 볼 수 있다.

플라톤 형법론의 출발　　지금까지 함무라비 법전에서 시작해 고대 그리스와 아테네의 입법 과정과 재판절차까지 살펴본 것은 오늘날 우리에게 직간접적으로 영향을 미치고 있는 고대법, 그중에서도 특히 형벌 문제를 알아보기 위해서였다. 아울러 이런 고찰을 한 또 다른 이유는 역시 오늘날 우리에게 직간접적으로 영향을 주고 있고, 또 우리가 되살펴볼 필요가 있는 플라톤의 형벌론을 이해하기 위한 토대를 마련하기 위해서였다.

플라톤은 기원전 427년 아테네에서 태어나 기원전 347년 사망한 철학자다. 그에게는 우리가 익히 잘 아는 스승이 있었는데, 바로 소크라테스다. 그런데 소크라테스는 자신의 철학을 글로 남기지 않고 평생 다른 사람들과 철학적 대화만 나누다가 사형을 당했다. 그의 사후에 소크라테스를 추종하던 많은 사람들이 소크라테스를 그가 평생 나눈 대화의 주인공으로 삼아 대화편(dialogue)이라는 장르의 글을 썼다. 그중 온전하게 남아 있는 대화편을 쓴 사람이 플라톤, 그리고 소크라테스의 또 다른 제자인 크세노폰이다.

그런데 문제는 플라톤이 소크라테스를 주인공으로 하여 쓴 대화편에 정작 본인은 전혀 출연시키지 않았기 때문에 대화편에 나오는 철학적인 생각들이 소크라테스의 것인지 플라톤의 것인지 불분명하다는 점이다. 소크라테스가 한 말이라고는 하는데, 그 글을 쓴 사람은 플라톤이기 때문이다.

더구나 오늘날의 철학책처럼 저자가 중심을 잡고 내용에 주석을 달아가며 줄줄이 써내려가는 것이 아니라, 등장인물들이 나와서 서로 이야기를 주고받는 형식이기 때문에 대화의 맥락을 어떻게 읽느냐에 따라 해석도 다양해질 수밖에 없다. 학자들이 여러 가지 방식으로 소크라테스와 플라톤의 생각을 가르고 해석해왔지만, 플라톤의 대화편들이 나온 지 2500년이 다 되도록 이런 시도가 학문적으로 완전한 결론을 내리지는 못한 상태다.

그래서 여기서는 소크라테스와 플라톤의 생각을 명확히 가르려고 하기보다는 플라톤이 어떤 말들을 소크라테스의 말로서 초기 대화편에 올렸고, 그 말을 이후의 대화편들에서 어떻게 이어받고 있는지 살펴보는 방식으로 문제를 풀어가고자 한다. 사실 이런 접근이 플라톤의 철학을 이해하는 데 아주 좋은 방식이라고 나는 생각한다. 문제적 인간 소크라테스의 생각을 플라톤은 어떻게 이해하고 발전시켰는가. 이것이 형벌론의 문제를 바라보는 플라톤의 생각을 이해하고자 하는 나의 접근방식이다.

소크라테스의 역설　　초기 대화편에 속하는 『고르기아스』(468c-d)에서 소크라테스는 "우리가 누군가를 살해하거나 나라 밖으로 내쫓거나 재물을 빼앗는 것도 무조건 그렇게 하기를 원하는 것이 아니라, 그것이 이로우면 그렇게 하기를 원하지만, 해로우면 하지 않기를 원하네. […] 물론 이 사람은 자신이 좋다고 여기는 것을 하는 거겠지?"라고 말한다.

이 인용문은 소크라테스보다 윗세대에 속하는 유명한 소피스트인 고르기아스와 소크라테스가 만나서 펼치는 이 대화편에서 고르기아스의 제자인 폴로스를 상대로 한 대화에 나오는 내용이다. 고르기아스의 대표적 학문인 수사술의 위력을 칭송하는 과정에서 폴로스는 수사술을 익히면 참주와도 같은 힘을 가질 수 있어 무엇이든 제 마음대로 할 수 있게 된다고 말했는데, 소크라테스가 이 말을 듣고 검토하는 과정에서 앞의 인용문이 등장한다.

이 인용문은 소크라테스의 유명한 역설인 "누구도 자진해서 (hekōn) 부정의한 행동을 하지 않는다"로 요약할 수 있다. 세상에는 악한 자들이 있는데 그들이 자신의 이익을 위해서 남에게 못할 짓을 많이 한다는 우리의 상식과 배척되기 때문에 소크라테스의 이 말을 역설이라고 하지만, 그의 생각은 아주 단순한 데서 출발한다. "어떤 사람이 무슨 일을 한다면, 그 일이 자신에게 좋은 일이라고 판단하고 하는 것이다. 다만 실제로 부정의한 일을 하는 이유는 자기 딴에는 그 일이 자신에게 좋은 것인 줄 알고 했는데 사실은 좋은 게 아니어서, 즉 진짜 좋은 것이 무엇인지 몰라서 자기 의도에 맞지 않은 일을 했다는 데 있다"라는 것이다.

물론 이 발언을 가지고 "누구도 자진해서 부정의한 행동을 하지 않는다"라는 명제를 이해하려면, "정의는 자신에게 좋은 것이고 부정의는 자신에게 나쁜 것이다"라는 전제가 있어야 한다. 이 전제가 맞는지 여부는 앞으로 나올 이야기에서 어느 정도 설명될 터이고, 또 이 문제를 제대로 살피려면 플라톤의 철학 전체를 다루어야 할 수도 있다. 그래서 이 문제는 간단하게 "자신에게는 자신의 영혼에 좋은 것이 진짜 좋은 것이며, 영혼에 좋은 것은 아름다운 것이고 정의로운 것은 아름다운 것이다"라는 논법이 플라톤에 있다는 정도로만 언급하고 넘어가자.

잘못에 대한 소크라테스의 생각은 『고르기아스』와 비슷한 시기에 쓰였을 것으로 추정되는 『프로타고라스』에서 더욱 명확하게 드러난다. "지혜로운 사람들 중에 누구도 어떤 사람이 기꺼이(hekōn) 잘못을 하거나(exhamartanein) 기꺼이 추하고 나쁜 일들을 한다고 생각하지 않습니다. 그들은 추하고 나쁜 짓을 하는 사람들은 모두 다 마지못해(akōn) 한다는 걸 잘 알고 있지요."(『프로타고라스』 345d-e)

이 인용문에서 조심해서 봐야 할 것은 '마지못해'라는 표현이다. 이 말의 원어인 '아콘(akōn)'은 '기꺼이'라고 번역하는 '헤콘(hekōn)'에 부정사 'a-'가 붙고 'e'가 탈락하면서 만들어진 단어다. 그래서 이 조어 과정에 비추어 직역하면 '기꺼이가 아니라'가 된다. 물론 기꺼이 한 것이 아니면 마지못해 한 것이 맞는데, 이 단어는 앞서 『고르기아스』에서 인용한 문장의 맥락에서 해석해야 한다. '자신이 진짜 원하는 일이 아닌데, 그런 줄 모르고 한다'라는 뜻이 '아콘'에 담겨야 한다는 말이다. '아콘'에 대한 다양한 번역어 중에는 '의도치 않게(의도와 다르게)'도 있는데, 그 표현이 이 맥락에는 더 알맞을 수도 있다.

형벌의 근거　　　　　사람들의 부정의한 행동을 앞서와 같이 이해하면, 그에 대해 어떤 벌을 내려야 할지 참 난감해진다. 소크라테스의 생각에 따르면 사람들이 하는 부정의한 짓은 전부 잘못한 일이 된다. 동서고금을 막론하고 잘 몰라서, 자신의 의도와는 다르게 한 일은 죄라기보다는 그야말로 '잘못(hamartēma)'이기 때문이다. 잘못한 것을 가지고 가혹한 형벌을 내리기는 어렵지 않겠는가. 그런데 '잘못'으로 번역한 그리스어 하마르테마(hamartēma)는 그야말로 우리말 '잘못'에 딱 들어맞는 단어다. 잘해보려고 했는데, 이런저런 문제 때문에 에러(error)가 난 것이다. 소크라테스는 그 잘못의 원인을 좋은 것에 대한 '무지'라고 본다. 여기에 소크라테스 형벌론의 특징이 나타난다.

『프로타고라스』에서 다시 한 구절을 인용해보자. "부정의한 행동을 한 사람을 징계할 때는 누구도 그가 부정의한 행동을 했다는 사실에 주목하고서 그것 때문에 징계(kolasis)하지는 않지요. 짐승처럼 비이성적으로 징벌(timōria)하려는 사람이 아니라면 말이죠. 이성적으로 징계하려는 사람은 과거의 부정의한 행동(adikēma) 때문에 징벌하는 것이 아니라—이미 일어난 일을 일어나지 않은 일로 만들 수는 없으니까요.—미래를 위해서, 부정의한 행동을 한(adikein) 사람 자신도 다시 부정의한 행동을 하지 않고 그가 징계 받는 것을 본 다른 사람도 그러지 않도록 징계를 하는 거지요. 그리고 그런 생각을 가지고 있으면 덕이 교육될 수 있다고 보는 겁니다."(『프로타고라스』 324a-b)

이 인용문에서 '징계'와 '징벌'의 대비가 눈에 띈다. 맥락을 보면 '부정의한 행동을 한 사람에게 내리는 비이성적인 처벌'은 징벌이다. 반면에 이성적으로 이루어지는 처벌은 징계다. 이미 일어난 일을 처벌한다고 해서 그 일이 안 일어난 일이 될 수는 없기 때문이다. 그래서 처벌의 이유는 분풀이하는 복수가 아니라 미래를 위한 것, 즉 부정의한 행동을 한 사람 자신도 다시 부정의한 행동을 하지 않고 그가 징계 받는 것을 본 다른 사람도 그러지 않도록 하는 데 있다. 물론 이런 생각은 소크라테스로부터 비롯된 것은 아니고 아테네의 기존 법체계에도 있었고, 따지고 보면 함무라비 법전에서도 읽어낼 수 있다.

무지에 대한 처벌　　　이번에는 다시 『고르기아스』를 보자. 『고르기아스』(476a-479d)에서는 형벌의 논리에 대한 소크라테스(또는 플라톤)의 새로운 생각을 찾아볼 수 있다. 거기에 보면 "부정의한 행동을 한 사람이 대가를 치르는 일과 정당하게 징계 받는 일은 같은 것"이라는 구절이 나온다. 얼핏 보면 지극히 당연하다. 부정의한 행동을 한 사람이 징계를 받는 것은 무척이나 정당하지 않은가. 그런데 소크라테스는 굳이 이 주장을 설명한다. "정의로운 것들은 그것들이 정의로운 한에서 모두 훌륭하다." "올바르게 징계하는 사람은 정의롭게 징계하는 것이다."

　이 두 가지 명제에 대해 먼저 폴로스와 합의를 본 소크라테스는 "징계를 받는 사람은 대가를 치름으로써 정의로운 일을 겪는다"고 주장한다. 논의의 일관성을 위해 앞에서 징계라고 번역한 'kolasis'의 동사형인 'kolazein'을 여기서도 '징계하다(받다)'라고 번역했지만, 알아듣기 쉽게 번역하면 '벌을 받는 사람은 벌을 받음으로써 정의로운 일을 겪는다'가 된다.

　물론 벌을 받는 처지에서는 달갑지 않겠지만, 처벌하는 사람이 정의롭기 때문에 받는 벌이 정의로울 수는 있다. 하지만 뒤 구절을 보면 그것이 그런 뜻만은 아니다. "징계를 받는 사람은 훌륭한 일을 겪는다. 따라서 대가를 치르는 사람은 좋은 일을 겪는 것이다." 그러니까 잘못을 저지른 사람은 벌을 받는 것이 그 사람에게 좋은 일이라는 뜻이다.

그렇기 때문에 "재판술은 사람을 절제 있게 하고 더욱 정의롭게 만들어주며, 몹쓸 상태를 치료하는 의술과 같다. 불의를 저지르고도 대가를 치르지 않는 것은 본성상 모든 나쁜 것 중에 가장 큰 것이자 첫 번째 것이다." 사람은 누구도 자진해서 부정의한 짓을 하지 않고, 자신의 진정한 바람과 달리 무지하여 그것이 자신에게 좋은 줄 알고 부정의한 짓을 하게 된다. 따라서 이 무지는 징계를 통해 치유되어야 한다. 이것이 바로 치유로서의 형벌 개념이며, 내 생각에는 이런 형벌 개념을 정식화한 사람은 플라톤이 처음이 아닐까 한다.

처벌을 정당화하는 이유, 복수　　플라톤의 형벌론을 더 알아보기 전에 형벌론에서 플라톤의 생각이 가지는 위치를 가늠해보기 위해 독일의 사회철학자이자 법철학인 오트프리트 회페(Otfried Höffe)가 자신의 저서 『정의』에서 정리한 처벌을 정당화하는 논의를 살펴보고자 한다. 회페는 그의 책에서 국가가 범죄에 대해 행사하는 폭력, 즉 처벌을 어떻게 정당한 것으로 볼 것인가에 관한 여러 가지 논의를 소개한다.

그 첫 번째이자 대표적인 정당화는 '복수'다. 복수는 함무라비 법전에도 나오는 가장 오래된 처벌 이유이며, 그래서 어쩌면 야만적인 것으로 보일 수도 있다. 하지만 회페는 복수야말로 여전히 처벌을 정당화하는 일차적인 이유라고 말한다. 여기서 복수는 분풀이하는 것이 아니라 무분별한 복수를 막고 당한 것을 되돌려 갚는다는 의미에서 근원적이고 중립적인 의미의 복수라고 한다.

이 중립적 복수에는 죄가 없는 사람의 처벌을 금지한다는 의미가 함축되어 있다. 그래서 유무죄를 정확하게 판별하는 절차가 중요시된다. 복수로써 처벌이 정당화되려면 처벌규정이 명확히 확립되어 있어야 한다. 관습법이나 소급 적용을 금지하고, 유비추리(類比推理)나 모호한 형법에 의한 처벌을 금지하는 것도 다 이런 이유에서다. "법이 없으면 범죄도 없고, 형벌도 없다(nullum crimen, nulla poena sine lege)"는 이 정신을 잘 보여주는 경구다.

잘 정비된 형벌체계는 처벌을 정당화하는 두 번째 논의인 예방 측면에서도 중요하다. 처벌이 예방으로서 효과를 거두기 위해서는 처벌이 사람들에게 사전에 미리 잘 알려져 있어야 하고, 명확히 규정되어 있어야 하기 때문이다. 예방 차원에서 처벌을 정당화하는 논의는 이미 앞서 『프로타고라스』에서 인용한 부분에도 나타나는 관점이다.

두 번째 논의가 소극적인 의미의 방지책 또는 예방책으로서의 위협이라면, 처벌을 정당화하는 세 번째 논의는 처벌을 적극적인 의미의 예방책으로 보는 것이다. 처벌은 그 처벌에 관한 법, 즉 "형법이 관철되는 한, 그 법에 충실해야 함을 일깨워줌으로써 법에 대한 신뢰를 강화하고 법에 대한 만족에 이바지한다"(『정의』)고 회페는 말한다. 이렇게 될 때 법은 시민이 국가와 괴리감 없이 조화를 이룰 수 있는 근거가 될 것이다.

정당화에 관한 네 번째 논의는 사회 내부로의 재편입, 즉 재사회화의 기능으로써 처벌을 정당화하는 것이다. 이것이 바로 플라톤의 치료로서의 처벌과 일맥상통하는 것이다.

처벌을 정당화하는 여러 가지 논의를 소개하면서 회페는 여전히 복수만이 처벌을 정당화하는 방법이라고 논증한다. 예방을 목적으로 하는 처벌도 일단 과거의 범죄가 있고 난 후에 가능한 것이기 때문에, 과거의 범죄에 대한 직접적인 처벌 근거는 되갚아준다는 의미에서 중립적인 복수일 수밖에 없다. 예방은 범죄가 있고 난 후에야 비로소 부수적으로 노릴 수 있는 효과인 것이다.

또한 법질서를 유지하기 위한 예방 목적으로 처벌한다는 것은 결국 집단의 이해를 위해 처벌하는 것이 되기 때문에 처벌 자체를 정당화하기 어렵다. 집단의 이득을 위해 오판의 여지가 있는 사형제도를 허용하는 것이 그 예가 될 수 있다. 그래서 회페는 범죄 자체가 가지는 법 침해와 범죄의 중함을 이유로 처벌하는 중립적 복수가 처벌을 정당화하는 유일한 길이라고 주장한다. 그렇다고 예방이나 재사회화를 위한 처벌의 목적이 이 중립적 복수와 모순되는 것은 아니다. 따라서 이제 살펴볼 치유를 목적으로 하는 처벌을 주장하는 플라톤의 생각 역시 회페의 생각과 양립 가능하며 보완적 역할을 할 수 있을 것이다.

지성을 대변하는 법　　플라톤의 형벌론을 마무리하기 위해 우리가 마지막으로 살펴보아야 할 플라톤의 대화편은 『법률』이다. 흔히 플라톤의 『법률』과 그의 다른 대화편 『국가』를 비교하면서, 『국가』가 이상적인 국가를 그린 것이라면 『법률』은 그보다는 훨씬 현실성 있는 정치체제를 제안한 것이라고 한다. 하지만 『법률』도 현실에 존재하는 국가를 개선하여 더 좋은 국가로 만드는 것이 아니라 크레타섬의 마그네시아라는 곳에 새로운 국가를 세우는 것으로 논의를 진행한다. 여전히 '말'로 나라를 만드는 이야기가 『법률』이다.

물론 『국가』와 『법률』 사이에 몇 가지 차이는 있다. 그 하나는 『국가』의 정치체제가 철인정치가가 통치하는 '최선자정체' 또는 '철인왕정체'라면, 『법률』은 민주정과 귀족정을 혼합한 혼합정체를 지향한다는 점이다. 다른 하나는 정치체제의 차이와도 연계된 것으로, 『국가』가 철학자라는 완성된 사람에 의한 통치를 말한다면, 『법률』은 지성을 대변하는 법에 의한 통치를 강조한다는 점이다. 따라서 『법률』에서는 법에 관해 상세히 논의하고 있으며, 12권으로 된 『법률』 중에서 제9권이 형벌에 관한 논의를 담고 있다.

제9권의 논의가 시작되는 계기는 이렇다. 새롭게 건설하는 나라는 좋은 법률체계를 갖추고 있어서 시민들을 훌륭히 교육할 것이다. 따라서 흉악한 범죄가 발생할 가능성이 낮겠지만, 그래도 사람 일은 모르는 것이니 범죄를 어떻게 다스릴지 논의해보자는 것이다. 그중에서도 치유가 불가능하거나 어려운 범죄에 관한 논의를 해보자면서, 『법률』에서는 아테네인이 소크라테스의 위치를 대신해 이야기를 시작한다.

정의로운 처벌　　　『법률』에서는 한 국가를 운영하기 위한 다양한 법률을 논의하는데, 구체적인 법조항을 제시하기 전에 플라톤은 그 법조항 앞에 시민들을 설득하기 위한 '서곡(서문)'을 붙여야 한다고 말한다. 오늘날 법률 전문에 해당할 만한 이 서곡은 시민들이 강제적으로 이 법률을 따르게 하지 않고, 그 법률에 따라 살면 왜 좋은지를 밝힘으로써 시민들이 자발적으로 법률을 따르도록 설득하는 글이다.

제9권의 첫 서곡은 신전 약탈을 꾀하는 사람을 위한 것이다. 신전은 당시에 봉헌물이 많기도 했고, 일종의 은행 역할도 하던 곳이다. 재물이 욕심나서 신성 모독이 되는 신전 약탈을 꾀하는 사람에게 서곡은 "액막이를 하거나 신전의 청원자가 되거나 훌륭한 이들의 모임에 가고 악한 자들의 모임에서 달아나라. 그렇지 못하면 죽는 것이 더 낫다고 생각하라"(『법률』854c)고 말한다.

이 서곡에 이어, 결국 유혹을 이기지 못하고 서곡에 설득되지 못하여 범죄를 저지른 사람은 본 곡에 적힌 형벌에 처해져야 한다고 플라톤은 말한다. 신전약탈범에 대한 형벌은 노예나 외국인일 때는 태형과 추방, 자유인일 때는 사형이다. 자국의 시민을 더 엄벌에 처하는 이유는 자국의 훌륭한 교육과 양육에도 불구하고 범죄행위를 피하지 못했다고 보기 때문이다. 반역죄도 사형에 처한다.

이어지는 범죄는 절도다. 절도에 대한 처벌은 '절도된 것의 크기와 무관하게 2배 배상'이다. '초과 재산이 부족할 경우에는 부족분에 따라 감금'한다. 여기서 2배의 의미가 중요하다. 한 배는 절도된 것을 돌려주는 것이므로, 동태복수법에 따른 복수 내지는 보상이다. 다른 한 배는 범죄 예방을 위한 것이다. 즉 범죄를 저지르면 손해가 생긴다는 것을 각인시키기 위한 조처다.

또 한 가지 중요한 점은 감금이다. 당시 아테네법에는 징역형이 없었고, 다만 벌금을 낼 돈이 없을 때 일시적으로 구금하기는 했다고 한다. 그런데 플라톤은 초과 재산이 없을 때, 벌금이 모자란 만큼 징역을 살게 한다고 했다. 플라톤이 『법률』에서 마그네시아에 세우는 나라는 그리스 각지에서 새 나라의 시민을 모집하여, 초기에 그들에게 일정한 토지를 배분한다. 이 나라에서는 할당받은 토지(klēros)를 매매할 수 없고, 시민들 사이의 재산 격차도 할당받은 토지의 4배를 넘을 수 없다. 그래서 부과된 벌금을 할당받은 토지 이외의 재산으로 감당할 수 없을 때, 그만큼을 징역으로 대신하게 한다. 이 징역형은 자신의 잘못에 대한 반성의 기간이 되기도 할 것이다.

치유로서의 처벌 플라톤이 형벌론을 논의하는 취지는 종류가 다양하고 정도의 차이가 큰 형벌에 일관성을 부여하기 위해서다. 또한 형벌은 앞에서 설명한 대로 부정의에 대한 처벌은 정의로운 일이어야 하고, 그 처벌을 받는(겪는) 사람에게도 아름다운 일이어야 한다는 원칙에 부합해야 한다.

플라톤 형벌론의 기본원리는 소크라테스의 역설로 불리는 "모든 나쁜 사람은 모든 점에서 비자발적으로 나쁘다"이다. 이 말은 앞에서 '누구도 자진해서 부정의한 행동을 하지 않는다'는 말을 형벌론의 취지에 맞게 고친 것이다. 다시 말해 부정의한 행동을 하는 사람은 비자발적으로 부정의한 행동을 하기 때문에 부정의한 행동은 전혀 자발적인 것이 아니라는 말이다. 범죄는 자발적인 행동이 아니라는 것, 여기에 범죄의 교정 가능성이 있다.

그런데 그리스어 'adikein'은 '부정의한 행동을 하다'보다 더 일상적으로 '해를 끼치다'라는 뜻으로 쓰인다. 그래서 이 두 가지 뜻을 구별하지 않으면 역설에 빠지게 된다. 예컨대 어떤 병사가 동료 병사와 군사훈련을 하면서 창날을 덮은 연습용 창인 줄 알고 상대방을 찔렀는

데, 그것이 덮개가 안 덮인 창이라서 상대방이 죽었다고 해보자. 플라톤만이 아니라 누가 보더라도 이 사람은 과실이 있을지언정 상대방에게 의도적으로 해를 끼치려고 그야말로 부정의한 짓을 한 것은 아니다. 그러나 상대방에게 해를 끼친 것은 맞다. 이 두 가지를 표현하는 그리스어가 하나라서 이것을 구별해주어야 한다. 그래서 플라톤은 위법행위를 구별해서 '위해행위'와 '부정의 행위'로 나눈다. 위해행위는 위해의 크기와 무관하게 비자발적으로 일어난 행위를 말하는 것으로, 부정의 행위가 아니다. 반면에 그 행위로 인해 비록 상대방이 이익을 볼지라도 올바르지 않은 행위는 부정의 행위다.

이런 원리에 입각해서 입법가가 형벌을 규정하는 원칙은 세 가지다. 하나는 '위해 입은 것을 위해 입지 않은 것으로 만든다'이다. 이 원칙은 함무라비 법전에서도 확인되는 '동태보상법'의 원칙이 적용된 것이다. 둘째는 '위해를 끼친 사람과 위해를 입은 사람이 보상을 매개로 중재를 받아 불화에서 우애의 상태에 이르게 한다'이다. 『국가』에서도 시민 간의 우애(philia)는 중요한데, 특히나 시민들의 자치를 강조하는 『법률』에서 시민 간의 우애는 중요한 덕목이다. 셋째는 '부정의로 해를 끼치거나 이득을 얻게 하는 행위는 영혼의 질병으로 보고 치료 가능한 것들은 치료해야 한다'이다.

형벌치료의 의미　　형벌을 통한 치료의 방향은 '배상을 넘어 가르침과 강제를 통해 자발적으로 재범하는 일이 없게 하거나 현저히 줄이는 것'이다. 그런데 '자발적'이라는 표현 때문에 논리가 매끄럽지 않다. "누구도 자진해서 부정의한 행동을 하지 않는다"라는 소크라테스의 주장과 '자발적으로 재범한다'라는 표현이 충돌하는 것처럼 보이기 때문이다. 앞에서 '부정의한 행동을 하다'라는 단어의 이중성 때문에 위법행위를 위해행위와 부정의 행위로 나누었듯이, 여기서도 '자발적'과 '비자발적'을 엄격한 의미인 '본인의 진정한 의도와 무관하게/유관하게'라는 뜻과 일상적인 의미인 '자진해서/몰라서'라는 뜻으로 나누어서 이해하면 될 것이다.

이렇게 방향을 잡은 형벌의 방식은 두 가지로 나뉜다. 곧 말과 행동이다. "우리는 그에게 쾌락을 줄 수도 고통을 줄 수도 있고, 명예를 줄 수도 불명예를 줄 수도 있습니다. 그에게 벌금을 물릴 수도, 선물을 줄 수도 있습니다. 요컨대 어떤 수단을 동원해서라도 우리는 부정의는 미워하게 만들고, 참된 정의는 갈망하거나 미워하지 않도록 만들어야 할 것입니다. 바로 이것이 가장 아름다운 법의 구실입니다."(『법률』 862d)

그런데 형벌치료에서 문제가 될 수 있는 지점은 치유가 불가능하다고 판정받은 사람에 대한 처벌이다. 사실 부정의한 행동이 무지에 의한 것이라면, 치료가 불가능하다는 것은 논리적으로 성립하기 어려울 수 있다. 그들의 무지를 제거하면, 무지에 의한 부정의 행위라는 표현에서 치유 가능하다는 결론이 도출될 수 있기 때문이다. 이에 대해 플라톤이 긴 이야기를 하지 않기 때문에 학자들 사이에 여러 논의가 있지만 이만 생략하고, 플라톤이 치유가 불가능한 사람을 어떻게 이해하고 있으며 그들에게는 어떤 처벌이 왜 필요한지에 대해 집중하자.

치유가 불가능한 사람에 대한 형벌은 사형이다. 플라톤은 『법률』에서 이들은 "더 살지 않는 것이 자신들을 위해서도 더 낫고 그들이 삶을 중단하는 것이─다른 사람들에게 부정의한 행동을 해서는 안 된다는 본보기가 되고, 악인들이 없는 나라를 만든다는 점에서─다른 사

7. 죄, 갚게 할 것인가, 치유할 것인가

람에게 이중으로 이로움을 줄 수 있다"고 말한다. 이 구절을 보면 플라톤이 처벌을 치유로만 이해하고 있지 않다는 점을 확인할 수 있다. 『법률』에서 처벌은 다른 사람들이 범죄에 대한 경각심을 가지게 하는 예방의 목적으로도 이루어진다.

형벌치료의 종류　　이어서 플라톤은 치유가 필요한 잘못이 벌어지는 원인을 분석한다. 그는 다섯 가지 원인을 꼽는데, 첫째는 '격정(thymos)과 두려움'이다. '격정'은 『국가』에서 '기개'라고도 번역되는 것이다. 플라톤은 영혼을 '이성', '기개', '욕구'의 세 부분으로 나누는데, 이 '기개'를 『법률』의 맥락에서는 '격정'이라고 할 수 있다. 사실 영혼의 '기개'는 화를 내는 것이다. 타인이 자신을 부당하게 대우한다고 느낄 때 발끈하는 감정을 분노라고 생각해보면, 왜 분노가 기개인지 이해할 수 있을 것이다. 이른바 자존심을 세우는 것이다. 이 격정 또는 분노와 두려움은 쌍을 이루어서 잘못을 저지르게 하는 원인이 된다.

둘째는 쾌락과 욕구다. 잘못의 세 번째 원인은 단순한 무지이다. 단순한 무지는 기대와 참된 의견과 관련되어 있다. 기대와 참된 의견은 그 자체로는 문제가 되지 않지만, 이것들이 잘못된 판단에 기반할 때, 즉 무지에 의해서 행동을 하게 될 때 잘못이 일어난다.

단순한 무지와 대비되는 다른 무지는 이중적 무지라고 하는데, '자신이 모르면서 안다고 생각하는 무지'다. 플라톤이 가장 위험한 것이라고 생각하는 무지이기도 하다. 이 무지는 다시 힘 있는 무지와 힘 없는 무지로 나뉘어, 잘못의 네 번째와 다섯 번째 원인이 된다. 힘없는 무지는 노인이나 어린아이와 같이 힘없는 사람의 무지이고, 반대로 힘 있는 무지는 권력과 부를 가진 사람들의 무지를 말한다. 이것 역시 가장 위험한 무지다.

플라톤은 이 다섯 가지 원인에 따라 살인을 분류하는데, 그중 우리의 목적에 부합하는 몇 가지 경우만 살펴보자. 비자발적 살인을 플라톤은 무지에 의한 살인으로 보는 것 같은데, 이 경우에는 처벌하지 않아야 한다고 한다. 다만, 피해 입은 것을 복구하기 위해 배상은 필요하다.

이에 더해 플라톤은 정화(katharsis)가 필요하다고 말한다. 정화의 식은 그리스의 종교의식 중 하나로, 전통적으로 그리스인들은 살인을 저지른 사람은 정화의식을 치러서 피를 씻어내야지, 그렇지 않으면 주변 사람들에게 그 죄가 오염된다고 생각했다. 아마도 플라톤이 비자발적 살인은 부정의 행위가 아니라 위해행위라고 생각하면서도 정화의 식을 요구한 것은 살해된 사람의 친척들 마음을 달래기 위해서였을 것이다.

다음은 격정에 의한 살인이다. 이 살인은 후회를 동반한 우발적 살인과 앙심을 품은 계획적 살인으로 나뉜다. 전자의 경우에는 비자발적 살인에 따르는 배상과 정화의식에 추가로 2년의 추방기간을 두어 격정을 다스리게 한다. 후자의 경우는 전자보다 원한이 깊은 것이라서 3년의 추방 기간을 추가한 뒤에 3년이 지나면 심사원들을 보내 귀향 여부를 결정하게 한다.

이렇게 추방과 더불어 추방 기간에 차이를 두는 이유는 이성의 질서를 회복시키기 위해서다. 인간은 이성으로 격정과 욕구를 다스려야 하는데, 격정과 앙심에 의해 살인을 저지른 사람은 이성의 질서가 무너진 상태이므로 추방 기간을 두어 이성의 질서를 회복하게 하고, 그 무너진 정도에 따라 추방 기간에 차등을 둠으로써 회복 여부를 다시 검토하게 하는 것이다.

잘못의 두 번째 원인에 의한 살인, 즉 쾌락과 욕구에 따른 욕심 때문에 저지르게 되는 살인에는 플라톤은 사형을 주문한다. 이러한 살인은 부, 명예, 두려움에 따른 살인으로서 욕구에 따른 이해타산이 이성의 자리를 차지했기 때문에 개선의 여지가 없다고 본 것이다.

**국가와 법의
존재 근거**　　　앞서 설명했듯이 플라톤의 『고르기아스』에는 "누구도 자진해서 부정의한 행동을 하지 않는다"라는 구절이 나온다. 뒤 이어 "부정의한 행동을 하는 것보다 부정의한 일을 당하는 것이 낫다"라는 구절도 나온다. 그런데 '부정의한 행동을 하다'에는 '해를 입히다'라는 뜻도 있다. 따라서 '부정의한 일을 당하다'라는 말은 '남에게 해코지를 당하다'라는 뜻이 된다. 그래서 부정의한 행동을 하는 것보다 부정의한 일을 당하는 것이 낫다는 말은 당시의 남성 중심적이고 귀족주의적인 가치관에서는 말이 안 되는 소리다. 남한테 맞고 다니는 일은 번듯한 남자가 할 짓이 못 되기 때문이다.

그런 측면에서 소크라테스의 이 말은 굉장히 도발적이고 전복적인 말이다. 또한 정의의 문제를 도덕적인 측면에서 조망했다는 점에서 대단히 혁신적이고 정의의 역사를 진전시킨 말이지만, 부정의한 일을 당하는 것이 좋다는 뜻은 당연히 아니다. 부정의한 행동을 하면 물론 안 되지만, 그렇다고 무고한 사람이 부정의한 일을 당하는 일이 벌어지는 국가가 좋은 국가는 당연히 아니다.

그래서 이런 일이 없으려면 정의롭고 훌륭한 법체계를 갖춘 국가에서 살아야 하고, 또 그런 나라를 만들어야 한다는 것이 플라톤의 생각이다. 화폐는 이런 나라에서만이 시민 개개인이 자기 자신을 인정받을 수 있고 타인을 인정할 수 있게 되며, 국가를 통해 서로를 인정할 수 있게 된다고 말한다. 플라톤이 2500년 전에 『법률』에서 죄와 벌의 문제를 논하며 세우고자 했던 나라도 이런 나라였을 것이다.

플라톤은 천체의 구성을 설명할 때 한편으로는 전통적인 자연철학의 관점을 받아들이면서도 다른 한편으로는 매우 독창적인 모습을 보여준다. 우선 그는 엠페도클레스 이래로 자연철학자들이 가졌던 전통적이고 일반적인 생각, 즉 감각을 통해 파악될 수 있는 모든 것은 불, 공기, 물, 흙의 네 원소로 구성된다는 생각을 받아들인다. 하지만 그는 이 네 가지 원소를 천체의 궁극적인 요소라고 주장하는 데 만족하지 않는다. 오히려 그는 이것들이 더 근본적인 요소들로 환원될 수 있다고 보는데, 그것이 바로 요소 삼각형이다.

8

현상의 구제: 플라톤의 자연철학과 우주론

김유석

칸트의 우려　　　칸트는 그의 『순수이성비판』(B9)에서 하늘을 나는 새에 빗대어 플라톤 철학을 평가한 적이 있다. 그에 따르면, 이성을 사용하는 수학적 증명에 매료된 사람들은 앎의 지평을 경험세계 너머로 확장하고 싶다는 충동에 휩싸이곤 한다. 하지만 그런 욕망은 마치 하늘을 나는 비둘기가 공기의 저항(Widerstand)을 느끼고는 '공기가 없는 진공에서라면 더 잘 날 수 있을 텐데…'라며 불평하는 것과 같다. 왜냐하면 새는 공기의 저항을 답답해하지만, 정작 자신이 날 수 있는 것은 (오늘날 우리가 '양력'이라고 부르는) 바로 그 저항 덕분임을 모르고 있기 때문이다. 이와 마찬가지로, 플라톤은 감성계가 우리의 오성(悟性)을 답답하게 제약한다고 보고, 이성의 날개에 의지한 채 감성계를 떠나 순수 오성의 진공 속으로 뛰어들었다는 것이다. 하지만 칸트가 보기에, 거기서 오성은 조금도 전진할 수 없다. 왜냐하면 그곳에서는 오성이 움직일 수 있는 기반, 즉 저항(Widerhalt)을 확보할 수 없기 때문이다.

비록 사용하는 용어가 조금 다르긴 하지만, 칸트의 지적이 플라톤의 이데아론을 염두에 두고 있다는 것은 비교적 분명하다. 플라톤에 따르면, 끊임없이 생성하고 소멸하며 운동과 변화를 겪는 것들로부터는 결코 확실한 앎을 얻을 수 없다. 그것들로부터 기대할 수 있는 것은 그저 그럼직한 의견일 뿐이다. 우리가 신뢰해야 할 것은 모든 운동과 변화로부터 자유롭고 영원하며 오직 이성적 사유를 통해서만 접근할 수 있는 형상들의 영역이라는 것이다. 그러나 칸트가 보기에, 이러한 태도는 이성적 사유의 확실성에 매료된 나머지, 감각에 드러나는 현상의 영역을 불완전하고 불확실한 것으로 취급하는 것에 다름 아니다. 그리고 이는 좋은 태도가 아니다. 왜냐하면 이성적 사유를 포함한 모든 인식의 출발점은 결국 현상계이기 때문이다. 감각을 불신하여 현상계를 외면하는 것은 공기가 비행에 방해가 된다고 여겨 진공의 세계를 꿈꾸는 새의 태도와 다르지 않다는 것이다.

확실히 칸트의 평가는 플라톤 형이상학의 한 측면, 그러니까 가지적인(intelligible) 것과 감각적인(sensible) 것의 구별, 그리고 양자의 차이에 대해서는 잘 설명해준다. 하지만 이 평가가 플라톤 형이상학의 모든 측면을 설명해주지는 않는다. 무엇보다도 칸트의 평가에서 간과된 것은 두 영역의 구별에 담긴 플라톤의 의도다. 사실 플라톤은 어느 대화편에서도 우리가 살고 있는 감각의 영역을 외면한 적이 없다. 그가 가지적인 형상들의 존재를 가정한 것은 현상계 자체를 불신해서라기보다, 오히려 현상계를 탐구하는 데 필요한 확고한 기준을 확보하기 위해서였다. 달리 말하면, 플라톤은 이데아론에 기반하여 감각을 통해 포착되는 현상의 영역을 최대한 일관되고 그럼직한 방식으로 설명하려 했던 것이다. 굳이 칸트의 용어를 빌려 말하자면, 플라톤의 탐구가 최종적으로 향한 곳은 순수 오성의 진공 속이 아니라 오히려 감성계였던 셈이다.

그런 점에서 볼 때, 플라톤의 탐구는 언뜻 보기에 무질서하고 복잡한 천체 현상을 관찰하고 그 이면에 숨어 있는 질서를 찾아냄으로써 이른바 '현상의 구제(sōzein ta phainomena)'를 시도했던 고대 과학자들의 탐구 전통과도 무관하지 않다. 이러한 전통 위에서 우주 전체의 기원과 구조, 그리고 전체의 한 부분이자 소우주인 인간의 본성을 다루고 있는 작품이 바로 플라톤의 『티마이오스』다.

『티마이오스』의 주제와 플라톤의 구상

고대로부터 『티마이오스』는 플라톤의 자연철학, 구체적으로는 우주론(cosmology)으로 알려져왔다. 이 작품에서 플라톤은 우주의 기원과 구조 및 그 본성을 다루기 때문이다. 고대의 주석가들 역시 『티마이오스』의 부제를 '자연에 관하여'라고 붙였는가 하면, 이 작품이 철학 장르 중에서도 '자연학'에 속한다고 규정해왔다. 그런 점에서 『티마이오스』는 자연을 조화롭고 질서 잡힌 하나의 전체로 보고, 그 전체의 원리와 요소, 원인을 탐구한 초기 자연철학자들의 전통 위에 서 있는 작품이라고 볼 수 있다. 하지만 이런 규정만으로는 『티마이오스』에 담긴 논의의 풍부함과 다양함을 충분히 담아낼 수 없다. 플라톤의 우주론을 좀 더 잘 이해하기 위해서는 작품의 극적 배경과 대화의 맥락, 그리고 탐구 주제가 도입되는 과정을 살펴보지 않으면 안 된다.

그런데 『티마이오스』의 도입부를 읽은 독자들은 잠시 어리둥절할지도 모르겠다. 왜냐하면 대화의 도입부에서 플라톤은 우주론이나 자연철학과는 아무런 상관도 없는 주제를 다루고 있기 때문이다. 『티마이오스』의 대화는 전날의 대화에 대한 답례라는 맥락 속에서 시작된다. 어제 소크라테스가 이상적인 도시국가의 정치체제에 관해 이야기를 들려주었는데, 오늘은 그 답례로서 세 명의 대화자인 티마이오스, 크리티아스, 헤르모크라테스가 각자 돌아가면서 이야기를 들려주기로 한 것이다.

먼저 소크라테스가 참석 인원을 확인하고 어제 다뤘던 대화의 주제를 요약해서 들려준다(17a-19b). 그 내용은 주로 도시 수호자들과 다른 직업인들의 분리, 수호자들의 보수와 생활방식, 남녀 수호자들의 관계와 임무, 결혼과 출산, 가족제도 및 젊은이들의 교육에 관한 것으로, 플라톤의『국가』 II~V권의 내용과 일치한다. 어제의 대화 내용을 요약한 뒤에, 소크라테스는 자신이 이론적으로 구성했던 국가가 그저 이론에 머무는 것이 아니라, 역사와 현실 속에 구현되어 실제로 살아 움직이는 모습을 보고 싶다고 말한다(19b-20c). 그러자 크리티아스가 어렸을 적에 할아버지에게서 들었다는 아주 오래된 이야기를 들려준다. 그것은 먼 옛날, 그러니까 소크라테스의 시대로부터 약 9천 년 전에 살았다고 하는 고대 아테네인들이 이룩했다는 업적과 제도에 관한 보고이며, 그들이 한때 지중해 너머에 살았다고 하는 아틀란티스인들의 침략에 맞서 조국과 지중해의 시민들을 지켜냈다는 이야기였다(20d-26e).

옛이야기를 마치고 나서, 크리티아스는 소크라테스에게 앞으로 들려줄 이야기의 순서를 제안한다. 먼저 천문학에 밝고 우주의 본성을 탐구하는 데 많은 관심을 기울여온 티마이오스가 우주의 생성에서 시작해 인간의 본성에 이르기까지 이야기를 할 것이다. 다음으로는 크리티아스가 솔론이 묘사해준 9천 년 전의 아테네인들이야말로 현재 아테네인들의 조상이자 동포 시민이라고 주장할 것이며, 그러한 관점에 기반하여 조상들이 이룩한 업적을 다룰 것이라고 말한다(27a-b). 소크라테스가 이 제안에 동의하자 비로소 티마이오스가 우주의 기원과 본성에 관한 이야기를 시작하는데, 그의 이야기는 중간에 끊기지 않고 작품 끝까지 이어진다(27b-92c).

요컨대『티마이오스』의 우주론은 단독으로 제시된 주제라기보다 좀 더 큰 그림, 그러니까 우주의 질서와 인간의 본성에 대한 탐구를 바탕으로 플라톤 자신의 정치철학과 윤리학의 이론적 정당성을 확립하겠다는 거대한 구상의 한 부분을 이루는 것처럼 보인다. 완벽한 공동체의 토대를 역사와 현실 속에 구현하기 위해서는 먼저 그러한 도시

8. 현상의 구제: 플라톤의 자연철학과 우주론

라파엘로의 〈아테네 학당〉 중 일부. 플라톤은 '티마이오스'라고 쓰인 책을 왼쪽에 끼고 있다.

에서 살아가는 인간의 기원과 본성, 그리고 그들에 의해 구성되는 법과 제도를 검토해야 한다. 그런데 이 검토가 제대로 이루어지기 위해서는 먼저 우주 전체의 원리와 구조, 그리고 우주의 구성 과정을 살펴보아야 한다. 왜냐하면 인간은 우주의 극히 작은 부분에 불과하지만 엄연히 세계의 일부를 이루고 있으며, 동시에 그 자신이 소우주로서 전체의 조화와 질서를 구현하고 있기 때문이다. 달리 말해, 우주를 닮은 인간이 일정한 방식으로 균형과 조화 그리고 아름다움을 유지할 수 있다는 것이 조건으로 제시될 때, 그들이 수립한 도시 공동체는 가장 참되고 신뢰할 만하다고 생각할 수 있다는 것이다.

이렇게 보았을 때, 『티마이오스』에 전개된 플라톤의 우주론은 그 의도에 있어서 이른바 소크라테스 이전 철학자들의 자연철학과는 구별된다고 할 수 있다. 초기 자연철학자들의 탐구가 자연 전체의 원리와 요소, 그리고 원인을 찾아내는 것을 목표로 삼았다면, 플라톤의 자연철학은 그저 세계에 대한 설명을 넘어 가장 훌륭한 인간 공동체의 설명적 기반을 확립하려는 의도에 복무하고 있기 때문이다.

우주 탐구의 전제들

소크라테스에게서 이야기를 넘겨받은 티마이오스는 먼저 우주론의 위상과 탐구의 출발점, 좀 더 구체적으로는 탐구의 전제와 한계들을 분명하게 규정하는 것으로부터 논의를 시작한다(27d-29d). 우선 티마이오스는 우주 탐구를 위한 몇 가지 전제들을 제시한다(27d-28a). 그 첫 번째는 존재와 생성의 구별이다. 우리는 언제나 있으며 결코 생겨나지 않는 것과 언제나 생겨나되 실제로는 결코 있지 않은 것을 구별해야 한다. 그런데 존재와 생성의 구별은 존재와 비존재라는 한층 더 근본적인 대립 관계에 기반한 것이다. 사실 생성과 소멸, 운동과 변화는 모두 비존재를 전제한다. 왜냐하면 생성은 없던 것이 있게 되고, 소멸은 있던 것이 없어지며, 운동과 변화 역시 바뀜을 통해 없던 것이 있게 되고 있던 것이 없어짐을 의

8. 현상의 구제: 플라톤의 자연철학과 우주론

미하기 때문이다.

　두 번째 전제는 앎과 의견의 구별이다. 이 구별은 첫 번째 전제인 존재와 생성의 구별에 대응한다. 이 관계에 따르면, 존재하는 것은 사유와 이성적인 설명을 통해 파악되고 지식의 대상이 되는 반면, 생성하고 소멸하며 운동과 변화를 겪는 것은 감각 경험을 통해 지각되고 믿음과 의견의 대상이 된다.

　마지막으로 세 번째 전제는 생겨나는 모든 것은 반드시 원인을 가진다는 생각이다. 만일 이 우주가 생겨난 것이라면, 그 생성의 원인 역시 설정해야 하는 것이다.

　이 세 가지 전제를 우주 탐구에 적용하면 어떻게 될까? 첫째, 우주는 존재와 생성 가운데 생성의 영역에 속한다. 왜냐하면 이 세계의 모든 것은 끊임없이 생겨나고 사라지는가 하면, 부단한 운동과 변화를 겪고 또 행하기 때문이다. 둘째, 우주는 생성과 변화의 영역에 속하는 것으로서 관찰을 비롯한 다양한 감각 경험을 통해 우리에게 포착된다. 우주에 관한 우리의 정보가 관찰과 경험에 기반한 이상, 이로부터 우리는 확고한 앎을 기대하는것이 아니라, 개연성 있는 의견과 믿음에 만족해야 한다. 셋째, 우주가 생성의 영역에 속하는 것이라면 우리는 생성의 원인을 생각해야 한다. 플라톤은 그 원인을 장인의 노동이라는 관점으로 설명한다. 즉 이 우주는 신적인 제작자의 활동을 통해 만들어졌다는 것이다. 이러한 '우주 제작론'은 고대 철학사 전체를 놓고 보더라도 플라톤에게서만 찾아볼 수 있는 독특한 생각이다. 사실 생성의 원인을 가정하고 그 정체를 밝히려고 한 것은 고대 철학자들에게 낯선 모습이 아니지만, 그 원인을 장인의 노동으로 설정한 것은 플라톤이 유일하다고 할 수 있다.

그런데 장인의 노동이 빛을 보기 위해서는 두 가지가 더 필요하다. 하나는 제작 모델[본(本)]이고, 다른 하나는 제작에 사용되는 재료다. 플라톤에 따르면 우주 제작의 모델은 가지적인 형상들이고, 재료는 생성의 영역을 가득 채우고 있는 물질들이다. 즉 신적인 제작자는 형상의 영역을 모델로 삼고 생성의 재료들을 최대한 모델과 닮도록 가공하여 우리가 살고 있는 우주를 구성한다. 요컨대 우주는 생성의 영역에 속하는 것이자, 제작자의 숙고와 노동으로 만들어진 일종의 작품인 것이다.

그럼직한 이야기　　　우주론의 전제를 언급한 뒤에 티마이오스는 자신의 우주론이 가지고 있는 한계를 설정한다. 우주는 존재와 생성 가운데 생성의 영역에 속하며, 우주 안의 수많은 것들은 끊임없는 운동과 변화를 겪으며 생성과 소멸을 반복한다. 그리고 존재와 인식의 상관성에 따라서, 우리가 우주에 대해 얻을 수 있는 것은 확고한 지식이 아니라 탐구자의 의견 내지는 믿음일 뿐이다. 이렇게 우주에 관한 논의는 일정한 한계를 지닐 수밖에 없는데, 티마이오스는 자신의 우주론을 '그럼직한 이야기(eikos muthos)' 또는 '그럼직한 설명(eikos logos)'이라고 규정한다. 그런데 이러한 규정은 우주론과 자연철학이 결코 확고한 진리에 도달할 수 없으며, 탐구 결과는 그저 그럼직하거나 개연적인 수준에 머물 수밖에 없다는 플라톤의 자기 고백이기도 하다. 그렇다면 자연세계에 관한 우리의 앎과 설명이 그럼직하다는 것은 어떻게 이해해야 할까?

'그럼직함'으로 번역되는 그리스어 '에이코스(eikos)'는 원래 '~처럼 보이다', '~와 닮았다'라는 뜻의 동사 '에오이카(eoika)'에서 왔다. 따라서 '그럼직함'은 '닮음'이라는 시각적 유사성에서 비롯된 말이라고 할 수 있다. 또한 시각적 닮음에 기반한다는 점에서 '그럼직함'은 가지적 영역이 아닌 감각의 영역과 관계한다. 즉 우리가 감각 경험을 통해 얻게 되는 것들에 대해서는 절대적인 확실성이나 필연성을 기대할 수 없고 그럼직함(혹은 개연성)에 만족해야 하는 것이다. 우주가 생성과 변화의 영역에 속하며 감각의 대상이라면, 우주에 대한 탐구로부터 우리가 기대할 수 있는 것은 필연적이고 확실한 앎이 아니라, 개연적이고 그럼직한 수준의 의견일 수밖에 없다.

하나의 담론은 그 담론의 대상이 가지고 있는 존재론적 위상에 관계한다. 우주가 가지적이고 참된 실재, 즉 형상들의 모상(模像, copy)이라면 모상을 다루는 담론인 우주론은 진리를 온전하게 담아낼 수 없다. 그래서 우주에 대한 탐구를 통해 얻을 수 있는 것은 절대적이고 필연적인 지식이 아니라 그럼직하고 개연적인 의견이나 믿음 정도일 수밖에 없다. 하지만 그렇다고 해서 그럼직한 의견이 진리와 완전히 무관한 것은 아니다. 사실 플라톤은 '진리' 내지는 '참'이라는 말을 비교적 넓고 자유롭게 사용한다. 넓은 의미에서 참은 어떤 담론과 그 대상이 일치할 때에 해당한다. 플라톤이 종종 지식(epistēmē)과는 별개로 참인 의견(orthē doxa)의 가능성을 받아들이곤 하는 것은 바로 이런 경우를 말한다. 반면에 좁고 엄격한 의미에서 참으로 규정될 수 있는 것은 확립된 담론이 필연적이며 논박 불가능한 것으로 인정받았을 때뿐이다. 그런 담론을 플라톤은 '지식' 또는 간단히 '앎'이라고 부른다. 하지만 끊임없이 운동, 변화하는 감각의 영역에서 관찰되고 분석된 것들은 모두 의심이 가능하다. 그렇게 획득된 참은 언제든지 검증과 논박에 대해 열려 있을 수밖에 없다. 자연 전체의 부단한 운동과 변화들을 관찰하여 일정한 규칙성을 찾아내고 그 원인을 해명하려는 시도, 그리고 그 속에서 형성된 모든 담론을 플라톤은 '그럼직한 설명'이라고 부른다.

우주 생성의 원인 티마이오스의 우주에 관한 설명은 크게 세 부분으로 이루어진다. 첫 번째 부분에서는 우주 제작자인 데미우르고스의 노동을 통해 생겨난 것들을 다룬다(29d7-47e2). 그 주요 내용은 천체와 별들의 제작, 그리고 인간 혼의 구성이다. 티마이오스는 이것들이 모두 지성에 의해 제작된 것이라고 말하는데, 이를 통해 데미우르고스를 지성의 활동이 신격화된 것이라고 생각해 볼 수 있다. 두 번째 부분에서는 필연으로 인해 생겨난 것들을 다룬다(47e3-69a5). 여기서 주요하게 논의되는 내용은 생성의 수용자로서의 공간, 그리고 수용자에 들어 있는 물질의 본성과 기원이다. 특히 티마이오스는 공간을 가득 채우고 있는 물질의 맹목적인 힘을 '필연'이라고 부르며, 필연이 지성에 의해 설득됨으로써 우주가 구성되었다고 말한다. 마지막 세 번째 부분에서는 지성과 필연의 협동으로 만들어진 것들을 다룬다(69a6-92c9). 여기서는 주로 인간의 신체와 기관, 몸과 혼에서 발생하는 각종 질병들, 그리고 인간 이외의 다른 생물들에 관해 이야기한다.

그런데 앞에서 언급했듯이, 티마이오스의 이야기는 기본적으로 장인의 노동을 통한 제작이라는, 이른바 제작 신화의 형식을 띠고 있다. 즉 신적인 제작자인 데미우르고스가 가지적 형상들을 제작 모델로 삼아 불규칙하고 무질서한 상태에 놓여 있던 물질의 영역을 규칙과 질서로 이끎으로써 조화로운 우주를 구성했다는 것이다. 이러한 논의 형식에 따르면, 우주가 생겨나기 위해서는 적어도 세 가지 원인이 필요하다. 그것들은 각각 제작 모델(본), 제작자(장인), 그리고 작품 소재(재료와 장소)다. 이때 모델에는 가지적 형상들이, 제작자에는 데미우르고스가, 그리고 작품 소재에는 생성의 수용자와 수용자를 채우고 있는 물질이 해당한다.

우주 제작의 모델: 가지적 형상들

먼저 우주 제작의 모델에 해당하는 형상들을 살펴보자. 플라톤 철학에서 형상들은 그 자체로 있으며 다른 무엇과도 섞이지 않고 운동이나 변화라고는 일절 겪지 않으며 항상 자기 동일성을 유지하는 가운데 영원히 존재하는 것들이다. 생성의 영역에서 벗어나 있기에 형상은 우리의 감각 경험을 통해서는 포착되지 않고, 오직 사유를 통해서만 알 수 있다. 형상을 '가지적'이라고 부르는 것은 그런 이유에서다. 이 형상은 감각 사물들에 대하여 모델과 모상의 관계를 맺는다. 감각 사물들은 끊임없이 생성과 변화를 겪는 것들로서 형상의 모상이 됨으로써 최소한의 안정성을 보장받고, 자기들이 닮은 그 형상의 이름을 얻게 되며, 우리의 의견과 믿음의 대상이 된다.

플라톤이 보기에는 가지적 형상들의 존재를 가정하지 않는다면, 감각을 통해 나타나는 것들에 대한 어떠한 안정적인 지식이나 담론도 확보할 수 없다. 왜냐하면 감각적인 것들은 잠시도 가만있지 않고, 부단한 생성과 소멸, 운동과 변화를 겪으며 끊임없이 흔들리기 때문이다. 감각적인 것들이 형상들에 참여하여 안정성을 얻을 때에만 우리는 그

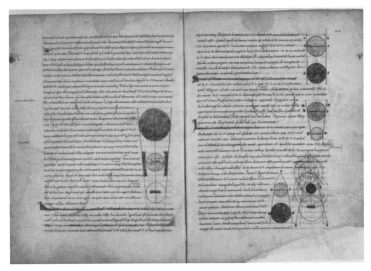

신플라톤주의자였던 칼키디우스(Calcidius)가 『티마이오스』를 라틴어로 번역한 원고(4세기)

것들에 대한 앎을 가질 수 있으며, 그것들이 어떻다고 말할 수도 있는 것이다. 그래서 데미우르고스는 형상들에 시선을 고정하고 그것들을 제작의 모델로 삼음으로써, 감각 세계의 안정성을 확보했다. 또한 이렇게 해서 인간 역시 자신이 속한 우주에 대하여 그럼직한 의견과 믿음을 얻을 수 있게 된다.

**우주 제작자 혹은
데미우르고스**

이번에는 우주 제작자에 관해 살펴보자. '장인' 또는 '제작자'를 뜻하는 그리스어 단어는 '데미우르고스(dēmiourgos)'로서, 이것은 원래 '대중(dēmos)'을 위해 일(ergon)을 하는 자'에서 비롯된 보통명사이다. 플라톤에 따르면, 감각 세계 안의

8. 현상의 구제: 플라톤의 자연철학과 우주론

모든 규칙성과 인과적인 질서는 신적인 제작자가 주어진 재료를 가지고 일정한 제작 활동을 수행한 결과다. 이 제작자-신이 바로 데미우르고스이며, 그는 우리가 이 세계 안에서 발견하게 되는 질서의 책임자라 할 수 있다.

또한 플라톤은 데미우르고스를 지성(nous)과 동일시하는데, 이는 데미우르고스의 활동이 형상에 대한 관조를 바탕으로 사유와 추론을 통해 이루어짐을 보여준다. 그런 점에서 플라톤의 우주론은 목적론적 성격을 띠게 된다. 즉 우주는 저절로 생겨나거나 우연히 발생한 것이 아니라, 데미우르고스의 의도와 계획에 따라 만들어진 것이다. 또한 장인의 노동이 일정한 시점에 시작되어 제품의 완성과 함께 끝나듯이, 데미우르고스의 제작 행위에도 일정한 시작과 끝이 있다. 그렇다면 데미우르고스의 노동 과정은 어떠한가?

먼저 데미우르고스는 우주의 혼과 몸, 그리고 인간 혼을 만든다. 그의 뒤를 이어 이번에는 하위의 데미우르고스들이 인간의 몸을 비롯해 인간의 생존에 필요한 것들을 만든다. 모든 것이 완성된 후에 세계의 질서를 유지해나가는 것은 바로 우주 혼이다.

그런데 장인이 노동을 해서 우주를 제작한다는 이야기는 제작자인 데미우르고스가 전능하지 않으며 언제나 일정한 한계 속에서 일할 뿐임을 암시한다. 사실 데미우르고스는 작품 곳곳에서 신으로 묘사되지만, 이 신은 기독교나 이슬람교의 전능한 신과는 다르다. 무엇보다도 그의 제작은 무로부터의 창조(creatio ex nihilo)가 아니다. 왜냐하면 장인의 노동이란 이미 주어진 소재를 가지고서 자신이 생각하는 모델에 최대한 가깝게 제품을 만드는 것이기 때문이다. 사실 그리스 철학의 전통에서 보면(그리고 이는 신화도 마찬가지다.), 무로부터는 아무것도 나오지 않는다(ex nihilo nihil fit). 그리고 이는 플라톤 철학의 경우에도 마찬가지다. 데미우르고스에게는 가지적 형상과 소재들이 이미 주어져 있으며, 그는 가지적 형상들을 길잡이 삼아 주어진 소재들을 사용하여 우주를 제작할 뿐이다. 데미우르고스의 활동을 묘사하는 대목 중에는 '가능한 한'이라든가 '최선을 다해'와 같은 표현들이 빈번히 등장하는데, 이 표현들은 모두 데미우르고스의 한계를 암시한다고 볼 수 있다.

우주 제작의 소재:　우주 제작의 세 번째 원인은 생성이 일어나
생성의 수용자와 물질　는 곳과 그곳을 가득 채우고 있는 재료들이다. 한마디로 이곳은 생성의 영역이며, 형상을 모방한 데미우르고스가 작용을 가하는 장소이자 대상이라고 할 수 있다. 플라톤은 이곳을 모든 생성을 받아들이는 '수용자'이자 '어머니' 혹은 '유모'와 같다고 말하는가 하면, 생겨나는 모든 것이 위치하는 '자리'이자 '공간'이라고 언급하기도 한다. 그가 이렇게 여러 가지 표현을 사용하는 것은 장소에 대한 탐구가 쉽지 않기 때문이다. 왜냐하면 생겨나는 모든 것은 '어딘가'에 생겨나지만, 정작 그 '어딘가'는 눈에 보이지 않기 때문이다. 우리는 생겨나 '있는' 것을 가지고 그 '어딘가가 있다'고 미루어 짐작할 뿐이다. 그래서 플라톤은 그것이 매우 어렵고 불분명한 종류에 속한다고 말한다. 또한 그 '어딘가'는 감각으로는 포착되지 않고 일종의 추론을 통해서 파악되지만, 그것은 수학이나 기하학에서 사용하는 추론보다는 한 급 아래인 것으로서 플라톤은 이를 '서출적인 추론'이라고 부른다.

　이렇듯 모호하기 짝이 없는 수용자의 성질을 묘사하기 위해 플라톤은 세 가지 비유를 든다. 첫째, 수용자는 녹였다 굳혔다를 반복하

면서 다양한 사물을 만들어낼 수 있는 금과 같다고 한다. 한 장소에는 여러 사물들이 들어왔다 나갔다 하지만, 그 장소만큼은 언제나 한결같기 때문이다. 둘째, 수용자는 생겨나는 모든 것에 고유한 형태를 제공한다는 점에서 일종의 주형(鑄型) 내지는 새김바탕과 같다. 셋째, 수용자는 향수의 향기를 고스란히 담아내기 위해 그 자신은 아무런 성질도 가지고 있지 않은 맹물과도 같다. 이것은 수용자를 통해 생겨나는 사물들이 각자의 고유한 성질을 담아낼 수 있도록 하기 위해 수용자 자신은 어떠한 성질도 가지고 있어서는 안 된다는 의미다.

그렇다면 수용자 안은 어떨까? 묘사된 내용을 보면 수용자에는 생성의 재료들이 가득 차 있는데, 그것들은 잠시도 가만있지 않고 아무런 규칙도 질서도 없는 맹목적인 힘에 의해 끊임없이 요동친다고 한다. 플라톤은 수용자와 물질이 겪는 무질서한 운동을 '필연'이라고 부른다. 플라톤에 따르면, 지성인 데미우르고스는 이러한 필연을 설득하여 무질서로부터 질서로 인도함으로써 우주를 제작한 것이다. 이때 필연은 생성의 재료들에 내재된 고유한 힘들과 그 힘들에 기반한 운동을 의미한다고 볼 수 있다. 그리고 설득은, 마치 장인이 재료의 고유한 성질을 거스르지 않고 오히려 그것을 활용하여 훌륭한 제품을 만들듯이, 데미우르고스도 생성의 재료에 내재된 성질과 힘을 활용하여 아름다운 우주를 제작했다는 의미로 이해할 수 있다.

우주: 혼과 몸이 결합된 생명체 데미우르고스는 가지적 형상들을 모델로 삼아 수용자에 들어 있는 무질서한 힘과 성질들을 질서로 인도함으로써 우주를 제작한다. 그렇다면 우주 제작 과정은 어

땠을까?

　데미우르고스는 우주를 하나의 살아 있는 생물로서 만들어낸다. 사실 고대 그리스인들 사이에 우주가 생명체라는 생각은 그렇게 놀라운 일이 아니었다. 그들은 자발적인 운동을 할 수 있는 것은 오직 살아 있는 생물뿐이라고 생각했다. 생물은 말 그대로 생명을 지닌 것을 뜻하는데, 이때 생명의 특징은 스스로 움직임, 즉 자발적인 운동에 있다. 그리스인들은 이러한 생명과 운동의 원리를 '혼(psukhē)'이라고 불렀다. 그런 점에서 생물은 몸에 혼이 깃든 것(empsukhon)을 말하고, 무생물은 혼이 결여된(apsukhon) 것을 가리킨다.

　한편 그리스인들이 보기에 모든 운동들 중에서 가장 조화롭고 가장 질서 잡힌 운동은 천체의 운행이었다. 이 운동은 외부에서 주어진 것이 아니라 우주 안에서 자발적으로 발생한다는 점에서, 우주 역시 운동원리인 혼이 깃든 하나의 생물이라 할 수 있다. 결국 데미우르고스가 우주를 제작한다는 것은 하나의 생명체를 만들어냄을 의미한다. 그리고 그 과정은 우주 혼과 우주의 몸을 만들어서 양자를 결합하는 것으로 이루어진다.

우주의 혼　　　먼저 데미우르고스는 우주 혼을 제작한다. 이를 위해 그는 가분적(可分的)인 생성의 영역과 불가분적인 존재의 영역 각각에서 있음(존재)과 같음(동일자)과 다름(타자)을 가져와서 하나로 혼합하여 혼의 재료로 사용한다(35a). 이 수수께끼 같은 대목은 혼의 본성을 이해하는 데 매우 중요하다. 이 대목은 두 가지 측면에서 살펴봐야 하는데, 하나는 혼이 있음, 같음, 다름으로 구성되었다는 점이고, 다른 하나는 데미우르고스가 이 재료들을 가지 적인 영역과 감각적인 영역 모두로부터 가져왔다는 점이다.

플라톤은 혼이 몸과는 다르다고 생각했다. 그리고 이 차이는 재 료에서부터 시작된다. 즉 혼의 재료는 몸의 재료와 같을 수 없다. 몸은 감각을 통해 포착되는 것이기 때문에 지각할 수 있는 물질들, 예컨대 불, 공기, 물, 흙과 같은 것들을 재료로 삼을 수 있다. 하지만 혼은 감각 으로 포착되는 것이 아니기 때문에 재료 역시 물질적인 것과는 다르 다. 그렇다면 혼의 재료로 언급된 있음과 같음과 다름은 무엇을 의미 할까? 사실 있음, 같음, 다름은 운동, 정지와 함께 플라톤 존재론의 최 고류(最高類, megista genē)이자 근본 개념으로 간주된다. 플라톤에 따르면, 모든 실재는 이 세 가지 구성요소를 포함한다. 즉 모든 실재는 없지 않 고 '있다.' 그런데 무엇인가 있기 위해서는 언제나 자기 자신과 '같음(동 일자)'을 유지해야 한다. 자신과 같다는 것은 자기 이외의 다른 것과는 '다름(타자)'을 유지한다는 것이다.

다음으로 우리가 주목해야 할 것은 데미우르고스가 있음과 같음 과 다름을 존재의 영역에서 가져왔을 뿐만 아니라, 생성의 영역에서도 가져왔다는 점이다. 두 영역 모두의 재료들로 구성된 혼은 감각의 영역 과 가지적인 영역을 매개하는 중간자로서 기능하게 된다. 즉 혼은 감 각의 영역에 대하여 운동원리가 되고, 가지적인 영역에 대해서는 앎의 원리가 되는 것이다. 인간을 예로 들어보자. 인간은 감각의 영역에 속 하는 존재자로서 혼이 깃든 생물이다. 이때 혼은 운동원리로서 인간의 몸을 움직인다. 다른 한편, 인간은 교육 등을 통해 불변적인 것들, 곧 형상들의 질서에 대한 앎을 얻게 된다. 그 자신이 감각적인 것일뿐더 러 살아 있는 동안 한 번도 감각의 영역을 벗어난 적이 없는 인간이 형상에 관한 앎을 얻을 수 있는 것은 바로 혼에 의해서다. 왜냐하면 혼을 구성하는 재료의 일부는 나뉠 수 없는 것들, 즉 형상의 영역에서 비롯되었기 때문이다. 요컨대 혼은 운동원리로서 감각의 영역에 머물면서도 가지적인 영역의 요소를 자신의 일부분으로 갖기에, 형상의 질서를 배우고 앎을 얻을 수 있는 것이다.

다음으로 데미우르고스는 있음과 같음과 다름의 혼합물을 수적인 비례에 따라 분할하고, 분할된 것들을 길게 이은 뒤에 이것들로 천구와 각종 별들의 회전 궤도를 만든다(35b-36d). 우주 혼은 자연 전체에 내재해 있는 모든 운동과 변화의 원리라 하겠지만, 무엇보다도 천체의 질서 잡힌 운동을 설명하는 장치가 되는 셈이다. 혼은 그 자체로 눈에 보이지 않지만, 우리는 별들의 회전 운동을 통해 혼의 존재를 깨닫게 된다. 이때 별들의 운동은 영속성과 규칙성이라는 두 가지 특징으로 나타난다. 그리고 이것들을 설명하기 위해 플라톤은 두 가지 전제를 세운다. 하나는 별들이 원을 그리며 회전한다는 것이고, 다른 하나는 별들의 회전이 수적인 비례를 따른다는 것이다. 플라톤은 이 가운데 첫 번째 전제로부터는 천체 운동의 영원성을, 두 번째 전제로부터는 운동의 규칙성을 도출해낸다. 이로써 혼은 영원하고 규칙적인 운동의 원리가 되는 것이다.

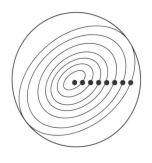

중심으로부터 지구, 달, 태양, 수성, 금성, 화성, 목성, 토성

우주의 몸   플라톤은 천체의 구성을 설명할 때 한편으로
는 전통적인 자연철학의 관점을 받아들이면서
도 다른 한편으로는 매우 독창적인 모습을 보여준다. 우선 그는 엠페
도클레스 이래로 자연철학자들이 가졌던 전통적이고 일반적인 생각,
즉 감각을 통해 파악될 수 있는 모든 것은 불, 공기, 물, 흙의 네 원소로
구성된다는 생각을 받아들인다. 하지만 이 네 가지 원소를 천체의 궁
극적인 요소로 보는 것에는 만족하지 않는다. 오히려 그는 이것들이
더 근본적인 요소들로 환원될 수 있다고 보는데, 그것이 바로 요소 삼
각형이다.

우주는 감각의 영역에 속하며 감각적인 물체들로 되어 있다. 그런
데 물체는 가로, 세로, 높이를 가지며, 면들로 이루어진다. 면으로 이루
어진 도형 중에서 가장 단순한 것은 단 세 개의 선분만으로 구성되는
삼각형이다. 삼각형은 다시 두 종류로 나뉘는데, 하나는 단 하나의 유
형만을 지니는 직각 부등변 삼각형이고, 다른 하나는 다채로운 유형을
가지는 직각 이등변 삼각형이다. 그렇다면 이 두 종류의 삼각형으로부
터 어떻게 불, 공기, 물, 흙의 네 가지 원소들이 구성되는 것일까?

플라톤에 따르면, 이 두 종류의 삼각형들로부터 네 가지 정다면
체들이 형성되는데, 그것들은 각각 정사면체, 정팔면체, 정이십면체, 그
리고 정육면체이다. 이 네 가지 정다면체들은 네 가지 원소들을 구성
하는 데 할당된다. 즉 정사면체는 불의 요소가 되고, 정팔면체는 공기
의 요소가, 정이십면체와 정육면체는 각각 물과 흙의 요소가 되는 것
이다. 이 요소 삼각형들은 눈에 보이지 않으며 파괴될 수 없다. 왜냐하
면 기하학적인 실재들이기 때문이다. 하지만 감각의 영역 안에 있는 모
든 것들은 바로 이 정다면체들로 이루어진다. 역설적이게도, 기하학적

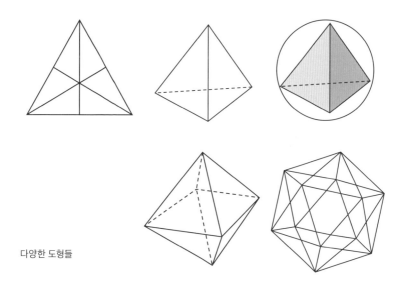

다양한 도형들

요소들이 불, 공기, 물, 흙의 네 가지 원소를 구성하고, 다시 이 네 가지 원소들이 모여 자연 안의 다양한 감각 사물들을 구성하는 것이다. 어떻게 보면 플라톤은 수학과 기하학에 기반하여 매우 경제적인 설명을 제시한다고 할 수 있다. 단 두 종류의 삼각형을 가지고서 지극히 복잡하고 다양한 모든 형태의 사물을 설명해내고 있기 때문이다.

인간의 제작 크기만 놓고 보자면, 인간은 우주 안에서 먼지보다도 작은 생명체에 불과하다. 그러나 『티마이오스』에서 데미우르고스는 인간을 비롯한 유한한 생명체가 없다면, 이 우주는 결코 완전하지 못할 것이라고 단언한다(41b-c). 이 말과 함께 데미우르고스는 인간을 제작하게 되는데, 인간은 하나의 소우주로서

대우주인 이 세계와 동형적인 구조를 가진다. 따라서 우주와 마찬가지
로 인간 역시 혼과 몸을 지닌 생명체로 제작된다.

하지만 데미우르고스가 직접 인간의 모든 것을 만들지는 않는다.
왜냐하면 그럴 경우 인간은 혼과 몸이 결코 분리되지 않음으로써(즉 죽
음을 겪지 않음으로써), 우주나 별처럼 불사신이 될 것이기 때문이다. 하지
만 데미우르고스는 인간 혼의 제작에만 관여할 뿐, 몸을 만드는 일은
자신의 보조자인 별의 신들에게 맡긴다. 그렇게 해서 데미우르고스가
직접 만든 인간의 혼은 몸에서 분리된 이후에도 해체되지 않고 영원히
지속하며 끊임없이 새로운 삶을 살게 되는 반면, 하위의 신들이 만든
인간의 몸은 혼과 분리된 이후에 해체를 겪으며 자연의 요소들로 환
원된다.

인간의 혼　　　데미우르고스는 우주 혼을 만들고 남은 재료
　　　　　　　　들을 가지고서 인간 혼을 만든다. 따라서 인간
혼은 그 재료에 있어서 우주 혼과 같지만, 그 순수함에 있어서는 우주
혼보다 떨어진다. 어쨌든 같은 재료와 같은 방식으로 제작되었기 때문
에, 인간 혼 역시 우주 혼과 마찬가지로 같음의 회전과 타자의 회전으
로 구성된다. 또한 인간 혼 역시 운동 원리이자 앎의 원리로서 인간의
운동적 기능과 인지적 기능을 수행한다. 데미우르고스가 직접 만든
혼은 해체를 겪지 않기에 신적인 것이며, 일종의 '신령(다이몬)'으로 간주
된다. 별의 신들은 데미우르고스로부터 받은 이 혼을 인간의 머리에
정착시킨다. 그들은 머리를 구의 형태로 만들었는데, 그것은 머리가 천
구를 닮음으로써 혼의 회전이 원활하게 이루어지도록 하기 위함이었

다. 이렇게 인간의 머리에 심긴 혼은 우주 혼의 축소판으로서, '혼의 지성적인 종류'나 '지성적인 부분' 혹은 간단히 '지성'으로 불리게 된다.

그런데 인간의 몸에는 데미우르고스가 만든 혼만 들어 있는 것이 아니다. 데미우르고스의 보조자인 별의 신들 역시 두 종류의 혼을 만들어서 인간의 몸에 심는다. 이것들은 '기개'와 '욕구'라고 불리는 것들로서 각각 가슴과 아랫배에 머물면서 인간을 위험으로부터 보호하고 생존을 유지시키는 기능을 수행한다. 하지만 이것들은 지혜와 지성을 결여하고 있으며 데미우르고스가 직접 만든 것이 아니기에, 인간의 죽음과 함께 소멸한다.

인간의 몸　　　　이번에는 인간의 몸에 대해 살펴볼 차례다. 인간의 몸 역시 요소 삼각형들로 이루어진다. 데미우르고스의 명령을 받은 별의 신들은 이 삼각형들을 결합하여 한편으로는 골수와 뼈를 구성하고, 다른 한편으로는 살을 비롯하여 각종 신체기관을 만들어낸다. 우선 골수는 삼각형 중에서도 가장 규칙적이고 매끄러운 것들로 구성되는데, 그럼으로써 가장 바르고 정확한 형태의 원소들이 생겨나게 된다. 신들은 이 삼각형들을 혼합하여 골수를 만들고, 다시 골수를 가지고서 뇌와 척수는 물론이고 정액까지 만들어낸다.

다음으로 신들은 순수하고 고운 흙을 채로 걸러서 골수로 적신 뒤에 물과 섞어서 두개골과 척추, 그리고 각종 뼈를 만든다. 이번에는 보통의 삼각형들로 구성된 물과 흙과 불을 혼합하고, 그 혼합물에 소금과 신맛의 발효제를 첨가하여 살을 만든다. 살은 건조되면서 얇은

막을 형성하는데, 이것이 피부다. 그리고 신들은 불을 가지고서 피부에 구멍을 내는데, 이 구멍을 통해 수분과 함께 피부의 구성요소들이 빠져나오다가 굳어지면 머리카락과 털이 된다. 이번에는 발효제 없이 뼈와 살을 혼합해 힘줄을 만들어서 뼈들을 연결하는 데 사용한다. 마지막으로 손가락과 발가락 둘레의 힘줄과 피부를 공기와 섞어서 손톱과 발톱을 만든다.

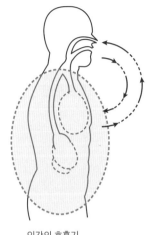

인간의 호흡기

천구밖에는 아무것도 없는 대우주와 달리, 소우주인 인간은 자신의 외부에 있는 무수한 입자들과 끊임없이 부딪힐 수밖에 없으며, 그로 인해 신체의 마모를 겪게 된다. 입자들은 몸 안으로 들어오기도 하고 몸에서 빠져나가기도 하는데, 이를 통해 원소들의 비움과 채움 현상이 연속적으로 발생한다. 티마이오스는 바로 이 비움과 채움 현상을 통해 호흡을 비롯한 신진대사 과정을 설명한다. 예컨대 인간의 몸 안에 위치한 불은 끊임없이 피를 만들고, 피는 혈관을 따라 돈다. 그런데 몸 안에는 빈 곳이 없기 때문에, 피를 구성하는 불, 공기, 물, 흙의 입자들이 떠난 자리를 또 다른 피가 채우게 된다. 그렇게 함으로써 채움이 발생한다.

그런가 하면, 양분의 섭취와 분배를 담당하는 소화기는 마치 관개수로와 같은 방식으로 설명한다. 호흡과 관련해서는 호흡기를 마치 통발과 비슷한 구조로 묘사하며, 들숨과 날숨은 몸 안팎을 가득 채우고 있는 원소들의 밀침과 밀림 현상을 통해서 이루어진다고 설명한다.

마지막으로 생식기와 관련해서, 플라톤은 신들이 남성과 여성의 생식기를 각기 다른 형태로 만들었고, 그 각각에 서로 다른 기능을 배치했다고 말한다. 특히 그는 생식기를 마치 살아 있는 생물처럼 미쳐 날뛰며 이성의 명령에 반항하는 것으로 묘사한다.

건강과 질병   플라톤에 따르면, 건강은 신체의 질서와 혼의 질서가 잘 유지되는 것이고, 질병은 이 질서가 파괴되는 것이다. 신체의 질병으로는 크게 세 가지가 있다. 첫 번째 부류는 몸의 일차적 구성요소인 불, 공기, 물, 흙이 과잉되거나 결핍될 때, 그리고 이것들이 본성에 반하는 장소에 놓이거나 본성에 맞지 않게 위치가 바뀔 때 발생하는 질병들이다. 두 번째 부류는 불, 공기, 물, 흙으로 구성된 뼈와 살과 힘줄 등의 상태와 관련된 질병들이다. 이것들 역시 첫 번째 부류와 마찬가지로 성분의 과잉이나 결핍, 또는 본성에 맞지 않는 위치나 장소로의 이동으로 인해 생겨난다. 세 번째 부류는 호흡과 체액, 그리고 열로 인해 발생하는 질병들이다.

다음으로 혼의 질병에 관해서 플라톤은 독특한 관점을 견지한다. 그에 따르면, 데미우르고스가 만들어준 혼은 신적인 것이기에, 혼 그 자체로는 결코 나쁘게 될 수 없다. 따라서 혼의 질병은 모두 외적인 원인에서 비롯된 것이다. 플라톤은 혼의 질병을 두 부류로 나누는데, 하나는 혼과 몸의 불균형 및 몸의 잘못된 작용으로 인한 질병이고, 다른 하나는 잘못된 교육 때문에 생긴 질병이다. 혼의 질병을 예방하거나 질병에서 회복하기 위해서는 몸과 혼 사이의 적절한 균형을 유지해야 한다. 이 균형은 혼의 운동뿐만 아니라 신체에서 이루어지는 운동을 모델로 삼아 훈련을 행함으로써 유지될 수 있다. 혼의 내부에서는 각 부분의 균형을 잘 유지하되, 언제나 주도권은 지성에게 부여해야 한다.

플라톤은 질병과 건강에 관해 설명하면서 대우주로서의 천체와 소우주로서의 인간 사이의 동형성이라는 관점을 시종일관 견지한다. 그런 점에서 질병에 대한 플라톤의 시선은 의학적이라기보다 다분히 철학적이라 할 수 있다. 실제로 질병과 관련해서 플라톤은 스스로 의학자가 되기보다 동시대 의사들의 견해를 따랐던 것처럼 보인다. 반면에 그는 언제나 철학자의 자세를 견지한다. 이는 그가 몸을 혼에 종속시키고, 혼을 궁극의 목적인 신성과 동일시하는 데서 잘 드러난다. 그런 점에서 몸의 구조와 기능, 건강과 질병에 대한 설명 역시 일관되게 목적론적인 관점을 유지한다. 즉 데미우르고스와 그의 보조자들은 신체기관이나 장치들을 만들 때, 그저 각 부분의 기능 자체만을 고려했던 것은 아니다. 오히려 그것들이 각각의 기능을 수행하는 가운데 혼이 자신의 지성을 최대한 발휘하고, 이를 통해 더 훌륭하고 신적인 삶을 실현하는 데 복무하도록 고안되었던 것이다.

강대진   서울대학교 철학과를 졸업하고 동 대학원에서 플라톤의『향연』연구로 석사 학위를, 호메로스의『일리아스』연구로 박사 학위를 받았다. 국민대학교 및 홍익대학교 겸임교수를 지냈으며, 현재 정암학당 연구원으로 활동 중이다. 지은 책으로『옛사람들의 세상 읽기, 그리스 신화』,『세계와 인간을 탐구한 서사시 오뒷세이아』,『호메로스의『일리아스』읽기』,『호메로스의『오뒷세이아』읽기』,『그리스 로마 서사시』,『비극의 비밀』,『잔혹한 책 읽기』,『신화와 영화』,『신화의 세계』등이 있으며, 옮긴 책으로『아르고 호 이야기』,『아폴로도로스 신화집』,『오이디푸스 왕』,『사물의 본성에 관하여』,『신들의 본성에 관하여』등이 있다.

강성훈   서울대학교 철학과에서 학사와 석사 학위를 받고 프린스턴 대학교 철학과에서 박사 학위를 받았다. 인제대학교 인간환경미래 연구원 연구교수를 역임했고, 현재 서울대학교 철학과에 재직 중이며 정암학당 연구원으로 활동하고 있다.「플라톤의『국가』에서 선분 비유와 동굴 비유」,「고대 그리스어 einai에 해당하는 한국어는?」,「아리스토텔레스는 존재사와 계사를 구분하였는가?」,「플라톤과 예시논증」,「플라톤의『국가』에서 정의와 강제」,「『파이돈』에서 대중적인 시가와 뮈토스」등의 논문을 출간하였으며,

지은 책으로 『서양고대철학 1』(공저), 『고대 그리스철학의 감정이해』(공저)에서 「스토아 감정이론에서 감정의 극복」, 『마음과 철학』(공저)에서 「플라톤: 영혼의 세 부분」 등이 있고, 옮긴 책으로 플라톤의 『프로타고라스』와 『에우튀프론』 등이 있다.

김유석　숭실대학교 철학과에서 학사와 석사 학위를 받고 파리 1대학교-팡테옹-소르본에서 플라톤의 초기 대화편 연구로 박사 학위를 받았다. 숭실대학교 강사, 강릉원주대학교 학술연구교수를 거쳐 현재 정암학당 연구원이자 서울대학교 인문학연구원 책임연구원으로 일하고 있다. 주요 논문으로는 「식물의 혼과 플라톤의 채식주의」, 「플라톤 혼 이론의 재음미」, 「소크라테스의 날과 파르메니데스의 돛」, 「해석과 전용의 사이에서」 등이 있다. 지은 책으로 『서양고대철학 1』 (공저), 『서양고대철학 2』(공저) 등이 있고, 옮긴 책으로 장바티스트 구리나의 『스토아주의』, 플라톤의 『티마이오스』 등이 있다.

김주일　성균관대학교 철학과 대학원에서 「파르메니데스 철학에 대한 플라톤의 수용과 비판」으로 박사 학위를 받았다. 성균관대학교와 청주대학교에서 글쓰기와 고전읽기 관련 강의를 하는 한편으로 정암학당 연구원이자 학당장으로 재직하면서 서양고대철학의 연구와 번역에 힘쓰며 고전강좌에 공을 들이고 있다. 지은 책으로 『소크라테스는 악법도 법이라고 말하지 않았다. 그럼 누가?』, 『서양고대철학 I』(공저), 『문명이 낳은 철학, 철학이 바꾼 역사 I』(공저) 등이 있고, 옮긴 책으로는 『아빠와 함께 떠나는 철학여행』(공역), 『소크라테스 이전 철학자들 단편 선집』(공역), 플라톤의 『알키비아데스 I,II』(공역), 『에우튀데모스』, 『파이드로스』, 『편지들』(공역), 『법률』(공역) 등이 있다.

이강서 성균관대학교 철학과와 같은 대학교 대학원 철학과를 졸업했다. 1993년 독일 뮌헨대학교에서 플라톤 철학 주제로 철학박사 학위를 받았으며, 1996년 이래 전남대학교 철학과에서 학생들을 가르치고 있다. 2008년 9월부터 2009년 8월까지 독일 튀빙겐대학교 방문교수를 지냈다. 주요 관심 분야는 서양고대철학과 형이상학이다. 지은 책으로 『플라톤 철학과 그 영향』(공저), 『생각하고 토론하는 서양철학 이야기 1: 고대―서양철학의 탄생』, 『철학, 문화를 읽다』(공저), 『철학의 전환점』(공저), 『죽음을 생각한다는 것―고대희랍의 죽음 이해』 등이 있고, 옮긴 책으로 『대화의 철학 소크라테스』, 『진리의 현관 플라톤』, 『지중해 철학기행』, 『플라톤 철학과 헬라스 종교』, 『철학적 사유의 근본 주제들 1』(공역) 등이 있다.

이기백 성균관대학교 철학과를 졸업하고 같은 대학교에서 『필레보스』를 중심으로 플라톤의 윤리학과 우주론 및 방법론을 연구하여 박사 학위를 받았다. 현재 정암학당 이사이며 성균관대학교 초빙교수로 재직 중이다. 최근에는 플라톤의 윤리학과 정치철학에 관심을 기울이고 있다. 지은 책으로 『철학의 전환점』(공저), 『서양고대철학 1』(공저), 『아주 오래된 질문들: 고전철학의 새로운 발견』(공저) 등이 있고, 옮긴 책으로 『소크라테스 이전 철학자들의 단편 선집』(공역), 『히포크라테스 선집』(공역), 플라톤의 『크라튈로스』(공역), 『크리톤』, 『필레보스』, 『법률 1, 2』(공역) 등이 있다.

정준영   성균관대학교에서 플라톤의『테아이테토스』 연구로 철학박사 학위를 받았다. 현재 성균관대학교 초빙교수이자 정암학당의 연구원으로 있다. 서양 고대철학을 다루는 철학 논문과 호메로스의 서사시 및 그리스 비극에 대한 여러 편의 글을 발표했으며, 최근에는 고대 그리스 문화를 테마로 삼아 문사철을 아우르는 연구를 시도하고 있다. 지은 책으로『플라톤 철학과 그 영향』(공저),『서양고대철학 I』(공저),『아주 오래된 질문들: 고전철학의 새로운 발견』(공저) 등이 있고, 옮긴 책으로 플라톤의 대화편『알키비아데스 I·II』(공역),『테아이테토스』 등이 있다.

한경자   스토아 자연학 연구로 이화여자대학교 철학과 대학원에서 석사 학위를, 서울대학교 철학과 대학원에서 박사 학위를 받았다. 브리티시컬럼비아 대학교(UBC) 철학과 방문학자를 역임했다. 현재 세종대학교 초빙교수로 재직하면서 서울대학교에 출강하고 있으며, 정암학당 연구원이자 연구실장직을 수행하고 있다. 플라톤 철학과 아리스토텔레스 철학, 헬레니즘 철학을 공부하고 있으며, 특히 서양 고대 후기 헬레니즘 철학인 스토아 철학 연구에 매진하고 있다. 주요 논문으로「언어와 존재」,「스토아 혼합 논의」,「초기 스토아 자연학에서 능동 근원의 물체성 연구」 등이 있으며, 옮긴 책으로 플라톤의『라케스』가 있다.

플라톤의 그리스 문화 읽기

플라톤을 읽는 8가지 시선

1판 1쇄 찍음 | 2020년 10월 5일
1판 1쇄 펴냄 | 2020년 10월 12일

지은이 | 강대진 외
펴낸이 | 김정호
펴낸곳 | 아카넷

출판등록 2000년 1월 24일(제406-2000-000012호)
10881 경기도 파주시 회동길 445-3 2층
전화 031-955-9510(편집)·031-955-9514(주문) | 팩시밀리 031-955-9519

책임편집 | 김일수
디자인 | 로컬앤드

www.acanet.co.kr

ⓒ 강대진 외, 2020

Printed in Paju, Korea.

ISBN 978-89-5733-698-4 03100

이 도서의 국립중앙도서관 출판시도서목록(CIP)은
서지정보유통지원시스템 홈페이지(http://seoji.nl.go.kr)와
국가자료공동목록시스템(http://www.nl.go.kr/kolisnet)에서 이용하실 수 있습니다.
(CIP제어번호: CIP2020038848)